회계사 최병철의
개미마인드
재무제표로 주식투자하라!

※ 이 도서의 국립중앙도서관 출판시도서목록(CIP)은 서지정보유통지원시스템 홈페이지(http://seoji.nl.go.kr)와 국가자료공동목록(http://www.nl.go.kr/kolisnet)에서 이용하실 수 있습니다. (CIP제어번호: CIP2018005832)

개미마인드 재무제표로 주식투자하라!

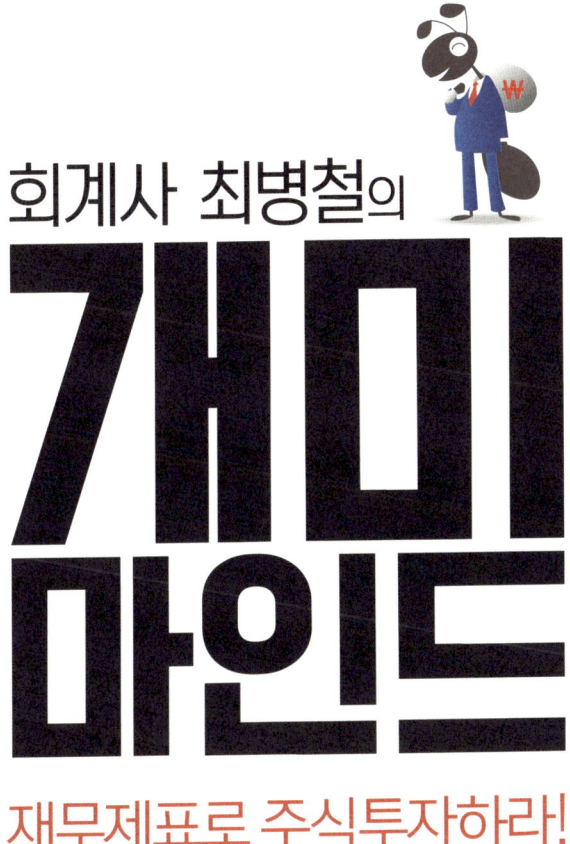

회계사 최병철의

개미
마인드

재무제표로 주식투자하라!

최병철 지음

베가북스
VegaBooks

회계사 최병철의
개미마인드
재무제표로 주식투자하라!

초판 1쇄 인쇄 2018년 2월 22일
초판 1쇄 발행 2018년 3월 5일

지은이   최병철
펴낸이   권기대
펴낸곳   도서출판 베가북스

총괄이사 배혜진
편 집   김소희
디자인   이호영
마케팅   황명석, 구경은

출판등록 2004년 9월 22일 제2015-000046호

주 소 (07269) 서울시 영등포구 양산로3길 9, 201호 (양평동 3가)
주문 및 문의 02)322-7241   팩스 02)322-7242

ISBN   979-11-86137-63-5 (13320)

홈페이지 www.vegabooks.co.kr
블로그   http://blog.naver.com/vegabooks.do
트위터   @VegaBooksCo   이메일 vegabooks@naver.com

고군분투하는 개미투자자들에게 바치는 책

주식시장에 직접투자를 하고 있는 개인투자자가 500만 명이 넘는 것으로 추정된다고 합니다. 왜 많은 사람들이 그 어렵다는 주식투자, 그것도 직접투자에 뛰어들게 되는 걸까요?

급여는 잘 오르지 않는데, 물가는 계속 오릅니다. 피땀 흘려 모은 돈을 은행에 넣어도, 저금리 시대라서 연 1% 정도의 이자밖에 못 받지요. 그것도 세금 내고 나면 물가상승률이 더 높아 왠지 손해 본 느낌이 듭니다. 재테크 좀 제대로 해보려 하니, 부동산 투자는 기본 투자금 자체가 매우 커서 진입이 쉽지 않네요. 게다가 요즘엔 부동산 대출 규제가 엄청납니다.

그래서 소액으로 쉽게 투자해볼 수 있고, 잘만 되면 은행이자나 대출이자율과는 비교도 안 되는 높은 수익률을 달성할 수도 있으며 주변 사람이 '주식투자로 얼마를 벌었다더라' 같은 말에 솔깃해져 뛰어드는 것이 바로 주식시장인 것 같습니다. 이 시장에 뛰어든 일반 개인투자자들을 주식시장에서는 소위 '개미'라고 부릅니다.

물론 뛰어난 개인투자자들은 큰돈을 벌어 '슈퍼개미'의 반열에 오르기도 하지만, 그런 사람들은 정말 극소수입니다. 그런 큰돈은 안 바라고 그저 꾸준히 안정적으로 은행이자보다는 높은 수익률만 달성할 수 있어도 감사하다는 겸손한 마음으로 이 시장에 뛰어 들어도 그마저도 쉽지 않은 것 같습니다. 통계가 없어도 주식으로 성공한 사람보다 실패한 사람이 주위에 늘 많지요.

주식투자에는 하락할 때 공포를 이기고 매수하는 용기가 필요하고 반대로 상승할 때 탐욕을 컨트롤하며 적절하게 매도하는 절제가 필요한 것 같습니다. 그러나 많은 투자자들은 하락할 때 감소하는 계좌 잔고를 보며 가슴 아파하고 스트레스를 받습니다. 반대로 오를 때는 희열에 가득 차 이성적인 판단이 흐려질 때도 있지요. 저 또한 그런 개미로서 수년간 마인드 컨트롤을 제대로 못하여, 더 높은 수익을 달성할 수 있었음에도 (또는 손실을 피할 수 있었음에도) 그렇지 못해 후회하고 반성했습니다. 이러한 저를 포함하여 흔한 개미투자자들의 잘못된 투자심리와 투자판단을 '개미마인드'라고 명명했습니다.

결국 주식투자의 본질을 생각하면 꾸준히 돈을 벌고 있는 '기업'에 대한 투자인데, 하루에 5%, 10%씩 급격히 오르거나 내리는 '주식' 종목에 대한 투자라고 생각하고 성급하게 일희일비하는 투자자가 많습니다. 물론 저 또한 그런 개미 중 하나지요.

이런 흔한 개미들의 심리 '개미마인드'를 저 또한 버리고 합리적이고 차분하게 조금 더 긴 호흡으로 안정적인 수익을 창출하고 싶어 지금까지 많이 고민했습니다.

결국 개미투자자가 본업에 지장을 받지 않고 직접 뛰어다니는 수고를 하지 않는다 하더라도 만족할 만한 수익률을 달성할 수 있는 투자방법은 기업의 실적, 그 실적과 회사의 상황에 대한 자세한 정보가 담긴 재무제표, 거기에 좀 더 많은 회사의 정보를 담고 있는 사업보고서라고 생각해서, 투자방법을 바꾸었고 현재까지 그 결과는 나쁘지 않았기에, 앞으로도 이 투자방법을 활용하여 꾸준히 자산을 늘려보고자 합니다.

이 책은 주식시장에서 고군분투하고 있지만 결과가 신통찮은 개인투자자들, 소위 평범한 개미들에게 바치는 투자방식에 대한 안내서입니다.

많은 주식투자 방법이 있지만, 개미들이 가장 적은 노력으로 꾸준한 투자수익을 낼 수 있는 '가성비' 높은 투자방법을 저의 경험과 제 전문분야(회계와 재무제표분석)를 함께 녹여 풀어보았습니다.

이미 스스로 만족스러운 투자성과를 내고 있는 개미투자자라든지, 이미 시장의 원리를 통달하고 주식으로 높은 수익을 달성하는 방법을 터득한 전문투자자, 혹은 수많은 양질의 정보를 선취하여 뛰어난 수익을 달성할 수 있는 능력자는 이 책을 읽을 필요가 없을 것입니다.

가족을 위해 본업을 게을리 하면 안 되는 평범한 가장, 어렵사리 모은 종잣돈을 잘 굴려 조금이라도 가계에 보탬이 되고자 하는 가정주부 등 500만 개미들 중 대부분이 정말 큰돈 벌고 대박 내서 인생 역전하겠다는 생각으로 주식투자에 뛰어들었을까요? 아닙니다. 은행예금은 물가상승률도 못 따라가고, 부동산은 투자 규모가 커서 엄두도 내기 어려워, 결국 주식투자 같은 재테크 수단이 아니면 우리 집 자산증식이 어렵다고 생각하여 주식투자에 뛰어든 분들이 대부분입니다. 그 분들에게 조금이라도 도움이 되었으면 하는 마음으로 이 책을 시작합니다.

차 례

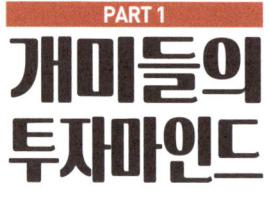

PART 1
개미들의 투자마인드
우 리 가   개 미 인   이 유

PART 2
재무제표로 개미탈출!
재 무 제 표 로   수 익 내 는   투 자 전 략

PART 3

개미들의 슬램덩크

재무제표로 투자수익률 상승

개미마인드
재무제표로 주식투자하라!

PART 1

개미들의 투자마인드

우리가 개미인 이유

Chapter 01_당신은 "개미"인가? | Chapter 02_개미들의 무기는 무엇일까? | Chapter 03_정보 매매와 차트 | Chapter 04_지인소스투자법 | Chapter 05_주인과 개 이야기 | Chapter 06_적정주가 산출은?

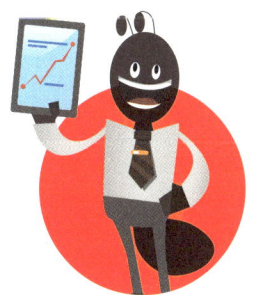

당신은 "개미"인가?

> **"**
> 개미투자자의
> 흔한 주식투자
> 실패기
> **"**

2017년은 '박스피'라고 불리던 코스피지수가 수년 만에 높은 상승률을 기록, 박스권을 탈출함으로써 사람들의 관심을 불러 일으켰다. 그런데 2017년 절반가량이 지난 6월 말, 금융정보업체 에프앤가이드는 다음과 같은 발표를 한다.

* 2017년 06월 30일 sbs 기사를 정리하였다. 출처: SBS 뉴스 원본 링크: http://news.sbs.co.kr/news/end Page.do?news_id=N100 4272087&plink=ORI&cooper=NAVER&plink=COPYPASTE&cooper=SBSNEWSENDhttp://news.sbs.co.kr/news/endPage.do?news_id=N1004272087&plink=ORI&cooper=NAVER ssw@sbs.co.kr

2017년 초부터 6개월간 개인투자자(이하 개미투자자 또는 개미라고 칭하도록 하겠다)가 순매수한 상위 20개 종목의 평균 수익률은 무려 8.4%라고 밝혔다. 1년도 아니고, 6개월간 수익률이 무려 8.4%라니 놀라운 수치다. 그런데 동일한 기간 동안 코스피지수는 2206.16에서 2382.56로 무려 17.58%가 올랐다. 코스피지수에 투자했을 때보다 수익률이 낮은 셈이다. 반대로 기관투자자(전문투자기업들)의 순매수 상위 20개 종목의 평균 수익률은 30.72%, 외국인투자자의 순매수 상위 20개 종목의 평균 수익률은 29.19%였다고 한다. *

이런 조사 결과를 어떻게 받아들여야 할까? 6개월간 8.4%라면 높은 수익률이긴 하지만, 외국인 투자자와 기관투자자들의 수익률에는 한참 못 미칠 뿐 아니라 코스피지수의 평균상승률에도 미치지 못했다. 물론 기간을 더 길게 설정하면 이러한 조사결과는 더욱 달라지지 않을까?

그런데 재미난 조사가 한 번 더 있었다. 조선일보와 에프앤가이드가 과거 10년(2007년부터 2016년까지) 개미투자자들이 선호한 30개 종목을 지속 투자했을 때 수익률은 −74.6%, 기관투자자의 선호종목 지속투자 수익률은 9.19%, 외국인 선호종목 지속투자 수익률은 78.52%라는 시뮬레이션 결과를 보여주어 더욱 큰 충격을 주었다. *

* 출처: http://biz.chosun.com/site /data/html_dir/2017/03/06/2017 030603181.html

게다가 개인 주식투자자들 중 겨우 5%만 수익을 낼 수 있는 반면, 95%의 압도적 대다수 개인투자자는 손실을 본다는 말이 정설로 알려져 있다. 자, 개미들은 어떻게 주식투자에 뛰어들게 될까? 일반화할 순 없겠지만, 우리 주위에서 흔히 주식을 하게 되는 경위와 그 과정을 한번쯤 생각해보도록 하자.

주식과 관련하여 두 부류의 사람을 상정할 수 있다.

첫 번째 유형은 주위에서 주식투자로 실패하여 어려움을 겪는 사람들을 많이 보고 주식투자는 절대 해서는 안 될 것으로 생각했거나, 어려서부터 주식투자는 절대 하지 말라는 부모의 신신당부에 무의식적으로 세뇌 당해 전혀 관심도 두지 않는 사람들이다. 이런 경우는 애초에 주식투자에 뛰어들지 않고 다른 재테크 수단을 찾거나, 안정적인 투자스타일(현재 기준 1%대 정기예금 부류)을 선호한다. 높은 수익을 창출할 기회도 없지만, 크게 원금을 손실볼 가능성도 없다. 우리의 관심 대상이 아닌 사람들이다.

두 번째 유형은? 주식투자를 하여 큰 수익을 내거나 주위에서 성공 사례를 보고 '나도 그처럼 수익을 낼 수 있다'고 생각해 투자에 뛰어드는 경우다. 특히 많은 돈을 수월하게 벌어들일 수 있을 것 같은 기분에 체계적인 공부나 마음의 준비 없이 뛰어드는 경우가 많다. 회사를 다니면서 모아둔 여유자금 또는 마이너스통장 같은 대출금으로 주식투자를 시작한다. 아뿔싸, 이런 경우엔 확실한 원칙이나 전략 같은 것이 없다. "어떤 기업에 투자할 것인가?"라는 가장 중요한 질문에 있어서 그 기준은 주로 '주위의 누군가가 추천해준 주식'이라든지, '인터넷에 떠도는 그럴 듯한 이유를 갖다 붙인 종목 추천 글' 등이다. 그뿐인가, 대부분은 분산투자가 아닌 (흔히 '몰빵'이라 부르는) 집중투자도 한다. 주로 주위에서 추천하고 권유하는 주식으로 시작한 터라, 어떤 종목을 고를 것인가에 대한 고민도 별로 없으며, 분산투자에 대한 개념 자체도 희박한 상태이기 때문이다.

자, 이제 추천받은 주식이나 깊은 고찰도 원칙도 전략도 없이 집중 투자한 종목으로 수익이 났다고 가정하자. 너무나도 행복하다. 근거 없는 자신감도 생긴다. '돈 버는 일이 이렇게 쉬운가? 왜 여태껏 힘들게 회사를 다니면서 발버둥쳤지?'라는 자만에 빠른 은퇴와 경제적 자유를 주식투자로 누릴 수 있을 것 같은 꿈에 부풀기도 한다. 그리고 '대출을 더 받거나 당겨올 수 있는 여유자금은 다 끌어와서 풀 배팅을 해볼 걸!'하는 아쉬움을 가지기도 한다.

급기야 그 아쉬움을 만회하기 위해 투자원금과 수익금뿐 아니라 투자대출이나 여유자금까지 동원해 투자금을 늘리기 시작한다. 이대로만 수익이 나준다면 쉽게 부자도 되고, 회사도 당당히 그만둘 수 있고, 경제적 자유도 누릴 수 있을 것 같으니까 말이다!

반대로, 손실이 난 경우에는 어떤 일이 벌어질까?

첫 번째 유형은 이렇게 스스로를 위로할 것이다. "역시 주식투자는 아무나 하는 게 아니야. 100명 중에 95명은 손실을 보는 게임이로군!" 손실로 인한 절망감과 슬픔을 다시는 느끼고 싶지 않을 것이다. 앞에서 설명한 첫 번째 유형처럼 다시는 주식에 손도 대지 않는다. 그리고 주식투자는 바보짓이라고 주변 사람들과 자식들에게도 설파한다.

두 번째 유형은 뼈저린 손실에 대한 복구의 열정으로 한층 더 적극적으로 뛰어드는 경우다. 희망에 부풀어 시작했던 주식투자는 뼈아픈 손실로 돌아왔지 않은가! 손실이 크면 클수록, (여유가 있어 투자한 게 아니라 대출받아 투자한 것이었다면 더더욱) 손실의 슬픔은 몇 배로 뼈아프고, 반드시 이 손실을 복구하겠다는 오기가 생긴다. '이 손실만 복구하면 주식투자를 그만두겠다'고 생각할 수도 있고, '손실 복구를 넘어서 수익까지 내리라'고 생각할 수도 있다. 이런 경우, 처음 주식투자로 수익을 냈을 때와 같은 방향으로 쏠리며 대출을 더 내거나, 여유자금을 더 끌어 모아 투자를 늘린다.

반대로 '초심자의 행운' 덕택에 운 좋게 수익이 난 경우엔 자만심이 생긴다. '이렇게 5%~10% 이상의 수익을 쉽게 낼 수 있는데 도대체 왜 은행에 예금을 하는 걸까?'라는 생각이 들고, 은행 대출로 주식투자해서 10% 수익이 나면, 3% 대출이자를 주고도 남는다는 계산을 한다. 더 공격적인 사람은 은행대출의 번거로움을 피해 증권사 신용거래를 이용하여 더 적극적인 투자를 수행하기도 한다.

게다가 처음 주식투자로 손실을 입고 만회하겠다고 더 적극적으로 투자하는 사람은 마음이 조급해진다. 단기간에 만회하고 싶기 때문이다. 냉정하고 안정적인 투자스타일을 유지하기 어려워진다. 더 빠르게 더 높은 수익을 내서, 손실을 만회하고 괴로움을 떨치고 싶다. 이쯤 되면 기업에 투자하는 것이 아니라, 개별 종목의 주가변동성에 투자하기 시작한다. 특히 단기 급등하는 종목에 눈길이 간다. 마음이 다급해지면 긴 호흡으로 천천히 투자해야 할 '기업'에는 투자하지 못하고 단기간에 급등하는 '종목'에 목매게 된다. 이렇듯 단기간에 거래량이 매우 크고 주가가 급격히 오르내리는 종목을 향해, 명확한 기준과 투자철학 및 전략도 없이 '매수' 버튼을 누르게 되는 것이다.

초심자의 행운으로 자만에 빠진 투자자이건, 손실 복구를 위해 굳은 결의로 다시 주식투자에 뛰어든 사람이건, 가는 길이 유사해지는 신기한 모습을 볼 수 있다는 얘기다.

그런데 투자철학과 전략에 근거한 명확한 원칙 없이 매수-매도 버튼을 누르고, 특히 단기 급등락하는 종목을 찾다보면, 잦은 매매로 인한 수수료와 거래세로 인해 계좌는 위축되고 운 좋았던 종목으로 실현한 수익보다 잦은 손절로 인한 손실이 더 커지는 경우가 다반사다. 이런 식으로 일반적인 개미투자자는 주식시장의 '패배자'가 된다. 물론 정말 뛰어난 개미투자자는 그렇지 않을 것이다. 그러나 지금 우리의 관심사는 우리 주위의 평범한 '개미투자자'다. 100명 가운데 1~2명 나올까 말까 한 뛰어난 '슈퍼 개미'는 우리의 관심대상이 아니다.

 회계사 병철의 경험case

나의 직업은 회계사. 회계법인에서 근무했다. 신참이었을 때 난 멋모르고 주식투자를 잘할 수 있을 것이라 생각했다. 기업을 보는 눈은 누구보다 뛰어날 것이라는 근거 없는 자만심을 가졌기 때문이다.

2009년, 내가 산 첫 주식은 우리금융이었다. 1,000만 원을 넣었는데 석 달도 안 되어 30% 정도 수익을 내고 팔 수 있었다. 우리금융을 매수한 이유는 특별할 게 없었다. 예금보험공사가 갖고 있던 우리금융 지분을 매각하면서 민영화할 것이라는 기대감으로 주가가 오를 것으로 봤고, 운이 좋아 몇 달 되지 않아 30%라는 놀라운 수익을 달성했다. 초심자의 행운'으로 약간의 수익을 얻은 나는 아쉬움을 느꼈다. '가만 있자, 만약 마이너스통장에서 5,000만 원을 대출받아 투자했더라면, 1,500만 원의 수익이 났을 것이고 대출이자 50만 원을 내고도 1,450만 원의 이익이 났을 것 아닌가…' 참으로 흔해빠진 '개미' 겸 '주식초보자'의 어리석은 생각이었다. 그리하여 은행에서 마이너스통장을 발급하고, 5,000만 원을 대출받아 주식계좌에 던져 넣었다. 기껏 몇 달 치 급여로 소소하게 하던 투자 규모를 대폭 늘린 것이다.

차트 1-1 금호산업 주가 차트

그렇게 이 주식 저 주식 단기로 매매하다가, 2006년 약 8만 원까지 갔던 금호산업의 주식이 2만 원으로 하락한 걸 보고 매수했다. 이유는 단순했다. 금호산업의 주가가 하락한 것은 대우건설 인수 후 어려워진 자금사정 때문이었는데, 대우건설을 성공적으로 다시 매각하여 재무적 어려움을 해결하리라는 기대감으로 주가가 급등하던 시기였던 터라, 그에 편승하였던 것이다.

올라가던 금호산업 주가는 다시 하락하기 시작했고 주가가 떨어질 때마다 추가로 주식을 매수하여, 5,000만 원의 대출금 전액이 금호산업에 100% 투자되었다. 속된 말로 '몰빵'을 하게 된 것이다.

그러나 금호산업은 대우건설을 성공적으로 매각하지 못했고 부채도 상환할 수 없게 되어, 2009년 12월 21일 '워크아웃'을 신청한다. 그 여파로 며칠간 하한가(15% 하락)의 운명을 맞게 된다. 거래량 없이 하락하는 바람에 매도조차 못하다가 6,140원이라는 금액에 간신히 팔 수 있었다. 평균 24,000원에 매수한 금호산업을 6,140원에 매도함으로써 75%의 손실을 보았던 그때의 기억은 지금도 뼈저리게 생생하다.

남아도는 자금을 투자하여 손실을 입었더라면 그나마 마음이 약간은 편했겠지만, 금호산업 투자 손실은 오롯이 신용대출 금액이었다. 주식투자 초반부터 빚을 안게 된 것이다. 상당 기간 괴로움을 겪으면서 고민했다. "다시는 주식투자를 하지 않고 손을 뗄 것인가, 아니면 손해 본 금액을 주식투자로 만회할 것인가?" 나는 후자를 선택했다. 신속히 손실을 만회하고 괴로움을 떨치고 빚을 상환하고자 하는 마음에, 단기급 등락을 거듭하는 테마주에 집중투자하고 수익을 내서 빠져나오겠다는 계획을 세우게 된다.

그렇게 어리석게도 수많은 테마주를 반복해서 사고팔았는데, 그중 깊은 인상을 남긴 몇 종목을 이야기해보자.

인포피아 : 피 한 방울로 암을 진단할 수 있는 진단키트를 개발했다면서 주가가 단기급등했고 그때 집중투자했다가 결국 손실을 보고 나온 것으로 기억한다. 현재는 상장폐지된 종목이다.

풍경정화 : 플라스틱 착색제를 만드는 기업인데 젬백스라는 바이오 기업이 인수한다고 주가가 급등했다. 역시 집중투자했다가 손실을 감수하며 매도했다. 지금도 '바이오빌'이름으로 주식시장에서 거래되고 있는데, 수년간 적자가 지속되고 있다. 물론 단기급등 테마주로 수익이 난 적도 꽤 있다.

코코엔터프라이즈 : 매매는 이 이름으로 했지만 정작 'CNK인터내셔날'이란 회사 이름으로 더 유명하다. 카메룬의 다이아몬드광산 채굴권을 따냈고, 매장된 다이아몬드는 4만2천 캐럿으로 전 세계 다이아몬드 연간 생산량의 2.5배에 달한다는 어마어마한 뉴스의 주인공. 다행히 꽤나 높은 수익을 내고 빠져나오긴 했으나 이 회사의 다이아몬드 스토리는 결국 사기극이었고, 대표는 대법원에서 유죄가 확정되었으며 주식은 상장폐지되었다.

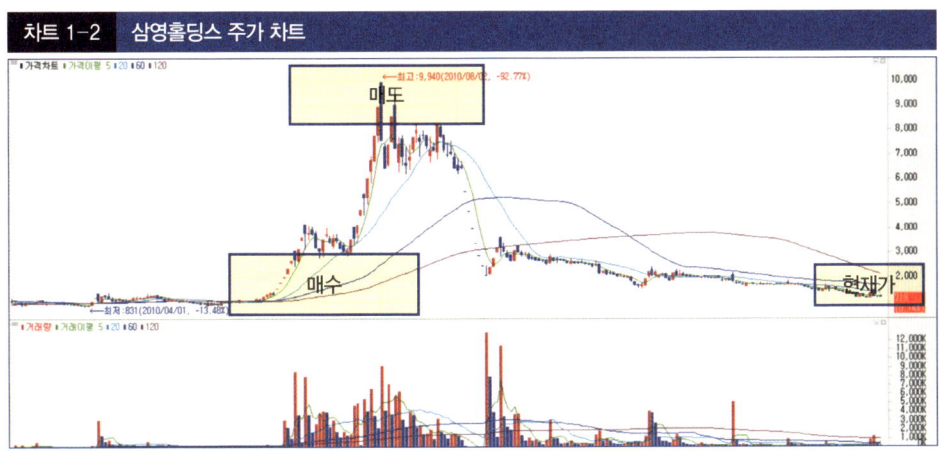

차트 1-2 삼영홀딩스 주가 차트

삼영홀딩스 : 지금은 '씨아이테크'라는 회사다. 정부가 SKT, KT, LG 다음으로 제4이동통신사 허가를 진행한다고 했을 때, 삼영홀딩스가 새로 생길 제4이동통신사의 대주주가 될 거라는 풍문 때문에 매수했다. 1,000원이었던 주가는 10,000원까지 날아올랐으며 나도 운이 좋아 큰 수익을 내고 매도했지만, 제4이동통신사업 컨소시엄 참여계약 해지를 통보받았다는 소식에 다시 1,000원 정도까지 하락한다. 지금도 그 수준의 주가를 유지하고 있다.

엠엔에프씨 : 내가 보유하고 있던 기간 중 상장폐지되어, 이 주식에 투자한 투자금액 거의 전액을 날려버렸다!

수익이든 손실이든, 돌이켜보면 너무나도 부끄러운 매매들이며, 생각하기조차 싫은 인생 최대의 실수들이다. 이런 치부를 공개하는 이유는 예전부터 이러한 방식으로 매매하는 개미들이 많았으며, 지금도 매우 많기 때문이다. 그리고 그러한 수년간의 테마주 매매는 결국 큰 수익도 가져다주지 못한 채 몸과 마음만 망가뜨렸으며, 안 하느니만 못한 결과를 가져왔다는 것을 알리고 싶어서다. 그렇다, 내 경우는 아주 운이 좋았다. 그 점이 가장 중요하다. 나는 여러 해에 걸쳐 테마주 매매를 했지만 적어도 손실을 입지 않았고 약간의 수익을 냈다. 그러나 이것은 극히 운이 좋았던 것뿐이고, 행여 운이 나빴더라면 돌이킬 수 없는 상황까지 갔을 것이다. 무시무시한 생각에 나는 안도의 한숨을 내쉴 때가 많다.

지금까지는 나의 경험담이요, 흔하디흔한 개미의 주식투자 실패기였다. 혹시 이 글을 읽고 있는 당신도 나와 같은 경험을 해본 적이 있는가? 또는 직접 경험은 못했다 하더라도 주위의 많은 사람들이 비슷한 사례를 들려주면서 개미는 절대 주식으로 돈 벌 수 없다고 충고해준 적이 있는가?*

> * 그렇다면 이제 다음 장을 읽어도 좋다. 만약 그런 경험이 없거나, 있었다 하더라도 극복하고 현재 주식시장의 수익률을 초과하는 높은 수익을 달성하고 있는 사람이라면, 이미 성공한 개미이니 굳이 다음 장을 읽을 필요가 없다.

이 책은 '흔한 개미투자자'의 굴레를 벗어나고자 몸부림치는 사람의 고민과 생각과 경험을 공유하기 위해 '흔한 개미투자자'에게 바치는 책이다.

언론조차도 기관투자자나 외국인투자자에 비해 현저히 낮은 수익률을 내고 있다고 조롱(?)하여 마지않는 평범한 '개미' 투자자, 그래서 주식시장의 큰 손(외국인, 기관투자자 등)이라 불리는 자들의 들러리로 업신여김을 당하는 평범한 '개미' 투자자. 안타깝지만, 과거의 데이터에 비추어보면 틀린 말이 아닐 터. 자, 우리는 어떻게 '개미'라는 부정적인 위상에서 '벗어날 수 있을까? 내 나름의 고민과 현재까지의 결론을 이야기해보고자 한다.

CHAPTER
02

개미들의 무기는 무엇일까?

> **"**
> 전문투자자들과
> 싸워서 어떻게
> 이기지?
> **"**

대박!

그렇다. 누구나 대박을 내고 싶다. 그것이 주식투자이든 부동산투자이든 하다못해 매주 로또를 구입하고 있든, 홈런을 치고 싶다. 그래서 테마주 매매는 더욱 매력적이다. 하루에 5%, 10%, 20%씩 매일매일 오르는 주식을 보면 '대박'은 헛된 꿈이 아닌 것만 같고, 돈 벌기 참 쉬울 것 같다고 느낀다.

물론 테마주 매매로 큰 수익을 내는 트레이더도 있을 것이다. 그런데 과연 본업에 최선을 다해야 하는 직장인들이 하루에도 20% 이상씩 엎치락뒤치락하는 테마주 매매에서 성공할 수 있을까?

이러한 종목에 대한 투자에서 분명 누군가는 짜릿한 수익을 얻지만, 다른 누군가는 허망한 손실을 입게 된다고 생각한다. 내가 여러 해 동안 테마주 매매에 집중했다가 큰 수익은 얻지 못하고 헛된 시간만 보내고 얻은 유일한 교훈이 뭔지 아는가? 제로섬 투자가 아닌 '플러스 섬' 투자를 해야 한다는 사실이다.

테마주 안랩 case

주당 10,000원의 가치를 누리던 기업이 '테마'를 타고 100,000원이 되는 경우도 가끔 있다. 그러나 잠시 테마를 탔던 기업은 거품이 꺼지면 다시 10,000원이 된다. 만 원짜리 주식이 10만 원짜리로 둔갑했다가 다시 만 원이 되는 것은 제로섬zero-sum 게임이다. 평균적으로 봤을 때, 누군가는 이득을 보지만 반드시 다른 누군가는 손해를 보기 때문이다. 지난 대선 테마주였던 '안랩'이 좋은 예다.

5만 원에 이 주식을 사서 15만 원에 판 사람이 있다면 엄청난 수익을 냈겠지만, 15만 원에 산 사람은 절대 수익을 내고 팔 수 없다. 즉, 누군가의 수익은 누군가의 손실로 연

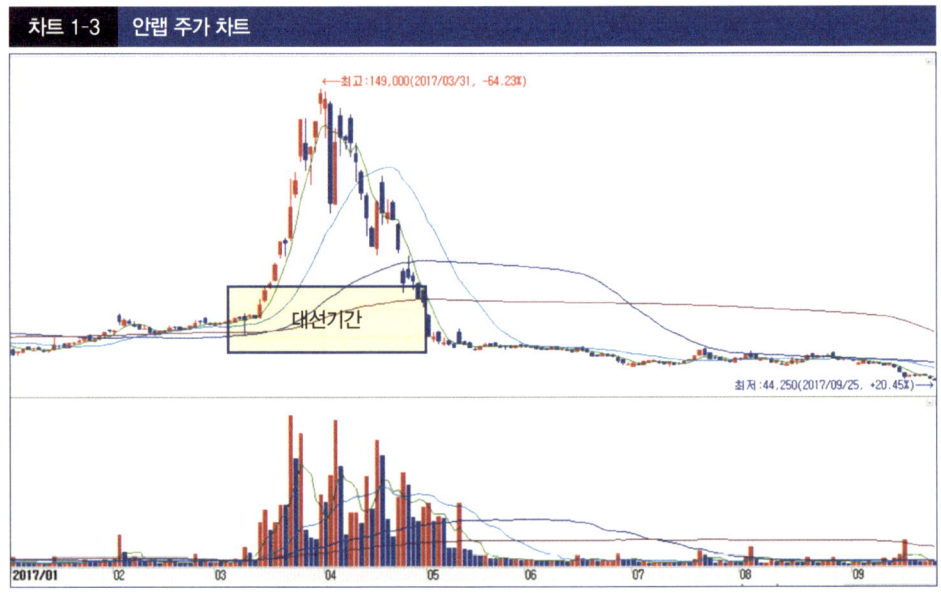

차트 1-3　안랩 주가 차트

결된다. 그렇다면, 이러한 테마주 투자에 있어 반드시 내가 승리자가 될 수 있을까? 로또를 살 때도 마찬가지, 내가 왠지 1등에 당첨될 것 같은 느낌으로 산다. 그러나 추첨이 끝나면 역시 나는 아니라는 것을 알고 실망하게 된다. 로또 당첨확률은 814만 분의 1이기 때문이다. 물론 테마주 매매 성공확률이 그만큼 낮다는 얘기는 아니지만, 보통 투자자들이 성공하기 어렵다는 것은 확실하다. 제로섬게임의 세상에서 놀 것인가, 아니면 플러스섬plus-sum 시장에서 놀 것인가?

매출과 이익이 꾸준히 성장하면서 그 가치가 증가하고 있는 기업 또는 설령 매출과 이익이 성장하지 못하고 있다고 하더라도 적절한 가치를 인정받지 못하는 기업의 주식에 대한 투자는 장기간 우상향하면서 제로섬게임이 아닌 플러스섬게임이 될 수 있다는 것을 주식시장의 역사 속에서 쉽게 깨우칠 수 있다. 주가가 잠시 오르내릴 순 있지만, 장기간 주가가 상승하고 있는 기업에 투자한 사람들은 대부분 수익이 난다. 대표적인 기업이 삼성전자일 것이다. 삼성전자에 투자한 사람은—단기매매를 하지 않는 한—큰 손실을 낸 사람은 없을 것이며 대부분 수익을 냈을 것이다.

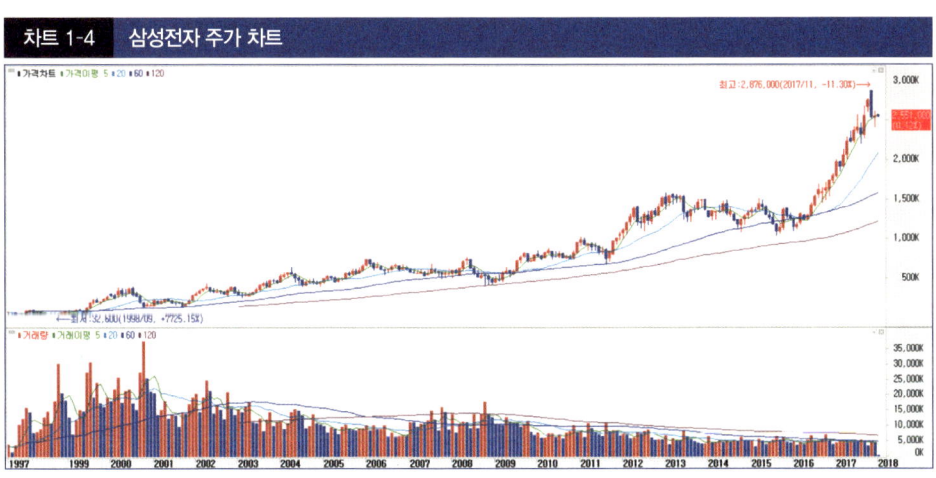

차트 1-4 삼성전자 주가 차트

즉, 짧은 시간 동안 누군가는 손실을 내고 누군가는 수익이 나는 제로섬게임에서 나를 비롯한 일반적인 투자자는 큰 수익을 낼 확률이 낮다는 생각이다. 본업이 있는 사람들이 전업으로 단기트레이딩을 하는 사람들과 겨루어 이길 수 있을까? 회사에 다니느라 정신이 없는 사람들이 기업분석을 본업으로 하고 수많은 정보를 얻을 수 있는 전문투자자들과 게임을 해서 이길 수 있을까? 애초에 이길 수 없는 싸움은 하지 말라는 이유다.

내가 가진 무기는 무엇인가? 현실에서 나는 고민했다. 단기매매를 하는 트레이더 및 전업투자자들에 비해서 개미들의 비교우위는 과연 있을까? 있긴 있다.

바로 시간이다. 일정기간 동안 반드시 수익을 창출해야 살아남을 수 있는 트레이더들은 시간에 쫓긴다. 시간에 쫓기면 매도하지 말아야 할 기업을 익절 또는 손절할 수도 있으며, 단기 수익을 창출하기 위해 본질적 기업가치 상승이 동반되지 않는 테마주에 투자하게 될 수도 있다. 그러나 평범

한 개미투자자들은 대부분 직장인들이며 업무에 몰두하고 있는 시간에는 주가를 볼 시간조차 없다. "감히 여러 날 동안 주식계좌를 들여다보지 않을 수 있는 무기"를 가진 투자자는 오로지 개미투자자뿐이다. 고로 오늘 몇 % 올랐는지 내렸는지, 내 계좌는 몇 % 움직였는지 등에 무디어질 수 있고, 투자한 기업의 가치를 고민할 것도 없으며, 불필요한 뇌동매매를 안 해도 된다. 물론 시간이 많은 직장인이라면 HTS(MTS)를 수시로 확인할 수 있겠지만, 그렇더라도 본업에 좀 더 집중하길 권한다. 확신하건대, HTS(MTS)를 자주 안 볼수록 주식투자수익률은 더 높아질 것이다.

개미투자자들의 두 번째 무기는 지금의 직장, 다시 말하면 각자의 본업이다. 이는 첫 번째 무기인 시간을 만들어 주는 원천이기도 하다. 본업만으로도 생활을 영위할 수

있기 때문에 시간이라는 중요한 무기를 사용할 수 있다. 하루 벌어 하루 쓰고 사는 데이트레이더들이 자주 하는 말이 있다.

"어제는 수익금으로 소고기 회식, 오늘은 손실이니 저녁은 라면!"

이건 빈말이 아니다. 데이트레이더 중에는 그런 사람이 많다. 돈 벌고 안 벌고를 떠나서, 당일주식투자로 수익이 나면 심리적으로 마음이 너그러워져서 돈을 쓰게 된다. 반대로 손실을 보게 되면, 그게 비록 손절이 아니고 평가손실이라 할지라도 소비가 위축되고 감정이 우울해진다.

하지만 본업이 있는 일반 투자자는 그러한 스트레스를 받지 않아도 된다. 직장은 매일 밥을 먹을 수 있게 해줄 뿐 아니라, 투자하기 좋은 기업이 있다든지 또는 믿음직한 기업의 주가가 하락할 때 추가로 매수하여 더 이득을 높여주는 자금 유입 창구가 된다.

매월 적립식으로 펀드에 투자하는 경우처럼 지속적으로 투자자금을 유입시킬 수 있어 무리한 투자나 레버리지(대출)를 억제해줄 뿐 아니라, 회사와는 무관한 예상치 못한 거시경제 변수 등으로 관심 있는 주식이 크게 하락하여 본질가치보다 매우 저렴하다고 생각될 때 추가매수 또는 적극 매수를 할 수 있는 자금이 되기도 한다. 주식투자를 내 인생을 바꿀 복권으로 쳐다보는 대신, 먹고 살 걱정은 본업으로 해결하고 좀 더 높은 수익을 내는 재테크 정도로만 생각한다면, 한결 마음이 가벼워지지 않겠는가!

개미들은 전업투자자처럼 생업을 유지하려고 주식을 하는 것이 아니다. 펀드매니저들처럼 일정 기간의 투자성과를 바탕으로 평가를 받는다든지, 그것이 나의 명성과 앞날을 결정하는 것도 아니다. 그렇게 생각을 차분하게 가진다면, 시간이라는 무기와 본업이라는 무기로 전문투자자들보다 상대적 우위를 가질 수 있다. 전문지식과 정보력은 다소 뒤떨어지지만 무엇이든 상대적 우위가 있다면, 해볼 만한 게임이 될 수 있지 않겠는가?

게다가 우리 개미들의 자금력은 전문투자자들에 비해 작기 때문에 더 높은 기대수익률을 설정할 수 있으니, 이 또한 장점이다. 전문투자자나 웬만한 펀드보다 훨씬 더 높은 기대수익률과 실현수익률이 오히려 개미투자자에게 가능한 이유는 시간과 본업이라는 무기뿐만 아니라 투자규모가 작아서 포트폴리오 구성 시 종목 수를 상대적으로 더 줄이거나 집중투자할 수 있기 때문이기도 하다. 개미도 분명 비교우위에 있는 것이 있다. 그것을 통해 이기면 된다.

CHAPTER
03
정보매매와 차트

"
개미에게
정보매매와 차트는
적절한 도구가 아니다!
"

'개미가 어떻게 전문투자자보다 비교우위에 있을 수 있단 말인가?' 특히 어떻게 '그들과 수익률 싸움에서 이기거나, 최소한 따라갈 수라도 있단 말인가? 많은 사람들이 내가 주장한 것에 반발하거나 고개를 흔들 것이다.

개미에게 전문투자자에 비해 시간과 직장이라는 무기가 있다고? 뭐, 그 말은 맞는다고 치자. 그렇지만 '정보 매매'라는 것이 있기 때문에 개미들이 이길 수는 없으며, 상대적으로 피해를 보고 있는 것 아닌가? 그렇다, 대부분의 사람들은 외국인투자자나 기관투자자 같은 전문투자자들에 비해 개미들은 정보가 부족해서 절대 성공하기 어렵다고 생각한다.

특히 테마주를 매매해본 사람들이 목청 높여 제기할 수 있는 질문이다. 짧은 시간에 주가가 몇 배씩 오르내리는 주식을 매매해본 사람들은 얼마든지 할 수 있는 얘기다.

"이 회사가 호재(좋은 소식)를 낼 거라는 정보를 미리 알았다면 '선취매(오르기 전에 미리 매수)'해둘 수 있었을 것이고, 주가가 급등할 때 매도하여 수익을 낼 수 있을 것이다."

물론 맞는 말이지만, 개미에게 그런 정보가 어디 있겠는가? 만약 그런 정보를 개미가 얻었다면, 그건 세상 사람들이 다 알고 있는 정보 아니면 가짜 정보일 가능성이 높다. 그래서 테마주나 소위 작전주 투자를 하고자 하는 사람들은 더욱 정보에 목이 마르다. 심지어 주식투자 작전을 하는 세력을 찾으러 다니는 개미투자자도 본 적이 있다.

분명히 개미들에게는 정보가 부족하다. 그러나 중장기적으로 주가가 꾸준히 올라가고 있는 기업에 한하여 투자한다고 가정했을 때는 상황이 달라진다. 누가 언제 매수하든 큰 손실이 나지 않고 대체로 이익이 나는 주식이라면, 악착같이 바닥에서 매수할 필요도 없는 노릇이니까.

내부정보를 갖고 주식투자하면 돈을 번다는 것은 만고불변의 진리다. 엄청난 호재를 갖고 있는 기업의 내부정보를 미리 알고 있다면, 그 누구보다 높은 투자수익을 달성할 수 있다. 하지만 개미들은 그런 정보를 얻기도 어려울 뿐 아니라, 행여 운이 좋아 그러한 투자로 큰 수익을 냈다 하더라도 평생 불안해하며 살아야 한다.

불법행위이기 때문이다.

본인이 다니는 회사의 엄청난 계약 건을 알게 된 후 주식에 투자하여 수익을 냈다고 유죄판결을 받거나, 업무를 통해 얻은 기업의 실적정보를 투자에 활용했다가 실형을 받은 사람들의 사례를 잊어서는 안 될 것이다. 그러나 걱정할 필요는 없다. 대다수의 개미들은 애초에 그런 정보를 얻기도 어려우니 말이다. 알면서도 하지 않는 건 어렵지만 아예 모르면 할 수조차 없으니, 이런 투자는 꿈도 꾸지 말자. 우리에게 주어진 것이 아니라고 생각하자.

그렇다면, 개미투자자들은 어떤 도구를 통해 투자해야 할까?

자칭 주식전문가나 고수들이 많이 하는 이야기를 인용해보자. "바닥에서 사서 미리에

개미들이 투자하면

서 팔 수는 없다. 무릎에서 사서 어깨에서 팔면 된다!" 이거, 말이 될까? 내가 보기에는 말이 안 된다. 무엇보다 현재의 주가가 바닥인지 머리꼭대기인지를 사전에 알 수도 없는 판에, 무릎인지 어깨인지를 어떻게 안단 말인가? 이런 것은 차트를 통해 사후적으로, 그러니까 결과론적으로만 할 수 있는 이야기일 뿐이다. 어쨌거나 이런 '무릎사 어깨팔아' 논리에 빠지게 되면 자연스럽게 기술적 분석을 공부하고 그에 맞춰 주식투자를 하는 경우가 많다. 기술적 분석이란 기업의 주가와 차트를 살아있는 생물로 간주하고, 각종 기법과 기술적 지표들이 회사 주가의 단기·중기·장기의 고점과 저점, 무릎과 어깨가 어디인지를 알려준다고 믿고 매매하는 기법이다.

'일봉, 주봉, 월봉, 데드크로스, 골든크로스, 일목균형표…' 주식투자에 쓰이는 용어들도 많다. 물론 기술적 분석으로 많은 수익을 낸 투자자가 있다고 한다. 그러나 세계적으로 유명한 위대한 투자자들, 특히 장기간 높은 수익을 냈다고 알려진 수많은 투자자들 중에서 기술적 분석 그 자체만으로 그런 성과를 낸 투자자는 별로 없다.

애당초 전제가 잘못되었다. 기술적 분석은 주가의 움직임을 예측하여 저점 및 고점에 대한 기준을 삼고자 하는 것이다. 물론 차트는 도움이 될 수 있다. 단, 차트는 기업가치를 판단하는 잣대로는 적절한 도구가 아니라고 본다. 차트가 투자자에게 도움이 되는 이유는, 차트 자체가 가진 정보력이 아니라 차트를 믿고 그걸 이용해 매매를 하는 사람이 존재하기 때문에 그 의미를 갖는다고 본다. 즉, 주객이 전도된 상태이다.

또한 차트를 이용한 매매는 현재와 과거에 해당기업의 주가가 일정한 규칙 아래 움직인다고 믿으며, 그 규칙 하에 몇 가지 행동지침을 미리 세워두고 상황에 따라 매매한다는 전략이다. 따라서 기본적으로 해당 기업의 본질적 가치는 고려하지 않으며, 거래되고 있는 가격 그 자체에만 집중하면서 추세에 집착하게 된다.

　재무제표는 기업의 먼 과거부터 가장 가까운 과거만을 보여주므로, 주식투자에 도움이 되지 않고 투자 의사결정에도 큰 영향을 미치지 않는다고 생각하는 사람들은 여전히 많다. 그들은 오히려 차트상 정배열, 이평선, 지지선 등이 더 중요하다고 믿으며, 그보다 회사의 미래에 대한 긍정적인 내부정보가 더 중요하다고 생각한다.

　차트를 이용한 투자전략, 특히 추세추종전략은 굉장히 유용한 전략으로 알려져 있으며, 추세추종전략으로 큰돈을 벌어들인 월스트리트의 제시 배리모어는 상승추세가 시작되었을 때 매수하고 절대 섣불리 차익을 실현하지 않았다. 추세추종전략의 창시자인 배리모어의 가장 유명한 말은 아래와 같다.

"나는 주가 조정 중에 매수하거나, 상승 중에 결코 매도하지 않는다."

　상승추세가 생기기 전 주가가 긴 조정 구간에 있을 때 매수하거나, 반대로 상승 추세가 생겨서 상승하기 시작했을 때 섣불리 매도하여 수익을 실현하지 말라는 이야기다. 하지만 그의 이 유명한 격언에도 불구하고, 내가 투자하고 있는 기업을 아주 잘 알고 있지 않다면 이러한 투자전략은 실현하기 어려울 것이라 본다.

　주가가 조정 중에 있는지, 추가로 상승할 가능성이 높은지, 고점을 찍고 하락할 일만 남았는지 하는 것은, 결국 기업이 더 많은 돈을 벌어들여 성장할 것으로 예상되는지 아니면 지금의 실적과 업황이 최정상에 와 있는지에 대한 판단에 따라 좌우된다고 보기 때문이다. 현재와 미래의 실적흐름과 주가가 일치하느냐, 기업이 벌어들일 돈에 비해 주가가 어느 수준에 와 있느냐, 등을 파악하는 데 차트와 주가의 가장 큰 의의가 있다고 본다. 그래서 배리모어의 말에 이렇게 덧붙이면 좋을 것 같다.

"기업의 실적성장 추세가 나타나면 조정 중에 있던 주가는 반느시 오를 것이니 관심을 두고 보아야 하며, 상승추세가 나타나기 시작하면 매수해야 한다."

　그리고 기업의 성장 추세가 살아있다는 믿음이 있다면, 주가상승 중에 결코 매도하지 않을 수 있다고도 말할 수 있다. 이것이 지금 내가 갖고 있는 기본적인 주식투자 철학이다.

왜 이런 철학을 갖게 되었을까?

나는 고민 끝에 주식투자로 큰 수익을 내기 위한 여러 가지 방법 중 가장 성공확률이 높으면서 개미투자자에게 적합한 방법을 선택했다. 그것은 오랜 기간 주가가 꾸준히 상승한 기업(적게는 2배, 많게는 10배)에 집중투자하는 길이다.

　그러기 위해서는 내가 투자하고 있는 기업을 자세히 알아야 하고, 실적이 꾸준히 성장하고 있는 한 쉽게 수익실현을 하지 않고 참고 견딜 줄 알아야 한다. 반대로 실적이 정점에 이르렀을 때는 분명히 수익을 실현함으로써 극대화할 수 있어야 한다. 가장 중요한 이 원칙을 지킬 수 있어야 크게 성공할 수 있다고 본다.

　그런데 여기에는 2가지 문제가 있다. ❶ 2배든 10배든 올라갈 주식을 찾는 것이 쉽지 않다. 정확한 분석과 노력, 미래에 대한 혜안이 있어야 하기 때문이다. ❷ 설령 2~10배 올라갈 주식을 찾았다 하더라도, 언제가 매수 타이밍이며 언제 매도해야 하는지 알기 어렵다. 그래서 10배나 올라갈 주식을 50%나 100%의 수익만 보고서 나오는 사람도 있으며, 심지어 손실을 보는 사람도 있다. 10배 올라간 주식은 있지만, 절대 그 주식으로 10배의 수익을 낸 사람은 없다. 기억해두자, 최저점에 매수하여 최고점에 매도할 수 있는 사람은 결단코 없다.

　그뿐이랴, 집중투자는 엄청난 불안을 야기한다. 특정 기업에 몰빵 투자했다가, 무슨 이유에서든 수가가 오르지 못하거나 예측하지 못했던 악재로 하락한다면? 그 손실을 만회하기 위해 아주 오랜 복구기간이 필요하거나 더 위험한 투자를 할 수밖에 없게 된다.

반드시 20개 이상의 포트폴리오

따라서 추세추종전략에 관심이 있다면, 반드시 20개 이상의 종목으로 포트폴리오를 구성하라고 권하고 싶다. 특히 특정섹터로 돈이 몰리고 상승추세가 시작되거나 상승 중에 있을 때, 그 섹터의 종목들은 동시다발적으로 같이 오른다. 반대로 특정섹터에 대한 기대가 낮으면, 돈을 잘 벌고 있는 기업이든 그렇지 않은 기업이든 다 함께 주가가 약세를 보인다.

그렇다면, 추세추종전략을 가장 잘 사용하는 방법은 무엇일까? 바이오? 전기자동차? 5G? 무슨 테마든 좋다. 주식시장이 가장 크게 관심을 두고 있는 섹터의 기업들을 한두 개가 아닌 최소 20개 이상으로 분산한 다음, 돈이 몰릴 때(강한 상승 추세가 생길 때) 매수하여 추세가 꺾이는 시점에 수익을 실현하는 것이다. 개별 기업에 대한 자세한 분석 없이, 시장의 돈이 어디로 몰리고 있고 언제 빠져나가는지를 보면서 매매타이밍을 잡아 수익을 실현하자는 전략이다.

2017년 말 기준으로 아주 특이한 형태를 살펴보면, 이러한 추세추종전략을 이용하여 투자수익을 내거나 낸 것처럼 보이는 '비트코인' 및 '비트코인 류의 가상화폐' 투자가 가장 두드러지는 부분이었다. 가상화폐 시장을 꽤 오랜 기간 봐오면서 수익을 낸 지인들의 말로는, 비트코인 같은 가상화폐 투자의 경우에 차트를 이용한 기술적 분석이 꽤나 잘 맞는다고 했다. 개별 기업의 본업이나 재무지표나 미래의 실적에 대한 고민 등도 필요 없다. 개별기업처럼 분석할 대상이 없으니 차트를 봐야 할지, 정보에 목말라야 할지, 재무제표와 본업을 분석해야 할지, 고민할 필요도 없다. 그런데도 돈은 몰리고 있다.

누구나 주식투자는 꺼리면서도, 가상
화폐 투자에는 쉽게 참여한다. 모든 사람
들의 투자금이 비트코인 등 가상화폐에 몰
리고 있다는 확신, 그리고 앞으로도 더 몰
릴 것이라는 확신, 강한 상승추세가 형성되었다는 믿음이 있다면, 그리고 돈이 몰리는
곳에 투자하여 추세가 유지되는 한 지속적으로 투자하고 추세가 꺾일 때 매도하는 추
세추종전략이 가장 마음에 드는 투자방법 혹은 철학이라면, 차라리 비트코인 같은 가
상화폐에 관심을 가지는 게 낫지 않을까?

그러나 내가 투자하고 있는 대상이 정확히 무엇이며 그 투자하고 있는 대상이 어떤
수익을 창출해내고 있고, 그 회사가 나에게 무엇을 돌려주고 있는지를 알고 싶은 사람
이라면, 즉, 눈에 보이는 것이라야 마음이 편한 사람이라면, 아직까지는 주식보다 더
매력적인 투자대상은 없을 것이라 확신한다.

CHAPTER
04
지인소스투자법

> **"**
> '믿을 만한 사람'이
> 곧 '확실한 정보'라고 해서
> 투자할 것인가?
> **"**

주식투자를 하다 보면, 소위 '공짜 점심'을 먹고 싶을 때가 종종 있다. 나의 원칙과 철학으로 투자하는 것이 아니라 '믿을 만한 지인'이 '믿을 만한 정보'라며 종목을 일러주었기 때문에, 알아보려는 노력조차 기울이지 않고 적지 않은 소중한 투자금액을 선뜻 그 회사에 투자하는 경우다. 주식투자에 손을 대본 사람이라면 누구나 공감할 것이다. 이런 투자법을 "지인知人소스^Sourse^투자법"이라고 명명하자. 투자를 시작한지 얼마 안 된 초보 개미투자자가 가장 많이 사용하는 투자법이다.

지인소스 투자의 특징은 해당 종목에 대한 자세한 정보를 알려주지 않는다는 것이다. "그냥 묻지 말고 사보라니까, 큰 수익이 날 거야." 통상 이런 식으로 정보를 주곤 한다. 왜 이 종목을 추천하는지, 어떤 호재가 나올 정보가 있는지 알려주기는 하되, ❶ 그 진실성에 대한 보장도 하지 않고 ❷ 언제 그러한 정보가 실현될지도 알려주지 않으며 ❸ 언제 팔아야 한다든지 매도가격에 대한 상세한 컨설팅까지는 해주지 않는다.

즉, 설령 시장에서 그 지인이 추천한 종목의 주가가 실제로 오르더라도 그 상승폭만

개미들의 투자마인드

큰 수익을 내는 것은 매우 어려운 일이 된다. 주식시장은 절대 만만하지 않다. 주식시장이 우리에게 그렇게 쉽사리 초과 수익을 안겨주지는 않는다.

마제스타case

필자 역시 지인소스투자법으로 별 노력하지 않고 목돈을 지인이 추천하는 종목에 투자하여 큰 수익을 내고 싶었던 적이 있었다. 다음은 2014년 4월, 친한 지인이 추천했던 종목 '마제스타'의 경우이다. 〈차트 1-5〉를 살펴보자.

주가가 2,000원 내외였던 2014년 4월에 지인의 정보를 얻어 이 회사에 투자했다면, 2014년 10월경 이 회사의 주가가 무려 9,000원 정도까지 올랐으니 적게는 3배 이상, 운이 좋아 저점을 잡았다면 4배 이상까지도 수익이 날 수 있었던 상황!

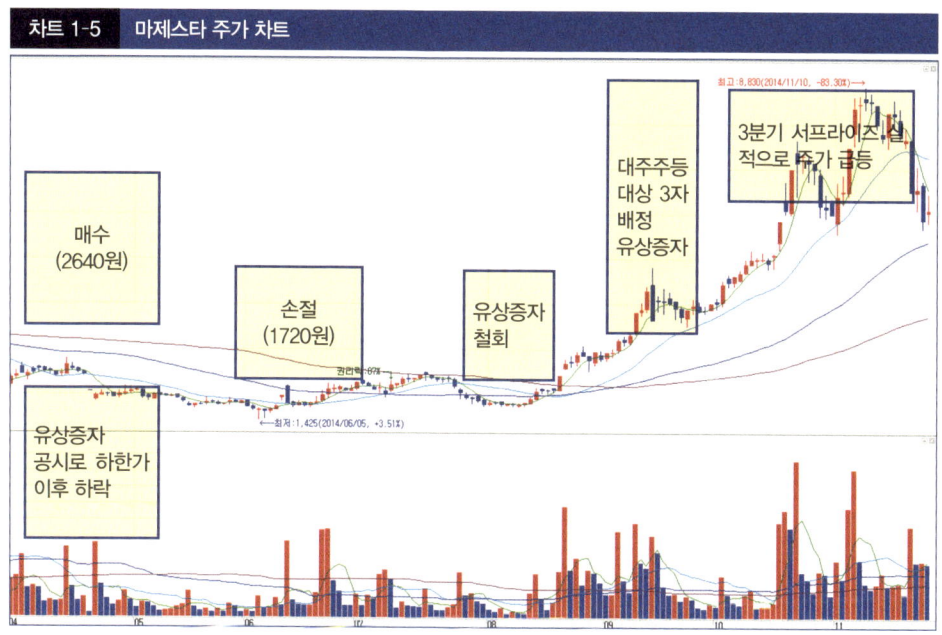

차트 1-5 마제스타 주가 차트

나는 이 회사에 대한 아무런 정보도 없이 재무제표도 보지 않고 기본적인 분석조차 하지 않은 채 4월 15일경 주식을 매수했다. 이후 4월 18일 마제스타는 다음과 같이 주주배정 유상증자를 공시한다. 운영자금을 조달하기 위해 주주들에게 추가로 170억 정도 주식을 발행해주고 자금을 조달하겠다는 요지다. 이 공시로 인해 주가는 하한가로 직행했고 이후로도 지속적으로 하락하였다. 만약 내가 2014년 3월에 나온 회사 재무제표만 봤더라도 운영자금이 부족하고(유동비율이 매우 나쁨), 재무구조가 불량하다는 (부채비율 400% 초과) 상황을 볼 수 있었을 것이며, 돈 없고 재무구조 나쁜 기업이라면 할 만한 유상증자의 리스크 때문에 투자하지 않거나 적은 금액만 투자했을 것이다! 그러나 나는 부끄럽게도 재무제표조차 들여다보지 않고 지인소스투자법에 의존해버린 것이다. 주가 하락으로 손실을 본 것은 당연했다. 그처럼 쉽게 돈을 벌려고 했다니!

유상증자 결정		
1. 신주의 종류와 수	보통주(주)	10,000,000
	우선주(주)	–
2. 1주당 액면가액(원)		500
3. 증자전 발생주식 총 수(주)	보통주(주)	19,787,694
	우선주(주)	–
4. 자금조달의 목적	시설자금(원)	–
	운영자금(원)	17,050,000,000
	타법인 증권 취득자금(원)	–
	기타자금(원)	–
5. 증자방식		주주배정

정보를 듣고 돈을 집어넣자마자 유상증자 공시가 뜨고 주가는 하한가로 떨어지고 지속적으로 하락하기에, 나는 그 지인에게 짜증 반 궁금증 반으로 물어보았다.

 "도대체 왜 이러는 기야?"

"병철아, 나도 아는 사람에게 받은 정보라 잘 몰라."

 "도대체 얼마에 얼마나 샀는데?"

 "나도 너랑 비슷한 가격에 많이 샀어. 너무 화내지 마라. 한 번 기다려보자, 응?"

오히려 하소연하는 어처구니없는 반응에 '동병상련'의 마음이 생기기도 했지만, 어쨌든 주식투자는 온전히 투자자 본인의 책임 아닌가? 결국 우리는 그냥 기다려보기로 했다.

그러나 나는 이 종목을 결국 2014년 6월 초 무려 35%의 손실을 보고 매도한다. 주주배정 유상증자에 참여하고 싶지도 않았으며, 뒤늦게 재무제표를 확인해보니 재무적으로 매우 불량한 기업일 뿐 아니라, 현금흐름 상 특이하고 이상한 경영활동을 하고 있는 것이 눈에 보였기 때문이다. 어찌 되었건 매수 두 달 만에 35%의 손실을 보게 되었으니, 투자규모는 크지 않았지만 심리적으로 매우 타격이 컸다.

그런데, 내가 이 종목을 손절하고 얼마 안 되어 다음과 같이 유상증자를 철회하는 공시가 떴다.

정정신고(보고)

2014년 9월 15일

1. 정정대상 공시서류 : 주요사항보고서

2. 정정대상 공시서류의 최초제출일 : 2014.4.18

3. 정정사항
당사는 2014년 4월 18일 이사회결의를 통하여 차입금 상환 및 운영자금을 목적으로 주주배정 후 실권주 일반공모 방식으로 유상증자를 결정하였습니다. 그러나 주식가치제고와 주주보호를 위하여 부득이 금번 유상증자를 철회하기로 결정하였습니다.

항 목	정정사유	정정 전	정 정 후
–	유상증자 발행결정 철회	유상증자 결정	유상증자 철회

주식가치 제고와 주주 보호를 위해 유상증자를 철회한다고! 이미 주주배정유상증자로 주가가 크게 하락하여 손실을 보고 매도했는데, 이제 와서 철회한다니! 화가 날 수밖에 없었다. 그런데 이상하지 않은가? 유상증자를 하지 않으면 운영자금도 없고 재무구조도 불량한 상황이라서 유상증자를 하겠다고 나선 것인데, 이걸 철회해버리면 어떻게 자금을 마련하겠다는 것일까? 유상증자를 철회한 바로 다음날, 아래와 같은 공시가 나온다.

유상증자 결정		
1. 신주의 종류와 수	보통주(주)	4,009,075
	우선주(주)	-
2. 1주당 액면가액(원)		500
3. 증자전 발생주식 총 수(주)	보통주(주)	19,898,694
	우선주(주)	-
4. 자금조달의 목적	시설자금(원)	-
	운영자금(원)	13,249,992,875
	타법인 증권 취득자금(원)	-
	기타자금(원)	-
5. 증자방식		제3자배정증자

제3자배정 대상자별 선정경위, 거래내역, 배정내역 등					
제3자배정 대상자	회사 또는 최대주주와의 관계	선정경위	증자결정 전후 6월이내 거래 내역 및 계획	배정주식 수(주)	비고
ADORES, Inc.	해당사항 없음	경영전략상의 목적을 달성하기 위하여 최종 대상자를 선정하였음	해당사항 없음	2,269,288	-
서준성	최대주주	경영전략상의 목적을 달성하기 위하여 최종 대상자를 선정하였음	해당사항 없음	756,429	각자 대표이사
박인호	최대주주의 특수관계인	경영전략상의 목적을 달성하기 위하여 최종 대상자를 선정하였음	회사가 대상자로부터 자금 차입	983,358	각자 대표이사

　기존 주주가 아닌 새로운 투자자를 유치하여 제3자 배정 유상증자로 운영자금을 조달하고, 재무구조를 개선하겠다고 발표했다. 게다가 여기서 제3자는 앞의 표에서 보듯이 회사의 최대주주이자 대표이사, 그의 특수관계인, 그리고 전혀 주식을 갖고 있지 않던(인터넷에 아무리 찾아도 나오지 않던) ADORES라는 일본계 회사로, 이들이 회사에 투자하여 주식을 받아가겠다는 공시다.

　대개의 경우 주식시장에서 대주주가 회사에 돈을 추가로 투자하면서 주식을 받아가겠다는 공시는 '호재'로 받아들인다. 무언가 회사에 좋은 일이 있거나 실적이 좋아질 것 같을 때 대주주나 대표이사들이 주식을 많이 매수한다고 생각하기 때문이다. 헌데 이후 어떤 일이 벌어졌을까?

　대주주와 그 특수관계인이 주식을 매수한 지 얼마 후, 회사는 아래와 같이 2014년 3분기 실적을 발표한다. 이 기간의 영업이익은 무려 105억 원으로 직전분기인 2분기에 비해 1,119%(약 11배 이상) 증가했고, 전년 동기 대비 302%(3배 이상) 증가했다는 엄청난 서프라이즈 실적이었다. 이로 인해 주가는 추가로 급등해 2014년 11월 거의 8,830원까지 상승한다.

연결재무제표 기준 영업(잠정) 실적(공정공시)

※동 정보는 확정치가 아닌 잠정치로서 향후 확정치와는 다를 수 있음.

1. 연결실적내용

구분(단위: 백만 원, %)		당기실적 (2014. 7~9월)	전기실적 (2014. 4~6월)	전기대비증감액 (증감율)	전년동기실적 (2013. 7~9월)	전년동기대비 증감액(증감율)
매출액	당해실적	19,802	9,863	9,939 (100.77%)	17,359	2,443 (14.07%)
	누계실적	37,429	–	–	43,514	(-6,085) -13.98%
영업이익	당해실적	10,480	860	9,620 (1,119.26&)	2,606	7,874 (302.06%)
	누계실적	9,424	–	–	-2,493	11,917 (흑자전환)

이제, 나의 투자성과를 보자. 2014년 4월 약 2,700원대에 매수하자마자, 주주배정유상증자 공시로 주가하락, 재무구조 불량한 기업으로 판단되어 손실을 보고 매도했다. 그러나 이후 유상증자를 철회하고 최대주주와 그 특수관계자들이 주식을 매수하며, 결국 3분기에 엄청난 실적을 발표하며 주가는 급등한다.

이 사례로 무엇을 알 수 있을까? 회사에 대한 분석과 정보 없이 지인이 추천한 정보만으로 무턱대고 회사에 투자한다는 것은 재앙이라는 사실이다. 설령 주가가 크게 오른다 하더라도 언제 사서 언제 팔아야 할지, 도대체 무엇 때문에 주가가 오를지, 등에 대한 확신을 갖기 어렵기 때문이다.

그러면, 나는 실패했다 치더라도, 지인(친구)의 투자성과는 어땠을까? 차후에 크게 주가가 상승한 이후 그에게 물어보았다. 그의 투자성과는 '손실도 이익도 아닌 본전'이라고 대답했다. 매수 직후 주가 하락으로 손실을 보고 있을 땐 그 역시 불안했던 모양이다. 그래서 주가가 반등하여 본인의 평균매수 단가까지 오르자마자 뒤도 돌아보지 않고 매도했다고 한다.

자, 어떤가? 단기간에 주가가 6배나(1,500원→9,000원) 오른 종목. 그에 대한 소스를 미리 받았다 하더라도 수익내기란 대단히 어렵지 않겠는가? 그 기업에 대한 확실한 정보는 고사하고 투자의 기준이 될 재무정보나 가치에 대한 접근도 없이 주먹구구로 투자하는 것이니까. 물론 이렇게 운 나쁜 사례와는 달리 지인의 정보로 투자하여 크게 이익을 보는 경우도 많이 있겠지만, 그것이 수 년, 수십 년 꾸준히 지속될지는 의문이다.

이 사례에서 평범한 개미들에게 말해주고 싶은 것은 무엇일까? 설령 지인소스투자법을 사용한다 해도 반드시 그 기업의 재무제표, 손익, 현금흐름, 대주주와 경영자의 특성과 과거행적, 회사의 본업에 대한 기본적 분석은 반드시 하고 투자하라는 것이다. 회사를 바라보는 '기준'을 가져야만 비로소 그 좋은 정보를 잘 활용하여 좋은 투자

개미들의 투자마인드

차트 1-6	마제스타 주가 차트

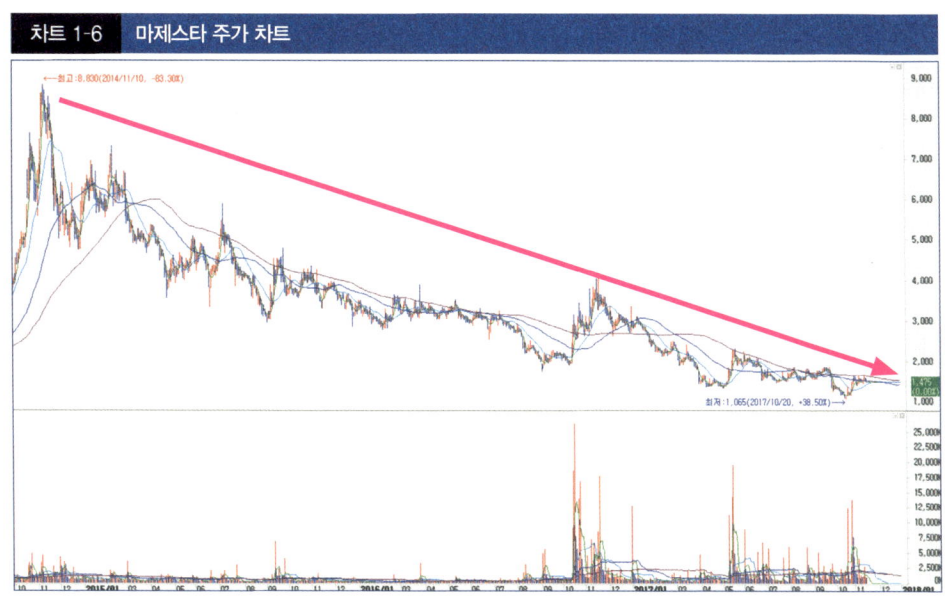

성과로 연결할 수 있을 것이라 확신한다.

만약 내가 2014년 4월 2,700원에 그 주식을 사서 11월 고점인 9,000원 부근에서 매도했더라면 큰 수익이 났을 터이다. 그러나 주가의 고점, 저점을 어떻게 알 것인가? 2014년 10월 8,830원을 찍은 이 회사의 주가는 〈차트 1-6〉처럼 그 이후로 계속 내리막이었다.

이쯤에서 개미들이 가장 많이 하는 실수를 되뇌어보자. 주식투자자는 심리적으로 주가가 최고점에 이르렀을 때 나의 계좌잔고가 '본전'이거나 '원금'이라 생각해 집착하는 경우가 많다. 그래서 주가가 지속적으로 떨어지고 있을 때도 손절을 못하는 것이다. 만약 내가 손절을 못하고 지금까지 버텼다면 어땠을까? 현재 이 회사는 전 대주주와 전 대표이사 2명의 수백 억대 횡령혐의로 1,475원에 주식매매가 정지되고, 상장폐지 실질심사를 받고 있다.

2013년부터 2017년까지 이 회사의 재무제표를 살펴보면, 제대로 돈을 번 적도 없고 재무구조는 지속적으로 불량하며 자금은 지속적으로 외부에서 빌린 돈과 주주들에게 받은 유상증자 대금으로 충당해왔다. 그리고 현금흐름표를 살펴보면 회사가 외부에서 빌린 자금과 주주에게 조달한 자금이 지속적으로 어디론가 유출되고 있다는 것이 보인다. 놀랍지 않은가!

한두 번의 초심자의 행운, 한두 번의 지인소스투자법 성공, 한두 번의 차트매매성공 등으로 인해 그러한 투자법을 지속적으로 사용한다면, 꾸준히 오랫동안 안정적으로 높은 수익률을 달성할 수 있는 '복리의 마법'은 달성하기 쉽지 않다.

어느 해에 100% 수익률을 달성했다 하더라도, 다음 해에 다시 −50%의 수익률을 달성하게 되면 결국 본전으로 다시 돌아가는 셈인데, 이런 경우 다음 해에 더 큰 대박을 내지 않는 한은 매년 10~20%의 수익률을 꾸준히 달성하는 것보다 투자성과가 좋지 않다는 얘기다.

마치 대학입시에서 수시모집으로 원하는 대학을 가려고 내신을 꾸준히 준비하다가, 갑자기 몸이 크게 아팠든, 공부하기 싫어 일탈을 했든, 내신을 심하게 망친 학년이나 학기가 있다면 내신 성적을 통한 수시모집지원이 몹시 어려워지는 것과 같은 이치다. 다시 말해서 수능점수를 높게 받아 원하는 대학에 가는 '한 방'이라고 할 수 있는 정시모집에 목숨을 거는 것과 같다고 생각하면 이해가 쉽다.

기본적으로 개미들은 심리적으로 나약하다. 이러한 수익률의 변동성을 감당하기 쉽지 않은데다, 별도로 본업도 있다. 가족들과 편안한 주말나들이와 휴가도 즐겨야 하고 회사 일에도 충실해야 하며 아이가 있다면 육아도 해야 한다. 하루 종일 HTS(MTS)를 뚫어지게 쳐다봐야 하는 투자는 지양하는 것이 어떨까? 좀 더 안정적으로 생각보다 높은 수익률을 달성할 수 있는 주식투자법은 없을까?

수년간 차트매매, 정보매매, 지인소스투자법, 테마주 매매, 몰빵매매 등 다양한 방법의 투자법을 경험해본 나로서 하고 싶은 이야기는 바로 다음이다.

CHAPTER
05

주인과 개 이야기

> **❝**
>
> 어떤 주인을 고르고,
> 어떤 개를 따라갈 것인가?
>
> **❞**

주식의 본질은 무엇일까? 기업의 주인인 주주의 총 지분을 회사가 발행한 주식 수에 맞추어 쪼개둔 것이다. 3장에서 이미 얘기한 것이지만, 어떤 기업의 주가차트만을 보고 미래의 주가를 예측하고 투자수익을 내고자 덤벼든다면, 기업의 본업과 벌어들일 돈을 고려하지 않은 채 주가가 어떻게 움직이고 있으며 투자자들이 이 회사의 주식을 어떻게 거래하고 있는지를 보고 있는 것이라 할 수 있다. 이를 쉽게 표현하면 '몸통은 보지 않고, 몸통이 흔드는 꼬리만 보는' 것일 수도 있다.

세계적으로 가장 유명한 투자자 중 하나인 앙드레 코스톨라니는 이렇게 말했다.

한 남자와 개가 산책을 나섰다. 개는 신이 나서 주인보다 앞서 달려간다. 그러다 조금 멀어지다 싶으면 뒤를 돌아 주인을 본다. 너무 많이 가면 주인과 멀리 떨어져서 다시 주인에게 돌아온다. 어떨 때는 목덜미가 가려워 뒷발로 긁거나 쉬나 응가를 하면서 주인보다 뒤처질 수도 있다. 그러다 또 너무 처지면 주인에게 잽싸게 달려가면서 산책을 하는 동안 개와 주인은 이러한 움직임을 반복한다.

여기서 개는 주가이고, 주인은 기업이라 가정해볼 수 있다. 주식은 전체 기업의 주인 몫을 주식수로 나누어놓은 것이다. 기업이 계속 돈을 잘 벌고 있고 앞으로도 잘 벌 것이라면, 그 주인은 빠르든 느리든 앞으로 걸어가고 있는 것이다. 돈을 버는 속도가 매우 빠른 기업(ROE가

높은 기업, 또는 이익성장이 큰 기업)이라면 달려가고 있는 것이고, 그 속도가 느린 주인(ROE가 낮은 기업, 또는 이익성장이 낮은 기업)이라면 천천히 앞으로 나아가는 것이다. 반대로 손실을 내고 있거나 적절한 이윤을 내지 못하는 주인이라면, 뒤로 백스텝을 하고 있는 모양새다. 그리고 그 기업이 주인이므로, 함께 산책하는 개는 앞서거니 뒤서거니 하지만 결국 주인을 따라가게 될 것이다.

주식가격은 하루 6시간 반 동안 움직인다. 아침 9시부터 오후 3시 반까지 오르기도 하고 내리기도 한다. 심지어 시간 외 단일가 매매까지 고려하면 하루 9시간 동안 움직인다. 이 가격은 주인과 산책하는 개와 같다. 앞서거니 뒤서거니 하면서 주인을 따라간다. 그동안 주인은 무엇을 하고 있는가? 당연히 본업을 열심히 하면서 돈을 벌고 있다. 만약 당신이 기업의 차트만을 보고 있다면, 이는 주인(기업)보다 앞이나 뒤에 서있는 개(주가)만 보고 있는 셈이다. 본업이 있고 하루 9시간 내내 HTS를 들여다볼 수 없는 개미투자자들은 개가 어디까지 앞서 갈지, 어디쯤까지 뒤처질지를 예측하고 사고팔면서 수익을 낼 수 있을까? 현실적으로 어렵다. 특히, 시간과 직장이라는 무기를 이용하여 긴 호흡으로 전문투자자들보다 더 적은 시간을 투입하여 투자성과를 내고자 하는 개미투자자라면 앞서가거나 뒤처지는 개를 볼 것이 아니라, 산책하는 주인이 어디를 향하는지, 얼마나 빨리 가고 있는지, 혹시 뒷걸음을 치고 있는지, 아니면 다른 길로 새고 있는 것은 아닌지 등에 집중하는 것이 옳지 않겠는가? 주인이 제대로 된 길을 잘 가고 있는지만 확인한다면, 그리고 그가 어디쯤에 있는지만 알 수 있다면, 같이 산책하는 개가 너무 앞서갔는지 너무 뒤처졌는지도 자연스럽게 판단할 수 있을 것이다.

개(주가)가 어디에 있는지, 어디를 가고 있는지 먼저 보지 말자. 주인(기업)이 지금 어디에 있고, 어디를 향하고 있으며 그 속도가 어떤지를 먼저 보자. 그리고 그 다음에 같이 산책하는 개(주가)를 보자. 그러면 그 주인(기업)에게 종속된 개(주가)가 너무 앞서 있는지(고평가) 또는 너무 뒤쳐져 있는지(저평가)를 판단해 볼 수 있을 것이다. 즉, 해당 기업의 가치에 먼저 집중하고 그 다음에 차트와 가격(현재 형성된 주가)을 보는 것이 순서이다. 특히, 본업이 있어 어디론가 뛰어다니는 개를 일일이 쫓아다니기 어려운 개미투자자에겐 더욱 더 중요한 부분이다.

한국증시를 살펴보자. 수많은 주인, 그리고 그 주인과 함께 산책하는 개가 있다. 유가증권 상장시장에는 총 871개의 기업이 있고 그 기업을 따라다니는 주가가 있으며, 코스닥시장에는 무려 1,291개의 기업과 그 주가들이 존재한다. 즉, 우리 개미투자자들은 수많은 한국의 기업 중 2,090개의 일부를 선택하여 투자할 수가 있다. 물론 해외증시에 투자할 수도 있으며 지수의 등락에 배팅하는 지수상품에 투자할 수도 있다. 그러나 우리 개미들은 초과수익(시장의 수익률을 뛰어넘는 수익률)을 원하면서도, 파생상품 시장까지 공부하고 투자하기엔 버겁다고 가정하자. 요컨대 지금부터 우리 '개미마인드'의 모든 것을 이야기해보자는 것이다. 먼저 내가 "개미마인드"*를 읽어보라고 권유하는 독자는 아래와 같은 사람들이다.

*이 책을 통상 "개미마인드"라 칭한다.

> 1. 한국 주식시장에 투자하기로 선택한 개미투자자이다.
>
> 2. 금리, 환율, 글로벌 경기, GDP나 물가상승률, 수출입현황, 제조업재고증감률 등 다양한 거시경제 변수를 파악하고 시장 전체의 흐름 등을 예측하여 지수상품에 투자하거나 자유롭게 공매도 할 수 있는 소위 전문가들이 아니다.
>
> 3. 일반적으로 제로섬시장이며 투기적 수요가 많은 것으로 알려진 파생상품을 공부하여 이런 파생상품에 투자하고자 하는 사람도 아니다(물론 파생상품의 주된 목적은 위험을 예방하려는 것이지만, 가장 위험한 투자가 가능한 시장도 바로 파생상품 시장이니, 아이러니가 아니겠는가?).

당신은 이렇게 세 조건을 만족시키는 개미투자자인가? 그렇다면, 이제 '개미마인드'의 목적을 이야기하겠다. 그것은 다음의 4가지 질문에 대한 대답이다.

우리는 2,090명의 주인이 플레이하고 있는 코스피와 코스닥시장에 들어온 투자자이다. 여기에서 우리 개미투자자들이 결정해야 할 4가지에 대한 질문을 던져보자. 앙드레 코스톨라니의 이야기를 빌어 한국의 주식시장에 상장되어 있는 기업들이 '주인'이고, 그 기업들의 지분증권(주식)이 거래되고 있는 가격이 '개'라고 가정해보자.

우선, 어떤 주인을 골라야 할까?

둘째, 반대로 절대 고르지 말아야 할 주인은 어떤 주인일까?

셋째, 혼자 크게 멀리 앞서 있는 개를 선택할 것인가? 아니면 주인보다 한참 뒤에 있는 개를 선택할 것인가?

넷째, 함께 산책하는 개를 묶어두는 목줄은 어떤 길이(비중)로 할 것인가? 다른 주인들이 갖고 다니는 목줄과 같은 길이로 할 것인가? 아니면 그와 다르게 할 것인가?

위 질문에 대해 순차적으로 이야기해보자.

첫째, 어떤 주인을 고를 것인가? 언급한대로, 현재 한국의 코스피와 코스닥 시장에는 2천 개가 좀 넘는 기업이 상장되어 있다. 이 중 몇몇은 매년 상장폐지를 통해 사라지고 있고 또 몇몇은 매년 신규상장을 통해 개와 주인이 산책하는 주식시장에 들어오고 있다. 투자자는 어떤 종목을 고를 것인지 늘 고민해야 한다.

주인을 선택할 수 있는 도구는 다양하다. 앞에서 이야기한 것처럼 정보를 통해서 선택할 수도 있고, 차트를 통해서 선택할 수도 있으며, 애널리스트라는 전문가들이 강하게 추천하고 있는 기업 중 현재 주가보다 목표주가가 높은 기업들을 선택할 수도 있을 것이다. 믿을 만한 지인이 이유는 묻지 말고 좋은 일이 있을 테니 그냥 사보라고 추천한 기업을 고를 수도 있다.

다양한 도구를 통해, 투자대상을 선정할 수 있지만 나는 제2부에서 재무제표와 기업의 실적정보를 이용하여 적절한 주인을 선택하는 방법을 권유하고자 한다.

둘째, 어떤 주인은 배제해야 할까? 주인들이 모두 앞으로 나아가는 것은 아니다. 앞으로 나가기는커녕 뒷걸음질하는 주인도 있을 수 있다. 또 다른 길로 새는 주인도 있다. 본인(대주주 및 경영자)은 혼자 앞으로 나아가면서, 동반자인 투자자들(다수의 소액투자자들)은 나 몰라라 하고 함께 가지 못하게 묶어두는 주인도 있다.

이런 주인들을 선택할 경우, 분명 투자성과가 썩 좋지 못할 것이다. 특히, 내가 선택한 한두 명의 주인(기업)이 크게 다른 길로 빠지거나 백스텝을 밟는 경우엔 다른 주인들(포트폴리오의 다른 종목들)이 아무리 앞으로 나아가려 해도 한두 개의 주식 때문에 앞으로 못 나아가는 경우도(투자수익률이 크게 떨어지는 경우) 많다. 따라서 여러 기준으로 아무리 좋아 보여도 동반하지 말아야 할 기업, 높은 수익률을 위해서는 사지 말아야 할 주식이 있다. 이런 주인들은 빨리 걸러내야 내가 갈 길을 방해 없이 쭉 갈 수가 있다. 배제해야 할 주인(기업)과 사지 말아야 할 개(주가)를 골라내는 방법도 여러 가지다. 제3부에서는 재무제표와 기업의 실적정보를 이용하여 어떤 주식을 포트폴리오에서 배제하는 것이 수익률 극대화를 위해 옳을 것인지를 이야기하고자 한다.

셋째, 주식시장의 기업들은 여전히 매일 비즈니스를 영위하고 돈을 벌고 있다. 돈을 잃고 있는 기업도 꽤 있다. 문제는 돈을 잘 벌고 있는 기업도 수익을 내는 방법은 매우 일상적인데 (매일 반복되는 업무 아니던가) 주가는 앞서가거나 뒷걸음치거나 한다는 점이다. 코스톨라니의 주인과 개 이야기처럼, 주인은 꾸준히 앞으로 걸어가고 있는데 개가 앞으로 뛰어 갔다가 뒤로 처졌다가 한다.

주식시장에 상장된 대부분의 기업들은 좋은(흑자를 내는) 기업이다. 다만, 그 좋은 기업들의 주식을 언제 사느냐에 따라 수익이 나기도 하고 손실이 나기도 한다. 산책로에서 개가 앞으로 멀리 뛰어나갔다가 다시 주인이 있는 곳으로 돌아오면, 주인은 계속 앞으로 나가는데(계속 돈을 벌고 있는데) 주가는 일시적으로 떨어질 수도 있다.

반대로 산책로에서 주인은 앞으로 나아가는데 개만 한참 뒤떨어져 있을 때 매수할 수 있다면, 나중에 개가 다시 서둘러 앞으로 뛰어갈 때 수익을 낼 수도 있다. 즉, 매수와 매도의 타이밍도 중요하다. 그런데 차트로 매수·매도 타이밍을 결정하지 않는다면, 결국 '사야겠다 팔아야겠다'를 무엇으로 결정할 것인가?

크게 2가지 방법이 있다. 개가 너무 앞서 있어서 주인이 따라오는 데 오래 걸리거나, 다시 개가 주인에게 돌아갈 기업은 조심해야 할 것이다. 이러한 경우를 주식시장에서는 '고평가'라고 부른다.

반대로, 개가 너무 뒤처져 있어서 빠르게 주인에게 뛰어가지 않으면 안 될 경우는 투자매력도가 높을 것이다. 이러한 경우를 주식시장에서는 '저평가'라고 부른다. 간혹 영원히 고평가를 받는 기업도 있고 영원히 저평가를 받는 기업도 있다. 하지만 크게 봤을 때 반드시 주인과 개가 함께 간다는 믿음이 있다면, 차트가 아니라 기업의 실적과 재무제표를 통해 사거나 팔 타이밍을 결정할 수도 있을 것이다.

제2부와 3부에서는 재무제표와 기업의 실적 정보를 통해 이를 결정할 수 있는가를 논의하고자 한다.

넷째, 한 명의 주인과 한 마리의 개만 선택하면 한 종목에 소위 몰빵하는 경우가 된다. 이러한 투자방법은 성공하면 어마어마한 성과를 낼 수 있지만, 실패하면 소외되거나 큰 손실로 연결될 수 있다. 그래서 대부분의 투자자들은 단 한 명의 주인과 개를 고르지 않고 여러 주인과 여러 개들을 골라 투자한다. 이를 '포트폴리오'라고 한다.

그러나 포트폴리오에 포함되는 기업들을 동일한 비중으로(동일가중포트폴리오) 투자할 수도 있고, 좀 더 매력적으로 보이는 기업에 더 많은 비중(집중투자)을 투자할 수도 있다. *

> * 즉, 여러 마리의 개를 목줄로 묶고 산책을 할 터인데, 모든 개의 목줄 길이를 같게 할 것인가, 다르게 할 것인가에 대한 결정이다.

'주식시장이라는 기존의 산책길'에서는 앞으로 걸어가는 경우도 있고 부지런히 뛰어가는 경우도 있다. 일단 백스텝을 밟거나 다른 길로 빠질 주인을 제외하고 앞으로 나아갈 주인을(주가가 오를 것이라 예상되는 기업을) 선택했다고 해도, 걸어갈 주인, 뛰어갈 주인, 어떤 경우에는 날아갈 주인도 있을 것이다. 동일한 비중을 투자하면, 안정성은 높아질 수 있지만 수익률이 아쉬울 수 있다. 수익률 극대화를 위해 특정 종목에 더 많은 비중을 투자하여 성과를 높이고 싶다면, 어떻게 해야 할까? 기업을 전혀 모르는 상황에서 차트만 보고 포트폴리오를 만들어 투자했다면 집중투자가 가능할까? 쉽지 않다. 그러나 기업의 사업을 이해하고 재무성과를 알고 있으며 저평가되어 있다는 확신이 있고 저평가에도 불구하고 앞으로 더 많은 돈을 벌 것이라 예상된다면, 충분히 집중투자해볼 만한 확신이 생길 수 있다.

다만, 여기에서 가장 중요한 전제는 '앞으로 나아가는 주인과 함께 산책하고 있는 개라면, 지금 앞서 있든 뒤처져 있든 언젠가 반드시 주인을 따라간다'는 굳은 믿음이 필요하다. 장기적으로 주가는 언젠가 그 회사의 실적 즉, 수익에 따라 움직이며, 성장속도에 따라 주가도 가속도로 올라간다는 믿음을 가져야 한다. 그렇다면, 실적과 재무제표를 이용하여 우리는 어떤 주인과 개를 골라 투자수익을 창출할 것인가?*

> * 3부에는 재무제표와 실적지표로 볼 때 어떻게 해야 더 많은 비중을 투자할 만한 기업을 찾아 투자함으로써 '수익을 극대화할까'에 대한 고민을 이야기한다. 이 책의 목적은 재무제표 지식을 전달하는 것이 아니다. 재무제표 읽는 법 그 자체를 충실히 전달하기 위해서라면 내가 쓴 전작도 있고, 그 외에도 시중에 많은 책과 강의가 있다.

이 책은 재무제표를 활용하여 정말 개미들이 전문투자자들 못지않은 수익률을 달성할 수 있을까 하는 고민과 데이터테스트, 그리고 사례분석을 다루고 있다. 정보력도 부족하고 차트에 대한 믿음도 없는 개미들이 공개된 정보인 재무제표와 실적정보만으로 어떻게 투자대상 기업을 고를 것인지, 어떤 기업을 투자대상에서 제외할 것인지, 그리고 투자수익률을 높이려면 어떤 기업에 더 집중할 것인지, 등의 문제를 재무제표를 통해 풀어내고자 한다.

주식투자에 처음 입문하고자 하는 개미뿐만 아니라, 주식투자로 만족스러운 수익을 내지 못했거나 오히려 큰 손실을 내기 일쑤였던 평범한 개미들을 위해 제기한 4개의 질문에 대한 이야기를 하겠다.

적정주가 산출은?

> **"**
> 지나치게 공들이고
> 시간을 쏟을
> 일이 아니다!
> **"**

본론에 앞서 4개 질문을 논의함에 있어 언급하지 않은 게 있다. 다소 엉뚱하다고 생각할지 모르지만 바로 '적정주가'와 '목표주가'다. 재무제표와 기업실적을 기초 삼아 투자하자고 이야기하는 책에서 어떻게 가치평가Valuation를 언급하지 않는다는 것인가? 평가에 근거를 둔 적정주가 및 목표주가를 논하지 않는 건 어불성설이라 생각하는 분들도 많을 것이다.

그러나 조금만 생각해보면, 이 세상 어떤 천재가 적정주가를 계산해낼 수 있단 말인가? 수십 년·수백 년 전부터 많은 천재—학자들이 주식이나 자산의 적정가치 계산 방법을 다양하게 고안해냈다. 그러나 많은 돈을 번 유명한 주식투자자들은 가치평가 전문가들이 아니었다. 대학

어떤 천재가 적정주가를
계산할 수 있을까?

에서 박사학위를 받고 실무기관에서 가치평가 업무를 실제 수행한 사람들도 아니었다.

예를 들면, 시장에는 기업의 업황을 통해 실적을 예측하고, 그 근거로 적정주가를

계산하여 제시하며, 투자자들에게 가이드해주는 사람들이 있다. 바로 애널리스트들이다. SK하이닉스를 분석하는 많은 애널리스트들이 예측한 2017년 한 해의 실적과 적정주가 추이는 다음의 표와 같다.

컨센서스 시계열 추이 [연결|연간]					
2017/12 | 연간	2018.01.01	1개월 전	3개월 전	6개월 전	1년 전
매출액	300,639	298,904	293,020	278,718	198,754
영업이익	135,469	134,745	133,420	117,187	51,417
지배주주순이익	108,434	108,016	105,411	92,520	39,949
EPS (원)	14,895	14,837	14,479	12,709	5,487
PER	5.1	5.2	5.7	5.3	8.2
12M PER	4.37	4.54	5.32	5.28	8.09
적정주가 (원)	102,944	100,045	91,182	73,680	54,286
투자의견	3.74	3.78	3.87	3.96	3.95

1년 전에 비해 2018년 1월 1일 기준으로 전망한 매출액은 20조 미만에서 30조가 넘어갔고, 영업이익과 순이익 모두 전년도에 비해 지속적으로 상향되었다. 게다가 적정주가는 1년 전의 54,286원에서 102,944원으로 2배 가까이 올랐다.

기업에 대한 전문가들의 가치평가, 투자의견, 적정주가조차도 수시로 변한다. 하물며 평범한 개미투자자가 회사의 적정주가를 계산하고, 적정주가 또는 목표주가가 올 때까지 투자해서 목표주가에 이르면 전량 매도하여 수익을 실현하는 등, 계획한 대로 성공 투자를 맛보는 것이 어찌 가능하겠는가? 인생이 계획대로 절대 되지 않는 것처럼 주식투자도 마찬가지! 그 이유를 찾아보자.

첫째, "적정주가를 과연 산출할 수 있는가?" 수많은 전문가들이 특정 기업의 가치를 측정하고자 노력한다. 그러나 목표주가는 생각에 따라 각양각색이다. 회사의 전망을 다르게 본다는 것이 가장 큰 이유겠지만, 설령 모든 전문가들이 똑같은 전망한다 하더라도 어떤 평가방법(DCF, RIM, PER, PBR, EV/EBITDA, NAV 등)을 사용하느냐에 따라 적정주가는 바뀐다.

내가 회계법인에서 실무를 볼 때 선배들이 하던 이야기가 생각난다. 회계법인은 어떤 기업의 적절한 가치가 얼마인지를 평가하는 용역을 수행하기도 하는데, 어느 회사에 평가 업무를 수행하기 위해 갔더니 처음 만나게 된 회사 담당자가 이런 말을 하더란 것이었다.

"이번에 우리 회사 가치평가 결과가 잘 나와야 원하는 투자를 유치할 수 있어요. 그러니까 우리 회사주가를 ○○○○원으로 평가해주세요." 물론 우스갯소리니까 너무 진지하게 받아들이지는 않길 바란다.

그러나 가치평가실무에 있어서 ❶ 어떤 가치평가방법으로 ❷ 어떠한 사업계획정보를 사용하고 ❸ 어떠한 가정 위에서 작업하느냐에 따라, 정말 회사가 원하는 주가를 담은 보고서를 발급할 수도 있다. 물론 회계사나 전문가들의 양심이 그런 결과를 만들어내지 않겠지만, 이론적으론 가능하다는 뜻이다.

넷마블게임즈/스튜디오드래곤/삼성바이오로직스/삼성바이오에피스 case·············

사례를 들어보자.

우리나라 게임주 중 최대 시가총액을 가진 넷마블게임즈가 상장되었을 때, PBR과 PSR이라는 두 개의 방법으로 적정주가를 평가하여 공모가를 산정했다. 그 결과 121,000원이라는 가격이 나왔는데, 이것이 정말로 넷마블게임즈의 적정주가일까? 왜 주식시장에서 가장 많이 사용하는 PER을 사용하지 않았을까? PSR과 PBR이 이 회사의 적정주가 평가에 가장 유리하기 때문이었다. 비교 대상 기업에 비해 매출 규모[PSR]는 크고 이익규모[PER]는 작았으며, 자산규모[PBR]는 컸기 때문이다. 즉, PSR과 PBR을 사용해야 가치를 높게 평가할 수 있었던 것이다.

최근 상장한 CJ E&M의 자회사 스튜디오드래곤은 어떤가? EV/EBITDA를 이용한 적정주가를 산출하여 공모가를 산출했다. 스튜디오드래곤은 무형자산 투자가 많으며 상각기간이 짧은 콘텐트업종에 속한 기업이므로, EV/EBITDA가 적정한 가치평가 방법이 아님에도(나의 개인적 견해임) 그 방법을 사용한 것이다. *

> * EV/EBITDA는 한번 설비투자나 무형자산 투자를 해놓으면 상당 기간 투자를 하지 않아도 꾸준히 매출과 이익을 낼 수 있는 기업에 적용해야 옳은 방법으로, 매년 콘텐트 등에 재투자해야 하는 엔터테인먼트나 콘텐트업종에는 적합하지 않다_저자 주

왜 그랬을까? EV/EBITDA가 해당 기업의 주가를 가장 높게 산정할 수 있는 평가방법이었기 때문이다.

삼성바이오로직스는 상장될 시점에 아직 매출이 없는 기업이었던지라 PSR, PER, PBR, EV/EBITDA 등 그 어떤 재무제표와 실적에 근거한 가치평가 방법도 사용할 수 없었다. 따라서 삼성바이오로직스의 경우엔 EV/CAPACITY, 삼성바이오에피스의 경우엔 EV/PIPELINE라는 방법을 고안하여 평가했다.

"객관적이고 정확한 가치평가는 없다."

뉴욕대 MBA(스턴스쿨)의 간판스타요, 밸류에이션Valuation의 전설이라 불리는 애스워스 다모다란Aswath Damodaran 교수의 명언이다. 미국 최고의 MBA스쿨에서 가치평가의 대가라 불리는 교수가 그렇게 말했다는 자체가 완벽한 가치평가란 존재할 수 없음을 반증한다.

어떤 평가방법을 이용하며, 어떤 가정과 실적전망치를 사용할 것인가, 히디못헤 어떤 요구수익률(자본비용)을 쓸 것인가, 등에 따라서도 천차만별 달라질 수 있는 적정주가 산출, 과연 투자에 있어서 어느 정도의 비중을 차지해야 할까?

물론 적정주가에 대한 가이던스는 분명히 필요하다. 그리고 왜 그 기업의 적정주가

를 그렇게 제시하는지에 대한 근거도 반드시 필요하다. 그러나 기업의 주가는 그렇게 산출된 적정주가까지 갔다가 하락하거나 정체할까? 절대 그렇지 않다.

오히려 전문가들의 적정주가는 그저 아래와 같이 받아들이는 정도로 투자에 활용하는 게 어떨까?

> 회사의 적정가치는 100,000원 정도로 판단된다. 이것이 참된 회사의 적정가치는 아닐 수 있지만, 현재 회사의 주가가 50,000원이니 산출된 적정주가에 비해 너무 과도하게 낮은(괴리가 심한) 것이 아닌가? 따라서 매수를 추천한다.

적정주가 제시에 대해서는 이 정도의 설명이 더 현실적이라고 생각한다. 즉, 가이던스로 제시된 적정주가와 현재주가와의 괴리를 통해 소위 안전마진margin of safety의 크기에 대한 감을 잡을 정도면 충분하지, 절대로 적정주가나 진정한 기업 가치에 대해 너무 집착하거나 몰입하지 않길 바란다. 시간이 흐르고 상황이 바뀌면 언제든 크게 바뀌는 것이 적정주가다. 하루아침에도 특정 종목에 대한 평가와 전망, 적정주가와 멀티플 Multiple이 시시각각 바뀌는 것이 주식시장 아닌가? 그리고 동일한 시점에 수많은 다른 수준의 적정주가가 산출되기도 한다. 가치평가방법, 전망에 대한 견해 등에 따라서 말이다. *

> * 가장 진실된 기업의 적정가치를 계산하는 방법을 만들어낸 사람이 있다면, 그는 분명 탁월한 투자자일 뿐 아니라 인류의 전설로 남을 위인이 될 것이다. 우리 같은 평범한 개미투자자와는 거리가 먼 이야기이다.

둘째, 일반적으로 기업의 주가는 전문가들이 산출해둔 적정주가 또는 목표주가에 늘 못 미치거나 크게 초과한다. 게다가 인간의 심리 역시 적정주가니 목표주가에 휘둘린다. 개미들의 심리, 즉 개미마인드는 수익이 났건 손실이 났건 늘 후회하게 만든다.

현재 주가가 10,000원인데 목표주가를 20,000원으로 설정한 종목이 있다고 가정하자. 이 종목이 19,000원까지 상승했다가 여러 가지 이유로 이후 계속 하락한다면? 반대로 목표주가 20,000원을 넘어 30,000~40,000원까지 오른다면? 지나치게 목표주가를 고집하다가는 19,000원까지 오르고 줄곧 하락하는 종목을 못 팔고 마냥 버티게 될 수도 있다. 거꾸로 목표주가가 왔다고 해서 20,000원에 모두 팔아버렸다가 30,000~40,000원까지 오르는 절호의 찬스를 놓칠 수도 있다.

흥미로운 사실은, 나를 포함한 보통개미들의 심리(개미마인드)는 19,000원까지 올랐다가 하락하는 주식을 쉽게 못 판다는 점이다. 마음속 목표주가를 20,000원으로 정했는데 19,000원까지 올랐기 때문에 나의 본전은 10,000원이 아니라 19,000원이라고 착각하기 때문이다.

반대로 30,000원까지 올라갈 기업을 20,000원에 팔아버리면 분명 이익을 보았음에도 불구하고, 30,000원까지 오르게 되면 손해를 봤다는 생각에 막심한 후회를 하게 된다. 오죽하면 주식투자에 있어 가장 큰 후회와 불행은 주가 하락으로 인한 손실이 아니라, 이익을 냈다 하더라도 팔고 난 주식이 더 많이 올랐을 때 느끼는 후회와 고통과 불행이라는 말까지 있겠는가? 적정주가, 목표주가를 산출했다고 하더라도 대부분의 주가는 그보다 매우 낮게 형성되어 오랜 기간 지속될 수도 있고, 반대로 목표주가를 훌쩍 뛰어넘어 더 크게 상승하는 경우도 많다는 것을 인지하자. 섣부르게 우리 개미투자자가 회사의 진정한 기업가치와 적정주가를 산출할 수 있다는 과도한 욕심과 자만부터 버려야 할 것이다.

적정주가 자체도 쉽게 말할 수 없는 문제일 뿐 아니라, 적정주가나 목표주가보다 훨씬 더 낮거나 높게 주가가 흘러가는 경우가 대부분인데다, 마지막으로 개미투자자들의 뇌 구조나 심리는 절대 목표주가와 적정주가를 분석·계산하고 투자하기에 적합하도록 설계되어 있지 않다.

그래서 나는 지나치게 적정주가와 목표주가와 밸류에이션에 많은 시간과 노력을 할애할 필요가 없다는 생각이다. 그저 남들이 가장 많이 이용하는 직전연도 실적 기준 PER, 과거의 가치 수준(PER BAND), 향후 1개년 정도 추정한 12M Forward PER 정도면 충분하다고 생각한다. 바닥을 잡고 싶어 하는 투자자라면 그 위에 PBR 정도를 추가로 사용하고, 애널리스트들의 보고서를 많이 활용하는 사람이라면 EV/EBITDA 정도까지만 추가로 보아도 충분하다고 판단된다.

나에게 "그렇다면 당신은 언제 사거나 팔기 위해 노력하고 있느냐?"고 묻는 사람들도 많다. 나는 현재의 실적보다 미래의 실적이 좋아질 기업, 가능하면 크게 좋아질(성장) 기업을 찾으려고 노력한다. 그리고 실적증가가 두드러지게 나타나기 직전, 아니면 그보다 조금 늦더라도 실적이 크게 개선되는 것을 눈으로 확인하는 시점에 투자하고자 노력한다.

통상 특정 기업의 실적이 크게 좋아지는 경우라면, 그 개별종목에 대한 투자일 것이다. 또는 그 회사가 속한 부문(섹터)전체의 실적이 좋아지는 경우에도 (예를 들면 최근의 경우 IT 섹터, 전기차 섹터 등) 마찬가지로 투자하기 좋은 시기가 되지 않을까 싶다.

그렇다면 매도는? 실적이 감소하거나 성장세가 꺾일 것이라 예상되는 시점에 매도하는 것이 가장 바람직하다고 본다. 아무리 저평가되어 있는 기업이라 하더라도, 실적이 감소하는 기업에 대해서는 주식시장이 큰 매력을 느끼지 못하는 경우가 많다. 오죽하면 주식시장에서 모든 기업들의 주가가 다 올라야만 가장 마지막으로 '자산주(실적성장은 크게 없으나 많은 자산을 보유하였고 그 보유한 자산대비 주가가 현저히 낮은기업)'가 오른다는 시장의 격언이 있겠는가?

또는 실적이 감소하지 않더라도, 실적 성장에 대한 기대감으로 주가가 크게 상승했는데 그 성장세가 둔화되거나 정체된다면 역시 성장성에 부여했던 프리미엄(PER Multiple이라고 표현하자)이 감소하면서 주가가 하락할 가능성이 높다.

목표주가나 적정주가를 산출하여 기계적으로 매수 또는 매도하는 것은 현실적이지 않으며 특히 개미투자자에겐 더 어려운 일이라는 것이 나의 견해다. 만약 그러한 일이 가능하다면 인공지능으로 자산을 운용하는 로보어드바이저에게나 가능할 것이다. 우리는 평범한 개미다. 지나치게 기업가치 평가와 적정주가 산출에 목매지 말자. 오히려 기간을 정하여 투자하는 것이 대안이며 현실적인 투자일 수 있다. 미래의 주가는 절대 알 수 없지만, 실적이 좋아진다든지 최고를 찍고 하락하는 지점은 알 수 있기 때문이다.

그래서 가장 수익이 극대화될 수 있는 투자방법은, 감히 적정주가를 산출하는 것보다 실적이 개선되는 기업 중 가장 매력적인(저평가된) 기업을 찾아서 그 실적성장과 함께 회사와 동반하는 마음으로 투자를 즐기며, 그 성장이 끝나거나 또는 역성장(실적감소)이 나타날 징후가 있거나 또는 그것을 눈으로(실적발표로) 확인했을 때 아름답게 수익을 실현하고 작별하는 것이라고 생각한다. 물론 나의 투자원칙도 그와 같다. *

> * 적정주가 산출 공식이나 저점에 매수하여 고점에 매도하는 전략에 대한 기대를 하는 독자가 있다면, 양해를 구하거니와 2부와 3부에서는 그런 내용을 다루지 않는다. 나에겐 감히 그러한 능력도 없거니와, 그런 데 시간과 노력을 투입하는 것은 투자수익률에, 특히 개미투자자의 투자수익률에 크게 도움이 되지 않는다고 생각하기 때문이다.

제2~제3부에는 각각의 기준에 근거하여 "현재의 상황에서 어떤 기업이 투자하기에 가장 매력적으로 보이는가?"라는 질문, 즉 "투자종목을 어떤 방법으로 골라볼 것인가"를 다룬다. 그리고 설령 겉으로 좋아 보여도 어떤 기업은 투자대상에서 제외하여 위험을 줄이고 투자수익률을 높일 수 있을 것인가도 다룰 것이다. 마지막으로 재무제표를 근거로 집중투자대상 기업을 찾아낼 수 있는가를 궁리해보고, 그에 따라 더 높은 투자수익률을 달성할 수 있는지도 짚어보고자 한다. 실현되기도 어렵고 계산하기도 힘든 적정주가 산출보다는 이런 이슈들이 개미들에게는 현실적으로 훨씬 더 도움되리라 생각하기 때문이다. *

> * 제2부~3부에는 '적정주가를 산출하여 6개월이든, 1년이든, 2년이든 투자하고 기다려서 목표주가가 오면 매도하라' 같은 주장은 없다. 그 적정주가를 산출하는 방법도 언급하지 않는다. 딱 저점에 매수하여 딱 고점에 매도하는 필승차트전략도 다룰 수 없다. 개미투자자들에게 그런 이야기는 절대 어울리지 않는다고 감히 확신하기 때문이다. 다음 이야기는 개미의 가장 큰 고민 4가지에 대한 것이다.

적정주가산출에 대한 '나의 의견'

세계적으로 가장 유명한 투자자인 워런 버핏의 며느리, 메리 버핏이 시아버지의 투자방법을 알려준다는 베스트셀러가 있다. 이 책은 워런 버핏이 주식의 투자수익률과 가치평가를 위해 다음과 같은 방법을 사용한다고 주장한다.

첫째, 과거 EPS 성장률이 앞으로도 지속된다고 가정할 때, 이를 이용하여 5년 후의 EPS를 계산한 후, 과거의 평균 PER을 곱하여 5년 후 예상주가를 산출하는 방법.

둘째, 당기순이익 중 배당금으로 지급한 금액을 제외한 남은 유보금액이 회사의 순자산금액 대비 몇 %인지를 보여주는 BPS 성장률을 산출한 후, 그 비율대로 5년간 BPS가 증가했다는 전제하에, 과거의 평균 ROE를 곱하여 5년 후 EPS를 계산하고, 역시 과거의 평균 PER을 곱하여 적정주가를 산출하는 방법.

나는 실제로 워런 버핏이 적정주가와 목표수익률을 이런 식으로 계산했을 것이라 생각하진 않는다. (버핏 자신도 어떻게 투자한 종목의 목표수익률과 적정주가를 계산하는지를 공식적으로 밝힌 적이 없다.) 그런데 만약 위에 방법을 정말로 사용하였다면, 버핏조차 마법 같은 가치평가방법으로 적정주가를 산출한 게 아니라, 5년간 꾸준히 EPS(주당순이익)가 성장할 기업을 찾는 데 더 많은 시간을 할애했다는 것을 간접적으로 알 수 있다.

위의 가치평가방법은 현재 이익이 앞으로도 꾸준히 성장할 기업의 미래 주가를 정말 대략적으로 (심지어 대충) 산출해보는 것으로, 절대 정교한 가치평가가 아니다. 그런데 이보다 더 나은 가치평가방법도 현재로선 딱히 존재하지 않는다는 것이 더 놀라운 사실이다. 가장 정교한 가치평가모형으로 평가받는 현금흐름할인모형이나 초과이익할인모형은 결국 기업의 미래 현금흐름이나 이익을 예측하는 방법으로서 개미투자자뿐 아니라 전문가도 예측하기 어렵고 가정에 따라 결과가 크게 달라질 수밖에 없다. 그리고 현재 시장의 가치평가수준은 아예 주식 가치 평가에 제외된다. 시장의 평가에 의한 영원한 저평가 또는 고평가 종목에 대한 고려가 불가능한 것이다. 우리는 이를 밸류 트랩(Value trap)이라 부른다. 오히려 워런 버핏의 적정주가 산출방법으로 소개된 방법은 시장의 해당기업에 대한 가치평가수준(Valuation 수준)에 근거

개미들의 투자마인드

하여, 실적이 성장하는 기업을 찾는 방법으로서 그 어떤 가치평가방법보다 유연하면서 뛰어난 투자방법이라 판단된다.

어떤 가치평가방법론이든 가이드라인쯤으로만 받아들이고 절대적인 수치라고 믿지 말자! 어떤 애널리스트의 목표주가든, 어떤 전문가의 적정주가든, 실제 주가는 거기까지 오르지 않는 경우도 많고 그 수준을 훌쩍 뛰어넘어 날아가는 경우도 부지기수다. 적정주가에 대한 믿음과 목표주가 산출에 집착할 것이 아니라, 유연한 마음가짐을 가져야 할 이유도 바로 여기에 있다.

개미마인드
재무제표로 주식투자하라!

PART 2

재무제표로 개미탈출!

재무제표로 수익내는 투자전략

Chapter 01_배당수익률을 통해 수익을 창출하자! | Chapter 02_어서닝프라이즈를 이용해 수익을 창출하자! | Chapter 03_위대한 투자자들의 투자방법을 응용하자!

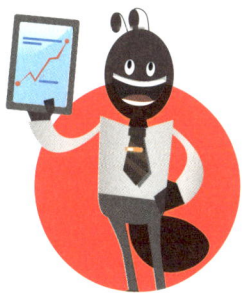

배당수익률을 통해 수익을 창출하자!

> **❝**
> 마음 편한 배당주 투자,
> 주가상승에 현금배당은
> 덤이다!
> **❞**

■■ 주식가치평가, 별것 아니다 : 연금복권의 교훈

특정 숫자에 돈을 배팅하고 주사위를 던져 그 숫자가 나오면 큰돈을 벌 수 있지만 그렇지 않은 경우는 투자금을 모두 날리는 게임이 있다고 치자. "이거, 합법일까 불법일까?" 듣는 순간 도박이라 생각할 수 있지만, 같은 도박에도 합법적인 게 있고 불법이 있다. 국가의 관리감독 하에 합법적으로 낮은 확률에 배팅하여 그 낮은 확률에 들어가면 큰돈을 버는 대표적인 도박이 복권이다. 복권은 적중하면 큰돈을 벌지만, 당첨되지 못하면 투자한 돈을 모두 날린다.

따라서 도박에 가깝지만 복권 기금의 관리·사용·운용을 국가에서 관리하고 있으므로 합법이다. 그렇다면, 주식투자보다 확률은 낮아도 당첨만 되면 큰돈을 벌 수 있는 복권을 당신이 매주 구입한다고 하자. 어떤 복권을 살 것인가? 로또 아니면 연금복권 정도가 옵션일 것이다.

로또와 연금복권 비교

1등 20억 일시불

1등 월 500만×20년 순차지급

로또는 매주 당첨자수와 판매된 금액에 따라 1등 당첨자의 당첨금이 달라지니까, 평균당첨금이 얼마인지 확인해보고 기대되는 금액을 계산해야 할 것이다. 2002년부터 도입되어 15년간 매주 당첨자를 뽑았던 로또는 1등 당첨자의 평균 당첨금이 약 20억 원이라고 한다.

반면 연금복권은 당첨금이 확정되어 있다. 매달 500만 원씩 20년간 고정적으로 당첨금을 나누어서 다달이 지급한다. 그렇다면 월 500만×12개월×20년=12억 원이니, 연금복권 1등으로 12억 원을 받는 것보단 로또 1등에 당첨되었을 때 받는 평균 20억 원이 더 크기 때문에 로또를 사야겠다고 생각할 수도 있다.

그런데 어떠한 소득이든 세금효과를 무시할 수 없다. 연봉이 무려 1억이라 하더라도 세금과 각종 비용들을 제외한 실수령액은 1달에 661만 원이라는 충격적인 말도 있지 않은가? 로또는 일시금으로 받는 당첨소득이고 3억 원까지는 22%(주민세 포함), 3억 원을 초과하면 33%(주민세 포함)의 세금을 내야 한다. 로또 1등 당첨금 20억 원의 세후 실수령액은 다음과 같다.

$$3억×(1-22\%)+17억×(1-33\%)=13.73억\ 원$$

세금을 빼면 당첨금 20억 원은 고작 13.73억 원으로 감소했다. 연금복권은 어떨까? 연금복권은 매달 받기 때문에, 받을 때마다 세금을 내고 1년간 받은 금액이 3억 원 이하인 6,000만 원이므로 22%의 세금만 내면 된다. 따라서 연금복권은 500만×(1−22%)=390만 원을 매달 확정적으로 받게 된다. 그렇다면 연금복권 1등 당첨으로 받는 현금 총액은 아래와 같다.

매월 390만×12개월×20년=9.36억 원

자, 이제 로또 1등과 연금복권 1등의 세금 공제 후 금액을 비교하면 로또가 13.73억 원으로 연금복권보다 많으니까, 당첨확률이 동일하다면 로또의 기대수익이 높다는 뜻일까?

여기서 또 하나의 이슈가 발생한다. 로또는 일시금으로 지금 바로 주머니에 꽂힌다. 그런데 연금복권은 매달 받는 돈이기 때문에 총 9.36억 원의 당첨금을 매달 나누어서 순차적으로 받는다. 지금 받지 않고 나중에 받음으로 인하여 기회비용(지금 바로 받아서 다른 곳에 투자했을 때 얻을 수 있는 수익)이 발생하게 된다는 뜻이다.

만약 세금 공제 후 연금복권 당첨금 390만 원을 이자 5%짜리 은행예금에 투입한다면 1년 후에 어떻게 될까? 390만×1.05=약 410만 원으로 자랄 것이다. 그렇다면, 현재 일시금으로 받았다면 1년간 얻을 수 있는 20만 원의 이자를 포기하게 되는 셈이다. 지금 390만 원을 받았다면 20만 원의 이자를 더해 1년 후 410만 원을 받을 수 있는데, 지금이 아닌 1년 후에 당첨금 390만 원을 받으니까 포기하게 된 기회비용 20만 원이 발생하게 된다.

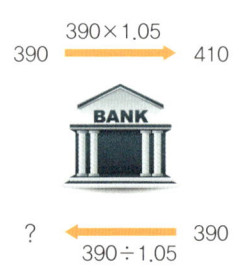

그럼 2년 후에 받는 연금복권 당첨금 390만 원은 어떨까? 마찬가지로, 지금 로또처럼 일시불로 받은 390만 원을 2년간 5% 이자로 차곡차곡 쌓으면 2년 후에 약 430만 원이 된다. 그런데 지금 받지 못하고 2년 후에 390만 원을 받게 되므로 약 40만 원의 이자를 포기하게 된 셈이다. 즉, 40만 원 정도의 기회비용이 발생하게 된다.

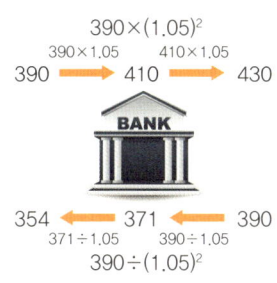

그림에서 보듯이, 매월 390만 원씩 받는 연금복권 1등을 로또 1등과 바로 비교하면 안 된다는 것이 쉽게 이해될 것이다.

연금복권 당첨금 매월 390만 원을 지금 당장 일시금으로 받는 로또와 비교하기 위해서는 하나의 작업이 필요하다. 당장 일시금으로 받을 때 창출할 수 있는 이자수익 또는 투자수익의 포기를 고려해야 한다.

어떻게 하면 될까? 1년 후에 390만 원을 받는 연금복권 당첨금과 동일한 상품을 만들어보자. 지금 5% 이자율의 적금에 가입하여 약 371만 원을 넣어두면 1년 후에 연금복권과 동일한 금액인 390만 원을 찾을 수 있다. 2년 후에 390만 원을 받는 현금흐름을 만들려면 약 354만 원을 이자 5%짜리 적금에 2년간 넣어두면 된다.

그러니까 1년 후 받는 390만 원의 당첨금은 지금 371만 원을 은행에 5% 이자로 넣어둔 것과 같다. 또 2년 후에 390만 원을 받는 당첨금은 지금 5% 이자를 받는 적금에 354만 원을 넣어둔 것과 같다.

이처럼 현재 5% 이자의 적금에 넣어둔 371만 원이 1년 후에 390만 원으로 늘어나는 것을 수식으로 만들면 다음과 같다.

371만(현재 납입액)×1.05(이자율)=390만 원(1년 후)

거꾸로 1년 후에 390만 원을 받는 현금흐름은 현재 은행에 371만 원을 넣어두면 되는
데, 이를 수식으로 만들면 다음과 같다.

$$390만(1년 후) \div 1.05(이자율) = 371만 원(현재 납입액)$$

우리는 지금 은행에 이자를 받고 넣어두면 나중에 얼마나 받을까에 대한 고민은 많
이 하지만, 미래에 들어올 돈이 현재가치로 얼마인지 잘 계산하지 않는다. 투자가 목적
이라면 이처럼 화폐의 시간가치를 고려하여 현재와 미래라는 돈의 시점을 자유자재로
오갈 수 있어야 한다. 그렇다면, 연금복권 1등 당첨금의 세금 공제 후 390만 원을 20년
간 받는 현금흐름의 가치는 정말 390만×12개월×20년=9억3,600만 원일까?

이자가 5%일 때 지금 은행에 147만 원만 넣어두면 20년 후 390만 원을 받는다. 다시
말해 20년 후에 받을 390만 원의 현재가치는 147만 원밖에 되지 않는다! 그러면, 로또 1
등 당첨금이 지금 세후 13.7억 원 정도라고 하자. 연금복권 1등 당첨금을 로또와 제대
로 비교하려면 어떻게 해야 할까? 20년간 받을 매월 390만 원을 현재가치로 환산하여
로또와 비교해야 한다. 로또는 지금 일시금으로 받으니까, 연금복권도 지금의 가치로
환산해야 하지 않겠는가? 20년간 매월 390만 원씩 받는 연금복권의 현재가치를 모두
더하면 다음 그림과 같다.

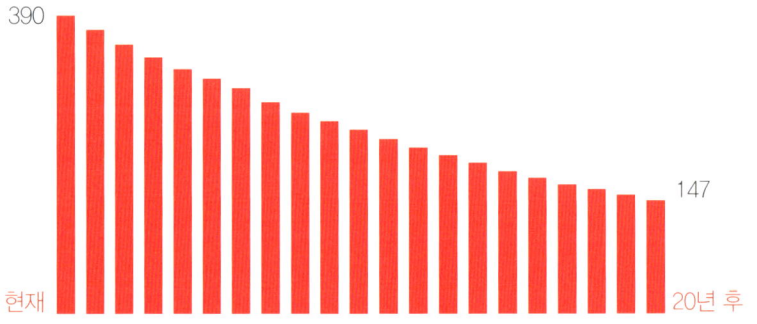

지금 받는 390만 원과 20년 후에 받을 390만 원 등을 모두 현재가치로 환산해서 합하면 얼마일까? 이것이 바로 연금복권의 미래현금흐름을 현재가치로 환산한 연금복권의 진정한 가치다.

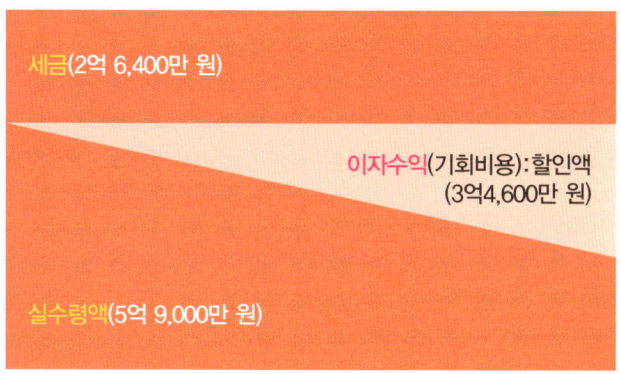

세금(2억 6,400만 원)

이자수익(기회비용):할인액
(3억4,600만 원)

실수령액(5억 9,000만 원)

총 12억 원의 연금복권 당첨소득 총액이 왜 현재가치로는 5억9천밖에 되지 않을까? 그림에서 보여주는 것처럼 먼저 2억6,400만 원은 세금으로 빠져나간다. 둘째 지금 받지 못하고 미래에 천천히 나누어 받게 되므로 포기한 이자수익(기회비용) 때문이다. 그 기회비용 3억4,600만 원(할인액이라 부른다)을 빼고 나면 총 5.9억 원에 불과한 것이다.

그렇다면, 연금복권과 로또의 당첨확률이 같다는 전제하에 당신은 어느 쪽을 사겠는가? 기대되는 세후 가치가 13.73억 원인 로또인가? 아니면, 당첨 시 기대되는 (현재) 가치가 5.9억 원인 연금복권인가?

연금복권이 아니라 로또에 훨씬 더 많은 사람들이 몰리는 이유는 기대되는 총 당첨금이 큰 것도 있고 지금 바로 받아서 맘대로 쓸 수 있다는 점도 있겠지만, 본질적으로는 현재가치로 환산된 연금복권 1등 당첨금의 가치가 로또 1등 당첨금의 가치보다 훨씬 적기 때문이 아닐까?

어떤 투자 제안 ^{case}

당신에게 다음과 같은 투자를 제안했다. 그 조건은 다음과 같다.

> **조건** "지금 5억 원을 투자하면 20년 동안 매월 390만 원씩 수령할 수 있다."

1. 투자금 5억 원

2. 매월 세금 공제 후 390만 원을 20년간 확정적으로 수령

3. 나라가 망하지 않는 한 100% 무조건 390만 원씩 받을 수 있도록 국가가 보장함

4. 5억 원 투자를 위한 은행대출 알선(이자율 5%, 만기 20년, 원금은 만기 일시상환)

이것은 어떤 프로포절^{proposal}인가? 나라가 망하지 않는 한 100% 매월 390만 원씩 20년간 수령할 수 있는 이 제안의 현금흐름은 연금복권 1등 당첨자의 예상되는 현금흐름과 같다. 연금복권 당첨소득 역시 나라가 망하지 않는 한 수령할 수 있을 것이라 판단된다. 그뿐인가, 투자금 5억이 없더라도 걱정할 필요가 없다! 제안한 측에서 투자금 조달을 위해 은행대출을 소개해주니까 말이다. 5%의 고정금리로 20년간 빌리고, 20년 후에 원금을 일시 상환하면 된다. 당신은 이 투자안을 받아들일 것인가? 아니면 투자하지 않을 것인가? 그 답은 우리가 위에서 계산했던 연금복권 1등 당첨권의 가치 5.9억을 떠올리면 나온다. 이자율이 5%였을 때, 매월 390만 원씩 20년간 고정적으로 수령하는 연금복권의 현재가치는 5.9억 원이었다. 그런데 5.9억 원의 가치를 갖는 동일한 투자안을 5억 원에 투자할 수 있다고 한다. 이 투자안을 수락하면 그 즉시 당신은 약 9,000만 원의 이득을 얻게 될 것이다.

> **5.9억(당첨금의 현재가치)−5억(투자금의 현재가치)=9천만 원(수익)**

관점을 바꿔보자. 5억 원을 연 5%의 이자로 빌리면 해마다 2,500만 원의 이자를 내야 한다. 그런데 이 돈을 case처럼 투자하면 매월 세금을 빼고도 390만 원씩 받을 수 있다. 그렇게 1년간 4,680만 원을 받게 되므로, 거기서 이자 2,500만 원을 빼면 1년에 2,180만 원이 남는다.

이제 매월 이자 내고 남는 돈으로 대출받은 원금 5억을 계속 갚는다. 첫해에 원금 2,180만 원을 갚았으니 다음 해에는 원금이 그만큼 줄고 이자 역시 줄어든다. 이렇게 매년 투자수익에서 이자를 빼고 남은 돈으로 원금을 계속 갚으면, 언젠가 빌린 5억 원을 다 갚는 시기는 바로 16년차가 되었을 때다. 당신이 만약 이 투자안을 선택했다면 그 수익으로 이자를 내고 남은 돈으로 16년차에 빌린 원금까지 모두 상환하게 되고, 그 후 4년이 넘도록 해마다 받게 될 4,680만 원은 100% 당신의 소유가 된다.

위에서 이 투자를 선택하면 현재가치 기준으로 투자금을 제외하고도 9,000만 원의 이득을 얻을 수 있다고 말했다. 이걸 뒤집어서 현재가치 기준이 아니라 미래의 시점으로 전환하면, 16년차까지 투자수익으로는 대출원금과 이자를 모두 갚고 그 후 4년여 동안 받을 연 4,680만 원의 수익금은 온전히 내 것이라는 의미다. 현재가치든 미래가치든 이 투자안은 땅 짚고 헤엄치기요, 무조건 채택해야 할 프로포절임이 확실하다.

왜 주식투자를 다루는 이 책에서 연금복권의 가치를 계산했을까?

놀랍게도, 방금 우리가 연금복권의 가치를 계산한 방법이 기업이나 특정 사업안의 가치를 평가하는 방법 중 가장 널리 쓰이고 있는 절대가치평가모형을 단순화한 것이기 때문이다. 현금흐름할인DCF: Discounted Cash Flow모형이라고 생각해도 무방하다. 매월 390만 원씩 꼬박꼬박 20년간 들어오는 금액은 미래의 예상되는 현금흐름이다. 5억 원을 빌려 투자했으니, 그것이 최초 투자금액이다. 이자율 5%는 5억 원을 투자하기 위해 지불하는 대가다. 미래의 현금흐름의 현재가치가 총 5억9천만 원인데 투자금이 5억 원이니,

9천만 원이 남게 되고 이를 순현재가치(전체 현금흐름의 현재가치에서 투자금의 현재가치를 뺀 가치) 또는 NPV$^{Net\ Present\ Value}$라고 부른다.

자, 이제 하나의 상황을 가정해보자. 매월 390만 원씩 20년간 고정적으로 돈을 주는 연금복권 1등 당첨권을 누군가가 5억에 팔겠다고 한다. 당신은 5% 이자율로 은행에서 5억을 20년간 빌릴 수 있다. 연금복권 당첨자가 당첨권을 나한테 팔겠다는 이유는, 본인의 당첨이 알려지는 경우 여러 가지 불미스러운 일이 생길 수 있기 때문이란다. 확인해보니 그가 내놓은 것은 정말 이번 회 연금복권 1등 당첨권이 틀림없다.

당신은 5억 원을 은행에서 빌어 연금복권 1등 당첨권을 살 것인가? 혹은 안 살 것인가? 물론 은행에서 5억 원을 얻어 다른 곳에 투자해 더 큰 수익을 낼 수 있을 것 같으면 망설이겠지만, 딱히 마땅한 투자처가 생각나지 않는다면 이 복권은 무조건 사야 한다. 왜? 5억9천만 원짜리를 5억 원에 사는 것이나 다름없기 때문이다.

정리해보자

우리가 계산한 연금복권 1등 당첨권의 현재가치 5억9천만 원을 우리는 내재가치$^{Intrinsic\ Value}$라 부른다. 그리고 가격 5억 원은 이 1등 당첨권의 현재가격이다. 본질적으로 5억9천만 원의 가치를 갖고 있는 당첨권이 지금 중고나라에서 5억원에 거래되고 있다면, 이는 본질가치보다 얼마나 낮게 평가되어 있는 것일까?

$$5억9천만 ÷ 5억\ 원 = 1.18배$$

즉 이 당첨권은 그 내재가치보다 18% 정도 낮게 평가되어 있다. 그러니까 내재가치는 5.9억 원인데, 시장에서 5억 원에 거래되고 있으니 본질적 가치에 비해 현재 가격은 18% 낮게 평가되어 있고 이 당첨권을 매입하면 9천만 원의 이득을 얻을 수 있다.

재무제표로 개미 탈출!

■■ 모든 주식을 1등부터 2,112등까지 나열해보자!

만약 코스피시장에서 거래되는 주식 871개와 코스닥시장에서 거래되는 주식 1,241개, 총 2,112개의 내재가치를 모두 계산할 수 있다면 얼마나 좋을까? 꿈같은 이야기이긴 하지만 말이다. 내재가치보다 현재 시장에서의 가격이 높은 주식도 있을 것이고 낮은 것도 있을 것이다. 그중에서도 내재가치보다 가장 낮은 가격에 거래되고 있

2,112등

1등

는 주식이 있다면 어떨까? 이러한 기업을 이론적으로 '안전마진Safety Margin'이 높은 기업이라 부른다. 내재가치보다 가격이 낮아서 그 차이가 클수록 안전마진(내재가치와 현재시장가치와의 차이)이 크다.

이 방법을 적용하여 주식투자 전략을 만들어보자. 위의 연금복권 당첨금의 예에서 매월 받는 390만 원을 기업이 주는 배당금이라고 가정하자. 그렇다면, 이 기업 주식의 가치는 미래에 회사가 매년 줄 배당금의 현재가치가 될 것이다.

1년에 주당 1,000원의 배당금을 영원히 매년 지급하는 기업이 있다면, 이 주식 1주의 내재가치는 어떻게 될까?

$$V = \frac{C_1}{1+r} + \frac{C_2}{(1+r)^2} + \frac{C_3}{(1+r)^3} + \frac{C_4}{(1+r)^4} + \infty$$

제시된 식에서 C_1, C_2, C_3는 각각 1년 후, 2년 후, 3년 후에 받을 배당금이며 그 이후로도 매년 동일한 배당금을 받는다고 가정한다. 기업이 망하지 않는 한, 이 배당금은 영원히 지급될 것이다. 위 공식을 수학적으로 정리하면 다음과 같다.

$$V = \frac{C_1}{r}$$

여기서 C_1은 매년 주는 배당금이다. 가령 연금복권 1등 당첨자는 월 390만 원씩 연간 4,680만 원(390만×12개월)을 받는데, C_1을 1년의 당첨금 4,680만 원이라고 생각하자. 분모의 r은 할인율(이자율)이다. 우리가 연금복권의 예에서 5%의 이자율로 대출을 받을 수 있다고 가정하였으므로 r은 5%라고 가정하자.

연금복권은 20년만 받고 끝나지만, 배당금은 회사가 망하지 않는 한 계속 받는다고 말할 수 있다. 매년 세금을 제외하고 4,680만 원의 배당금을 영원히 지급하는 주식의 가치는 위 공식에 의거하여 4,680만÷5%=9억3,600만 원이다.

자, 이제 마지막 이슈. 매년 4,680만 원의 고정적인 배당금을 지급하고 있는 우량기업이 있다. 배당금을 늘리지도 않지만 줄이지도 않고 그대로 유지하고 있다. 이자율 5%를 가정할 때 그 주식의 내재가치는 9억3,600만 원이다. 그런데 만약 이 주식이 시장에서 4억6,800만 원에 거래되고 있다면? 내재가치에 비해 고작 절반 정도의 낮은 가격이다. 매력적일 것이다. 그런데 동일한 배당금을 주는 우량한 기업이 2억3,400만 원에 거래되고 있다면? 내재가치에 비해 겨우 1/4밖에 안 되는 가격이다! 4억6,800만 원에 거래되는 주식보다 더 저렴하니까 더욱 매력적일 것이다. 어떤 기업의 안전마진이 더 높을까? 내재가치의 25%밖에 안 되는 가격에 거래되는 주식의 안전마진이 더 높다.

방금 우리가 생각해본 내재가치는 회사가 주는 배당금을 이용하여 측정한 것이다. 그러나 기업의 내재가치는 그 기업이 보유한 현금이나 부동산으로 볼 수도 있고, '앞으로 벌어들일 돈이 얼마나 빠르게 늘어나는가(성장성)'를 통해 볼 수도 있으며, 기업이 벌어들일 회계적 이익으로도 잴 수 있다. 어떤 방법으로든 회사의 내재가치보다 현재 거래되는 가격이 낮다고 판단되면, 저평가된 기업으로서 투자를 고려할 만한 기업이라 하겠다. 그러나 이번 장에서는 배당금을 이용한 투자전략만을 언급하도록 하겠다.

개미투자자 입장에서 회사가 미래에 벌어들일 이익이나 현금흐름을 예측하여 내재가치를 계산하는 것은 현실적으로 너무 어려운 일이기 때문이다. 이에 비해 배당금은 대개 일정한 금액이 지급되고 이익이 늘어나는 동안에는 배당금도 안정적으로 성장하기 때문에, 상대적으로 내재가치를 계산하기 수월하다.

매년 4,680만 원의 배당금을 주는 기업의 내재가치(9억3,600만 원)를 계산하는 방법은 위에서 말한 대로 배당금÷할인율(이자율)이다. 그런데 이 방법에는 크게 2가지 문제가 있다.

첫째, 분자에 들어가는 배당금이 정말 매년 고정되어 유지된다면 모를까, 배당금이 늘어나거나 줄어든다면 잘못된 공식이 된다. 즉, 배당금이 성장 또는 역성장(감소)할 가능성을 고민해야 한다.

둘째, 분모에 들어가는 할인율(이자율) 5%는 위의 연금복권 사례에서는 간단했다. 복권을 사기 위해 빌린 돈의 이자가 5%라고 가정했으니까. 그러나 실제로 주식 가치를 평가할 때는 이론적으로 자기자본비용을 추정하여 위 공식에 대입해야 한다. 하지만 현실적으로 일반인들과 직장인들이 특정 기업의 자기자본비용*을 추정하여 위 공식에 대입하는 것은 너무 어렵다.

> * 일반적으로는 기업의 Beta를 뽑고 CAPM이라는 이론적 모형을 이용하여 산출하지만, 현실적 문제가 많다. 자세한 비유가 궁금하다면 저자의 합병비율 관련 논문을 참고하길 바란다.

결과적으로 일반인들은 배당금이 늘거나 줄 것을 예측하기도 어려우며, 자기자본비용을 추정해 주식의 내재가치를 계산하는 것 또한 현실적으로 어렵다. 따라서 이러한 내재가치계산은 포기하도록 하자. 그럼에도 투자전략을 만들어보는 것은 어렵지 않으니까, 위의 2가지 문제점을 개선하기 위해 우선 배당금은 변하지 않는다고 가정해보자. 그런 다음 이자율을 이용해 내재가치를 계산하는 것이 아니라, 1등부터 2,112등까지 등수를 매겨보는 건 어떨까? 마치 내신 성적이나 수능점수 평가처럼 상대평가를 한다고 생각하는 것이다.

작년에 4,680만 원을 배당해준 기업이 있다. 앞으로도 배당금을 유지할 것으로 보인다. 과거에도 같은 배당금을 고정적으로 지급했으니까. 그런데 이 회사 주식이 시장에서 4억6,800만 원에 거래된다고 치자. 할인율이 5%인 경우 앞에서 계산한 내재가치 9억3,600만 원보다 50%나 싼 4억6,800만 원에 거래되고 있으니 매력적이라고 말했다. 그런데 할인율 5%를 고려하지 않고 간단히 이런 계산법을 쓸 수도 있다.

$$4,680만(기대되는 배당금) \div 4억6,800만(현재 가격) = 10\%$$

결과로 산출된 10%는 무슨 의미일까? 1년 후 내가 수령할 것으로 예상되는 배당금은 4,680만 원인데, 시장에선 이 주식이 4억6,800만 원에 거래되고 있다. 그러니까 내가 이 주식을 4억6,800만 원에 사면 1년 후 4,680만 원의 배당금을 받으니, 주가가 떨어지지 않는 한 10% 투자성과가 기대된다는 뜻이다. 기대되는 배당금/주식가격인 이 10%를 우리는 시가배당률이라고 부른다.

시가배당률 10%는 높은 것일까, 낮은 것일까? 언뜻 보면 높아 보이지만, 주가가 하락할 가능성도 있고 실제로 기대한 배당금을 못 받을 가능성도 없지는 않으니까 불안할 수도 있다. 이럴 때 효과적인 방법이 상대평가이다. 등수를 매기는 것이다.

현재 시장에서 거래되고 있는 주식 전부를 시가배당률 1등부터 2,112등까지 순서대로 주욱 세워보는 것이다. 1등에 오른 기업은 시장에서 거래되는 기업 중 현재 주가 대비 배당금이 가장 많은 기업일 것이다. 꼴찌는 당연히 배당금을 아예 주지 않는 기업일 것이다.

이런 식으로 1등~2,112등까지 나열하려면 어떤 자료가 필요할까? 딱 두 가지만 있으면 된다. ❶ 전년도에 배당금을 얼마나 주었는가? ❷ 현재 주가는 얼마인가?

이제 2017년 1월 2일 기준 우리나라 전체 상장기업의 주가와 최근 그 회사가 지급한 1주당 배당금을 이용하여 시가배당률을 계산한 다음, 1등부터 순서대로 단순히 나열해봄으로써 투자성과를 확인해보도록 한다.

단, 투자대상 기업들을 선정하기 위해 아래의 내용을 고려했다.

1. 배당금을 지급하지 않는 기업은 아예 제외한다(사실 이 투자전략의 중요한 한계점이다).

2. 투자자들은 직전 연도 배당금이 올해도 유지될 것으로 기대한다고 가정한다.

3. 배당을 받고 장기 투자하는 것도 의미가 있지만, 주가가 올라 시가배당률이 낮아지면 매도하여 차익을 실현할 수도 있다고 가정한다. 따라서 투자수익에서 배당금은 고려하지 않고 주가수익률만 고려한다.

종목명	(연초)배당수익률	주가수익률(11개월)	포트폴리오투자비중	투자금	11월말잔고
천일고속	8.8%	5.8%	1.79%	1,785,714	1,889,947
푸른저축은행	8.4%	24.8%	1.79%	1,785,714	2,228,404
이라이콤	8.1%	-22.6%	1.79%	1,785,714	1,382,004
성보화학	7.8%	15.7%	1.79%	1,785,714	2,066,012
S-Oil	7.4%	43.5%	1.79%	1,785,714	2,563,125
유아이엘	6.8%	39.8%	1.79%	1,785,714	2,496,533
네오티스	6.8%	-7.7%	1.79%	1,785,714	1,648,752
고려신용정보	6.5%	15.9%	1.79%	1,785,714	2,069,426
부국증권	6.4%	42.8%	1.79%	1,785,714	2,550,342
서원인텍	6.1%	-18.5%	1.79%	1,785,714	1,454,905
서호전기	6.1%	11.7%	1.79%	1,785,714	1,994,434
메리츠종금증권	5.8%	41.1%	1.79%	1,785,714	2,519,783
지역난방공사	5.7%	11.6%	1.79%	1,785,714	1,993,603
에스에이엠티	5.6%	24.2%	1.79%	1,785,714	2,217,095
정상제이엘에스	5.6%	4.9%	1.79%	1,785,714	1,873,955
유화증권	5.5%	8.5%	1.79%	1,785,714	1,936,947
메리츠화재	5.4%	62.1%	1.79%	1,785,714	2,894,491
대신증권	5.3%	44.2%	1.79%	1,785,714	2,575,549
화성산업	5.1%	20.7%	1.79%	1,785,714	2,154,941
아주캐피탈	5.0%	6.6%	1.79%	1,785,714	1,903,566
GKL	4.9%	66.9%	1.79%	1,785,714	2,980,567
신영증권	4.9%	19.1%	1.79%	1,785,714	2,127,205
두산	4.8%	20.4%	1.79%	1,785,714	2,149,628
한양증권	4.8%	10.3%	1.79%	1,785,714	1,970,443
이베스트투자증권	4.7%	-1.4%	1.79%	1,785,714	1,761,027
한국기업평가	4.7%	28.3%	1.79%	1,785,714	2,290,700
피제이메탈	4.6%	8.2%	1.79%	1,785,714	1,932,990
씨엠에스에듀	4.6%	37.6%	1.79%	1,785,714	2,457,251
경농	4.6%	5.2%	1.79%	1,785,714	1,878,079

한전산업	4.5%	-10.2%	1.79%	1,785,714	1,603,991
한국전력	4.5%	-14.1%	1.79%	1,785,714	1,533,209
SK텔레콤	4.5%	16.3%	1.79%	1,785,714	2,076,690
청담러닝	4.4%	-13.9%	1.79%	1,785,714	1,537,698
SK이노베이션	4.4%	43.3%	1.79%	1,785,714	2,558,910
아이마켓코리아	4.4%	0.0%	1.79%	1,785,714	1,785,714
하나금융지주	4.4%	56.0%	1.79%	1,785,714	2,785,138
텔코웨어	4.3%	6.5%	1.79%	1,785,714	1,902,174
에스텍	4.3%	-2.1%	1.79%	1,785,714	1,747,394
한국쉘석유	4.3%	-9.8%	1.79%	1,785,714	1,610,368
현대해상	4.3%	37.6%	1.79%	1,785,714	2,457,483
다나와	4.3%	83.6%	1.79%	1,785,714	3,278,061
하이트진로	4.3%	12.6%	1.79%	1,785,714	2,009,986
일정실업	4.2%	-14.9%	1.79%	1,785,714	1,518,918
현대차투자증권	4.2%	21.6%	1.79%	1,785,714	2,171,053
태경산업	4.2%	16.0%	1.79%	1,785,714	2,071,429
진양홀딩스	4.2%	-8.2%	1.79%	1,785,714	1,638,687
평화홀딩스	4.1%	-6.5%	1.79%	1,785,714	1,669,791
NH투자증권	4.1%	44.7%	1.79%	1,785,714	2,583,861
조선내화	4.1%	2.7%	1.79%	1,785,714	1,833,639
인천도시가스	4.1%	0.2%	1.79%	1,785,714	1,788,627
GS홈쇼핑	4.1%	27.6%	1.79%	1,785,714	2,277,824
예스코	4.0%	2.7%	1.79%	1,785,714	1,833,847
일진파워	4.0%	9.5%	1.79%	1,785,714	1,954,925
디지털대성	4.0%	1.6%	1.79%	1,785,714	1,814,732
KB오토시스	4.0%	-6.9%	1.79%	1,785,714	1,662,234
이크레더블	4.0%	15.0%	1.79%	1,785,714	2,054,243
				100,000,000	115,722,329

시가배당률이 가장 높은 회사는 8.8%이며, 4% 이상의 시가배당률을 보이는 기업은 모두 57개다. 단순하게 별다른 장치 없이 4% 이상의 배당률을 보이는 기업에 똑같은 금액을 분산투자했다고 가정하자. 이런 경우가 바로 '배당주투자 포트폴리오'이다.

총 투자금 1억 원은 11개월 후 1억 1,570만 원, 투자수익률은 약 15.7%가 될 것이다. 이는 아무런 기업분석이나 정성적 분석 없이 단순히 시가배당률이 4% 이상인 기업에 동일한 가중치로 투자했을 때의 성과다. 물론 코스피지수 및 코스닥지수 모두 연초에 비해 22% 상승한 것을 고려하면, 이들 지수에 투자한 것보다 높지 않는 성과라고 할 수 있다. 그러나 회사가 주는 배당금 대비 주가가 상대적으로 낮은(시가배당률이 높은) 기업에 투자했을 때 주는 심리적 안정감은 이 정도의 수익률 차이를 상쇄하고도 남시 않을까 생각한다. 연말에 가까워질수록 시가배당률이 높은 고배당주에 대한 기대감이 커져 고배당주의 주가상승이 주로 12월에 일어나는 것을 고려하면, 남은 1개월간(12월) 배당주 포트폴리오의 수익률을 더 지켜보고 싶다는 생각도 든다.

또한 중요한 것은 하락종목 13개, 유지종목 2개, 상승종목 41개로, 수익률을 고려하지 않더라도 수익이 난 종목이 월등히 많다는 점. 주가가 가장 많이 상승한 종목은 84%나 올랐다.

2017년 전체를 온전히 계산하지도 못한 탓도 있지만 2017년은 특정섹터와 특정종목 위주의 장세였다. 아쉬운 성적이지만 과거자료는 어떨까? 특히 코스피시장이 '박스피'로 불렸던 기간 동안 코스피지수나 코스닥지수에 투자했다면 큰 수익을 내기 어려웠을 수도 있다. 그러나 동일한 방법으로 2012년~2017년까지 '배당주 포트폴리오'를 만들어, 매년 동일하게 반복했다고 가정하자. 그러면 투자성과는 다음과 같다.

	코스피지수수익률	포트폴리오수익률	투자금	누적수익률
2012년	9%	22.8%	122,800,000	22.8%
2013년	-0.15%	17%	143,676,000	43.7%
2014년	-4.76%	31.8%	189,364,968	89.4%
2015년	1.97%	28.4%	243,144,619	143.1%
2016년	3.5%	13.9%	276,941,721	176.9%
2017년	22%	15.7%	320,421,571	220.4%

배당락 전 모든 종목을 매도하고 포트폴리오를 새로 짜서 투자했으며, 중간에 배당을 주는 기업도 있지만 중간배당 또는 분기배당은 무시했을 때의 금액이다.

가장 단순한 배당주투자 포트폴리오인데, 2017년을 제외하고 코스피지수 수익률을 매년 초과했던 것으로 평가된다. 감히 자신하건대, 개미들이 가장 적은 노력으로 가장 높은 성과를 낼 수 있는 투자전략이다. 네이버금융 게시판만 봐도 **현재 시가배당**

률이 높은 기업들을 순서대로 나열해놓고 있으니 말이다. 쉽게 말하면 '가성비'가 가장 뛰어난 투자전략이다.

게다가 코스피시장이 오르지도 않고 내리지도 않는 지지부진한 상황이던 2013년 ~2016년 사이에, 적게는 14% 높게는 32%의 투자수익을 달성할 수 있을 정도로 '안전성'이 매우 높은 투자전략이었다. 삼성전자나 SK하이닉스 같은 대형주 또는 IT나 바이오제약에 투자하지 않았던 개미라면, 2017년의 코스피지수 수익률 22%도 달성하기 어려웠을 것이다. 몇몇 특정 기업과 섹터만 호황과 주가상승을 누리던 시기였으니까.

그런데 이 포트폴리오는 특정한 것이 아닌 다양한 산업군에 안정적으로 분산투자한다는 특징이 있다. 배당금과 현재 주가라는 오로지 2개의 기준만으로 종목을 골라냈음에도 불구하고 상당한 수준의 수익률을 달성하게 된다. 초보개미라면 가장 먼저 접근해볼 수 있는 쉬우면서도 가성비 높은 투자전략이니 꼭 연구해보길 바란다.

■■ 재무제표와 정성분석을 활용한 배당주 포트폴리오

살펴본 포트폴리오 구성 방법은 간단한 자료와 엑셀만 있으면 쉽게 만들 수 있다. 이것은 특정섹터(업종)의 기업들이 투자대상으로 산출되는 것이 아니라, 어떤 사업을 하든지 "이익을 어떻게 배당하느냐?"라는 기업의 배당정책에 따라 대상이 결정되는 방법이다. 좀 더 구체적으로는 ❶ 기업이 벌어들이는 돈 ❷ 배당금 지급 정책 ❸ 현재 주가, 이렇게 3가지 변수만으로 투자대상을 선정한다. 따라서 다양한 업종의 회사들이 포트폴리오에 들어가게 된다. 특정 산업에 편중되어 구성되지 않으므로 안정성이 뛰어난 측면이 있다.

예를 들어보자. 2017년 초 주가 기준으로 시가배당률이 4%를 넘는 기업만 순서대로 나열한 다음, 그 후 11개월간 주가수익률을 계산했다. 거기에는 마이너스 수익률을 기록한 종목이 몇몇 보이는데, 그중 하락률이 가장 높은 종목은 한국전력이다. 그런 한국전력이 2016년에 주당 1,980원을 배당했다. 그리고 올해 초 주가는 44,200원으로서 시가배당률이 약 4.5%에 달했으므로 배당주 포트폴리오에 편입된다. 그러나 한국전력의 실적은 지속적으로 악화될 것으로 예상되었다. 그 이유는 다음과 같다.

(단위: 백만 원)

	2015.1.1~12.31	2014.1.1~12.31	2013.1.1~12.31
매출액	58,957,722	57,474,883	54,037,795
영업이익	11,346,732	5,787,565	1,518,965
연결총당기순이익	13,416,373	2,798,967	174,306

제시된 표는 2013년부터 2015년까지 한국전력의 매출액과 영업이익, 총 당기순이익의 변화 과정이다. 매출은 2014년에서 2015년으로 넘어가면서 약 1.5조 원 안팎으로 증가했다. 그러나 영업이익은 같은 기간 무려 5.5조 원 이상 증가했다. 매출이 1.5조 원

증가할 때 영업이익이 5.5조 원이나 늘었다. 매출증가보다는 제조원가 또는 판매비와 관리비가 감소하여 이익이 늘었다는 뜻이다. 감소한 비용을 재무제표에서 찾아보면 다음과 같다.

1. 제 55(당) 기

(단위: 백만 원)

계정과목	판매비와 관리비	제조(매출)원가	합계
사용된 원재료	-	14,626,933	14,626,933

2. 제 54(전) 기

(단위: 백만 원)

계정과목	판매비와 관리비	제조(매출)원가	합계
사용된 원재료	-	20,150,934	20,150,934

54기(2014)에 비해 55기(2015)에는 제조원가 중 원재료 비용만 무려 5.5조 원가량 감소했다. 그러니까 2015년 영업이익 증가액 5.5조 원은 원재료 투입액 감소분 5.5조 원으로 거의 다 설명된다.

천연가스 연결선물(18-02) [?] 원자재

2.80 달러/MMBtu [?] 전일대비 ▼0.08(−2.95%)   2018.01.05 NYMEX 기준

1개월 3개월 1년 3년 5년 10년

최고 3.93 (12/30)

최저 1.64 (03/04)

4.18
3.72
3.26
2.80
2.33
1.87
1.41

2015/01   2016/01   2017/01   2018/01

재무제표로 게임탈출

한국전력의 실적을 결정짓는 가장 핵심 변수는 매출원가에 반영되는 원재료 투입 금액이다. 특히 화력발전소에서 사용하는 유연탄과 LNG가스가 주된 원자재다. 유연탄 가격은 톤당 $40대에서 2016년 이후 지속적으로 상승하여 $100이 넘어갔다. LNG 가스 가격 역시 앞의 네이버증권이 보여주듯, 2016년 초 저점을 찍고 계속 상승했다.

따라서 매출액을 크게 성장시키지 않는 한 가장 중요한 원재료인 천연가스와 유연탄 가격이 상승하면 원자재 구매금액이 늘어날 수밖에 없으며, 그렇게 되면 실적이 악화될 가능성이 높다. 그런데 개미들에게 중요한 것은 원자재 가격인상으로 인한 한국전력의 실적 악화를 숫자로 계산하는 것이 아니라 '방향성'에 대한 판단이다. 매출을 급격히 성장시킬 수 있는 방법은 전기요금 인상뿐이지만 현실적으로 쉽지 않다. 그저 원자재 가격이 오르면 실적이 성장하는 것이 아니라 이익이 감소할 거라는 정도의 판단만 할 수 있어도, 한국전력을 배당주 포트폴리오에서 제외할 수 있다. 만약 15% 정도 주가를 하락시켰던 한국전력만 포트폴리오에서 제외했더라면, 2017년 11월 말 기준 포트폴리오 성과는 약 1억1,600만 원으로 11개월간 수익률은 약 16%로 상승하게 된다. *

> * 이렇게 시간을 들여 개별 종목을 하나씩 검토하고 포트폴리오에서 제외할지 말지 조금만 고민해도, 전체 수익률과 안정성을 높이는 데 도움이 될 것이다.

좀 더 적극적인 포트폴리오 전략을 생각해보자.

이 경우 우리가 선택한 종목들은 시가배당률이 높았던 종목들이다. 무슨 말이냐 하면, 작년의 배당금 기준으로 현재 주가를 평가한 것이고, 시장참여자들이 작년 수준의 배당금이 올해에도 유지되리라는 기대감을 갖고 있다고 전제한다는 얘기다. 그런데 만약 내 포트폴리오에 포함되어 있는 기업의 실적이 전년 대비 감소하고 있다면? 실적이 악화되면 주가가 하락할 가능성도 높지만 기존에 주던 배당금을 지급하지 못할 가능성도 생긴다. 따라서 YOY(Year on Year ; 전년 동기대비) 또는 QOQ(Quarter on Quarter

; 직전 분기대비) 기준으로 분기별 실적이 감소하는 기업은 배제하는 좀 더 적극적인 투자전략을 택한다면, 실적이 악화되고 있는 기업의 주가하락 가능성 및 배당금이 기대치보다 줄어드는 리스크를 관리할 수 있을 것이다. 다만 업종 특성상 계절적 요인을 많이 타는 기업이 있기 때문에, QOQ보다는 YOY로 실적의 증감을 판단하는 것이 더 현실적이라 생각된다. 배당주 포트폴리오의 특성상 반드시 실적의 급격한 개선이 필요하다고 생각되지 않는다. 무조건 실적이 늘어나야 하는 것도 아니다. 급격한 하락만 없다면, 그리고 배당정책이 계속 유지되기만 한다면, 벌어들인 이익으로 충분히 기존 배당금을 유지할 수 있을 것이기 때문이다.

2017년 배당주 포트폴리오 중 마이너스 수익률을 겪은 기업 중 서원인텍(영업이익 −19.5%), 한전산업개발(영업이익 −13%), 일정실업(적자전환), 네오티스(영업이익 −17.4%), 이라이콤(적자전환), 한국 쉘석유(영업이익 −15.6%), 평화홀딩스(적자전환), 진양홀딩스(영업이익 −10.2%) 등 9개 종목은 전년 대비 분기별 실적이 크게 감소했다. 따라서 실적이 크게 감소하거나 적자로 돌아선 것으로 확인된 기업을 배제한다든지, 애널리스트의 리포트나 뉴스 등 사전에 접한 정보에 의해 제외한다면, 수익률과 안정성을 높일 수 있다. 만약 앞의 9개 기업을 포트폴리오에서 제외한다면 종목 수는 47개로 줄어들게 되며, 포트폴리오 잔고는 1억2,112만 원으로 약 21.12%의 수익률을 이루어 코스피나 코스닥지수의 수익률을 충분히 따라갈 수 있는 포트폴리오가 된다.

종목 ▼	(연초)배당수익률 ▼	주가수익률(11개 제외) ▼	포트폴리오투자비중 ▼	투자원금 ▼	11월말잔고 ▼
다나와	4.3%	83.6%	2.13%	2,127,660	3,905,775
GKL	4.9%	66.9%	2.13%	2,127,660	3,551,314
메리츠화재	5.4%	62.1%	2.13%	2,127,660	3,448,755
하나금융지주	4.4%	56.0%	2.13%	2,127,660	3,318,463
NH투자증권	4.1%	44.7%	2.13%	2,127,660	3,078,642
대신증권	5.3%	44.2%	2.13%	2,127,660	3,068,740
S-Oil	7.4%	43.5%	2.13%	2,127,660	3,053,936
SK이노베이션	4.4%	43.3%	2.13%	2,127,660	3,048,914
부국증권	6.4%	42.8%	2.13%	2,127,660	3,038,705
메리츠종금증권	5.8%	41.1%	2.13%	2,127,660	3,002,295
유아이엘	6.8%	39.8%	2.13%	2,127,660	2,974,592

현대해상	4.3%	37.6%	2.13%	2,127,660	2,928,065
씨엠에스에듀	4.6%	37.6%	2.13%	2,127,660	2,927,788
한국기업평가	4.7%	28.3%	2.13%	2,127,660	2,729,344
GS홈쇼핑	4.1%	27.6%	2.13%	2,127,660	2,714,003
푸른저축은행	8.4%	24.8%	2.13%	2,127,660	2,655,120
에스에이엠티	5.6%	24.2%	2.13%	2,127,660	2,641,645
현대차투자증권	4.2%	21.6%	2.13%	2,127,660	2,586,786
화성산업	5.1%	20.7%	2.13%	2,127,660	2,567,589
두산	4.8%	20.4%	2.13%	2,127,660	2,561,258
신영증권	4.9%	19.1%	2.13%	2,127,660	2,534,543
SK텔레콤	4.5%	16.3%	2.13%	2,127,660	2,474,354
태경산업	4.2%	16.0%	2.13%	2,127,660	2,468,085
고려신용정보	6.5%	15.9%	2.13%	2,127,660	2,465,699
성보화학	7.8%	15.7%	2.13%	2,127,660	2,461,631
이크레더블	4.0%	15.0%	2.13%	2,127,660	2,447,608
하이트진로	4.3%	12.6%	2.13%	2,127,660	2,394,877
서호전기	6.1%	11.7%	2.13%	2,127,660	2,376,347
지역난방공사	5.7%	11.6%	2.13%	2,127,660	2,375,357
한양증권	4.8%	10.3%	2.13%	2,127,660	2,347,762
일진파워	4.0%	9.5%	2.13%	2,127,660	2,329,272
유화증권	5.5%	8.5%	2.13%	2,127,660	2,307,852
피제이메탈	4.6%	8.2%	2.13%	2,127,660	2,303,137
아주캐피탈	5.0%	6.6%	2.13%	2,127,660	2,268,079
텔코웨어	4.3%	6.5%	2.13%	2,127,660	2,266,420
천일고속	8.8%	5.8%	2.13%	2,127,660	2,251,851
경농	4.6%	5.2%	2.13%	2,127,660	2,237,711
정상제이엘에스	5.6%	4.9%	2.13%	2,127,660	2,232,797
예스코	4.0%	2.7%	2.13%	2,127,660	2,185,009
조선내화	4.1%	2.7%	2.13%	2,127,660	2,184,761
디지털대성	4.0%	1.6%	2.13%	2,127,660	2,162,234
인천도시가스	4.1%	0.2%	2.13%	2,127,660	2,131,130
아이마켓코리아	4.4%	0.0%	2.13%	2,127,660	2,127,660
이베스트투자증권	4.7%	-1.4%	2.13%	2,127,660	2,098,245
에스텍	4.3%	-2.1%	2.13%	2,127,660	2,082,002
KB오토시스	4.0%	-6.9%	2.13%	2,127,660	1,980,534
청담러닝	4.4%	-13.9%	2.13%	2,127,660	1,832,151
				100,000,000	121,128,841

표에서 제시된 방법은 분기별 기업실적을 체크하면서 배당주로서의 역할이나 투자자들의 신뢰가 크게 위축될 만큼의 영업실적 악화가 발생하는지를 가볍게 체크하는 것이다. 여기서 좀 더 적극적으로 개별기업의 재무제표를 분석해보자. 그러면 포트폴리오의 수익률을 더 높일 수 있을 것이다.

기업의 배당금은 회사가 발생시킨 이익에서 법인세를 빼고 남은 당기순이익이 축적된 이익잉여금으로 지급한다. 따라서 배당주 포트폴리오를 이용해 투자하려는 경우, 시간이 허락하는 한 당기순이익 및 이익잉여금 수준과 배당여력을 파악해 배당주로서의 역할을 제대로 하는지를 알 수 있다면 더할 나위 없이 좋다.

대표적인 사례로 하이트진로를 살펴보자.

기업이 남긴 당기순이익 중 얼마를 배당하는지를 보여주는 지표는 '배당성향'이다. 이 배당성향은 총배당금/당기순이익으로 계산하는데, 회사가 1년간 창출한 당기순이익 중 몇 %를 배당금으로 지급하는지를 나타내준다.

Dividends	2013	2014	2015	2016
DPS(보통주,현금)(원) 🔵 🔴	1,100	1,000	1,000	900
DPS(1우선주,현금)(원) 🔵 🔴	1,150	1,050	1,050	950
배당성향(현금)(%) 🔵 🔵	95.27	330.27	131.10	163.80
배당금(현금)(억원)	753	698	698	629
지배주주순이익	790	211	533	384

왼쪽부터 하이트진로의 2013~2016년도 배당금과 배당성향을 보여준다. 2013년에는 95%였으나, 해가 거듭되면서 330%, 131%, 164%로 오르내렸다. 하이트진로는 2014년부터 이익보다 더 많은 금액을 배당하고 있다. 예를 들어 2016년은 384억 원의 지배주주순이익을 창출했는데 629억 원을 배당하였으니, 결국 벌어들인 이익으로도 모자라 과거에 벌어두었던 이익잉여금을 가져와 배당했다는 의미다. 이 경우 배당금은 꾸준히 높은 수준을 유지하고(주당 900원) 시가배당률은 높다 하더라도, 주가는 현재 수준 이상을 유지하기가 쉽지 않다는 생각이 들 수 있다. 결국 배당금은 나름 높게 받고 있지만, 그것이 실제 영업이익보다 회사에 남아 있던 현금과 잉여금으로부터 받는 것이므로, 그만큼 현금과 주주의 이익잉여금(자본)이 감소한다고 느껴지기 때문이다. 즉,

높은 시가배당률은 분명 투자자에게 매력적이지만, 회사의 순자산(자본)을 잠식하면서까지 배당을 받는다면 '아랫돌 빼서 윗돌 괴기' 느낌을 지울 수 없다. 따라서 당기순이익이 높기 때문에 배당금도 많은지, 배당성향이 어떤지, 등을 체크하면서 시가배당률을 바라본다면, 더욱 좋은 투자전략이 될 것이라 판단된다. 더욱이 하이트진로의 경우, 아래의 재무제표처럼 현금화가 쉬운 유동자산보다 1년 또는 정상영업주기 내에 상환해야 하는 유동부채가 지속적으로 많기 때문에, 영업활동으로 충분한 현금을 벌어들이지 못한다면 1년 내 상환해야 할 급한 부채를 보유한 유동자산으로 해결하지 못할 가능성(유동성 위험)이 있어 불안감을 주게 된다. 물론 하이트진로는 주류사업을 하는 회사로서 매년 많은 현금흐름을 창출해내기 때문에 큰 문제는 없겠지만, 재무제표를 통해 아래의 내용을 확인하고 나면 배당주로서의 매력이 반감될 수 있는 것도 사실이다.

1. 최근 경영성과 악화로 배당금을 감소시키는 상황

2. 창출한 당기순이익보다 배당금 지급액이 많은 상황

3. 보유한 유동자산보다 유동부채가 많음(유동비율 63%)

IFRS(연결)	2014/12	2015/12	2016/12	2017/09
자산	34,224	34,605	34,011	33,440
유동자산 🔻	7,326	8,519	9,577	9,319
비유동자산 🔻	26,898	26,085	24,434	24,120
기타금융업자산				
부채	20,944	21,359	21,092	20,947
유동부채 🔻	13,105	14,358	14,098	14,765
비유동부채 🔻	7,839	7,001	6,994	6,182
기타금융업부채				

정리해보자 배당주 포트폴리오 투자전략의 장점

첫째, 초보투자자나 직장인들도 쉽게 따라할 수 있는 투자법이다. 기업에 대한 복잡한 분석이 필요 없고, 인터넷에 접속만 하면 얻을 수 있는 배당금 자료나 포털사이트만 쳐봐도 나오는 주가자료, 그 두 가지와 계산기 및 엑셀프로그램만 있으면 된다.

둘째, 복잡한 내재가치 계산이 필요하지 않다. 기업의 본질적 가치를 계산하여 그를 투자에 활용하고 적절한 수익을 낼 수 있는 사람이 얼마나 되겠는가? 장담컨대, 증권사 직원들이나 가치평가를 전공한 금융인, 심지어 대학의 교수님에게도 어려운 일이다. 그러나 상대평가로는 쉽고 빠른 판단이 가능하다. 내재가치 측정은 어렵고 시간과 공부가 많이 필요하다. 개미투자자의 상황과 어울리는 투자기법이 아니다. 주식시장에 상장되어 있는 기업을 1등부터 2,112등까지 가장 빠르게 정렬시킬 수 있는 투자전략이다.

셋째, 배당주에 투자한다는 그 자체가 안정감을 준다. 주가는 단기적으로 급등락할 수 있지만 기업은 꾸준히 돈을 벌고 있다. 그리고 과거에 배당금을 꾸준히 주던 기업은 그 배당을 유지하거나 늘리는 경우가 많다. 설령 주가가 오르지 않더라도 은행 이자보다 훨씬 높은 배당을 받을 수 있다는 심리적 안정감, 주가가 하락하더라도 높은 배당금 때문에 매력을 느껴 그 주식에 투자하려는 사람이 생길 것이며, 그에 따라 어느 정도 이상은 주가가 떨어지지 않는다는 하방경직성이 다소 있을 거라는 심리적 안정감 역시 개미들이 편안하게 투자할 수 있게 만들어준다.

넷째, 많은 시간을 할애하여 기업을 깊게 분석할 필요가 없어 상대적으로 시간을 아낄 수 있으며, 기업에 대한 정보가 부족한 개미들에게 유리하다. 본업과 가정생활에 바쁜 직장인들과 개인투자자들은 전문투자자들에 비해 시간도 부족할 뿐 아니라 기업의 상세한 내용을 알기 위한 정보 접근도 어렵다. 특히 중요한 내부정보를 알 수 없으며, 또는 알게 되더라도 너무 늦게 알기 십상인 개미들에겐 시간을 절약하게 해줄 뿐 아니라 전문투자자들과 동일한 선상에서 의사결정을 할 수 있게 도와주는 방법이다.

다섯째, 시가배당률이 4% 이상인 기업은 2,000여 상장사 중 50개~100개 내외다. 50개 정도로 포트폴리오를 꾸려 투자를 하면, 몇몇 기업의 수익률이 나빠지고 투자자들이 돌아섬으로써 주가가 하락한다든지 업황이 나빠져 실적이 악화된다 하더라도, 나머지 종목들이 그 손실을 상쇄하면서 안정적인 수익률을 달성할 수 있다. 즉, 포트폴리오의 위험감소효과를 충분히 달성할 수 있다. 노벨경제학상 수상자 마코위츠의 널리 알려진 포트폴리오 이론에 따르면, 약 20개 이상의 위험자산에 분산투자를 할 경우, 위험이 크게 줄어들어 수익률을 크게 침해하지 않으면서 투자의 안정성을 높일 수 있다. 따라서 높은 배당을 주는 20~50개 내외의 기업에 분산투자하면 몇몇 기업의 주가하락에 의한 수익률 하락을 상쇄시킬 수 있다. 특히, 포트폴리오를 확인해보면 한두 개 업종에 집중되어 있지 않고 다양한 업종으로 구분되어 있는 것을 알 수 있다. 우리나라는 경기순환주가 많아 특정업종의 주가가 크게 오르거나 내리는 경우가 많은데 배당주 포트폴리오에는 다양한 업종에 속한 기업들이 포함돼 업황 리스크를 더욱 줄일 수 있는 장점이 있다.

여섯째, 배당주 투자 포트폴리오에 포함되었던 종목 중에는 연간 수익률이 마이너스를 기록한 종목보다 플러스인 기업이 훨씬 많다.

주가 상승률이 드라마틱하지 않더라도 이 포트폴리오는 승률이 꽤 높다는 걸 알 수 있다. 주가가 내린 종목보다 오른 주식이 훨씬 많으며 그 편차도 그리 크지 않다. 역사적으로 보았을 때, 큰 주가하락으로 인해 편안하게 투자할 수 있는 포트폴리오라는 뜻이다. 본업이 따로 있는 개미투자자이자 초보투자자에게 이보다 좋은 투자전략이 어디 있겠는가?

기입늘은 2018년 초에 연차 실적에 근거하여 배당금을 결정한다. 주가수익률과 실제 배당금 수령액을 통해 얼마나 높은 투자 성과를 냈는지 확인해보는 것도 투자자로서 재미있는 작업일 것이며 또한 2017년 성과를 바탕으로 결정된 배당금을 확인하면서 2018년에는 또 어떤 매력적인 시가배당률을 가진 기업이 내 포트폴리오에 들어가게 될지 판단하며 배당주 포트폴리오를 만들어보는 것은 어떨까?

여기서 조금 더 노력을 기울여보자. 가령 실적이 악화됐거나 악화가 예상되어 주가가 하락하면, 지급하는 배당금에 비해 주가가 떨어지므로 시가배당률이 높아진다. 이런 현상을 이용하여 경영성과가 악화되었거나 그렇게 예상되는 기업을 포트폴리오에서 빼준다면 어떤 배당주 포트폴리오가 나올까? 그런 그림을 그려보는 것도 그다지 많은 시간과 노력을 요구하지 않지만 의미 있는 작업이 될 것이다.

물론 이러한 포트폴리오 전략에도 단점이 있다. 오너와 경영자의 성향 때문에 배당을 지급하지 않거나 매우 적게 지급하는 기업, 배당을 지급할 여력이 없는 기업, 현금배당이 아니라 주식으로 배당을 하는 기업, 이익은 충분하지만 설비 등에 재투자를 해야 하는 기업은 투자대상에서 제외된다는 것이다. 그럼에도 불구하고 가장 안정적이고 쉬우면서도 높은 수익률을 기대해볼 수 있는 투자전략임은 확실하다고 판단된다.

CHAPTER

02

어닝서프라이즈를 이용해
수익을 창출하자!

"
예상치 못한 서프라이즈에
모두들 기대치를
높인다.
"

어닝서프라이즈 또는 어닝쇼크라는 이야기는 들어봤을 것이다. 이 중에서 어닝쇼크라는 단어는 엄밀히 말해서 부정적인 어닝서프라이즈라고 불러야 한다고들 하지만, 대부분의 사람들이 어닝쇼크라는 단어를 쓰고 있으니 이번 장에서도 어닝쇼크라고 부르도록 하겠다.

2017년 11월 말 기준 유가증권 상장시장과 코스닥 상장시장에서 거래되고 있는 기업의 주식은 2,112개. 이 중 애널리스트의 실적추정치가 존재하는 기업은 800개 내외로 알려져 있다.*

> * 애널리스트가 분석을 시작할 때는 보고서와 실적전망치 및 투자의견이 없었다가 후에 새로 생기는 기업도 있고, 반대로 분석을 종료하면서전망치와 투자의견 및 분석보고서가 안 나오는 경우도 있어. 이 수치는 유동적이다.

모든 애널리스트가 본인이 분석한 기업의 실적전망치와 투자의견 및 목표주가를 제시하는 것은 아니지만, 일반적으로 그들의 보고서에는 기업의 실적전망치와 나름의 가치평가방법에 의한 목표주가가 나와 있다.

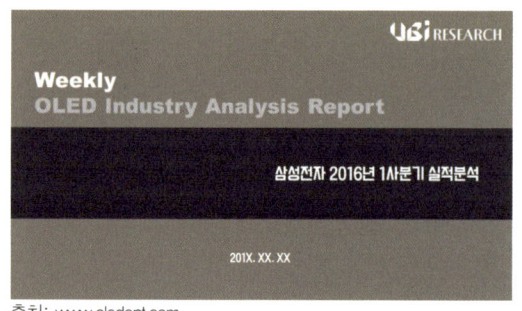

출처: www.oledent.com

투자자들은 이런 정보를 참고하여 해당 기업에 대한 투자의견을 형성하고, 투자 여부와 목표주가나 손절가격을 결정하기도 한다. 물론 애널리스트의 분석보고서에 담긴 자세한 정성분석(업황에 대한 전망이나 기업의 특성 등을 이용한 미래 실적에 대한 설명과 분석)도 중요하지만, 정량적으로는 매출액이나 영업이익과 순이익 등에 대한 전망치 및 추정치가 매우 중요하다. 그 결과를 다음의 표를 통해 요약해볼 수 있다.

위의 컨센서스 시계열 추이는 2017년 4분기 3에 기대되는 삼성전자의 매출과 영업이익과 순이익에 대한 애널리스트들의 전망 수치다. 6개월 전에는 매출액 63.2조 원에다 영업이익으로 13.3조 원 정도를 벌어들일 것으로 기대했는데, 가장 최근에 집계된 전망치는 각각 67.9조와 15.79조로 향상되었다. 삼성전자는 시가총액이 400조나 되는 큰 기업이어서 많은 애널리스트들이 이 회사를 분석하고 전망치를 만들어낸다. 따라서 위의 숫자는 한 명이 아니라, 여러 명이 낸 전망치를 평균하여 컨센서스를 계산하고 이를 보여준다. 따라서 오른쪽 그림을 보면 2017년 4분기 영업이익에 대한 전망치의 컨센서스는 지속적으로 올라가고 있음을 알 수 있고, 특히 10월 이후엔 최대치와 최소치의 차이가 크게 벌어지는 것을 알 수 있다. 8월까지는 대부분의 애널리스트들이 큰 이견 없이 삼성전자 실적을 비슷하게 전망하다가, 최근에 와서 몇몇 애널리스트가 4분기 영업이익 전망을 낮추었기 때문에 차이가 크게 벌어진 것으로 판단된다. 즉, 몇몇 애널리스트가 유독 삼성전자의 4분기에 대해 다른 방향으로 생각하고 전망하기 시작했다는 의미다.

애널리스트들의 적정주가에 대한 컨센서스도 1년 전에는 200만 원에도 미치지 못했지만, 시간이 흐르면서 전망치가 높아지고 그에 따라 목표주가도 올라서 11월 29일 기준 목표주가의 평균치는 333만 원에 이르렀음을 이해할 수 있다.

그리고 마지막으로 삼성전자의 실제 주가도 애널리스트들의 실적전망치와 목표주가가 올라가면서 최근 1년간 무려 57% 정도 상승하게 된다.

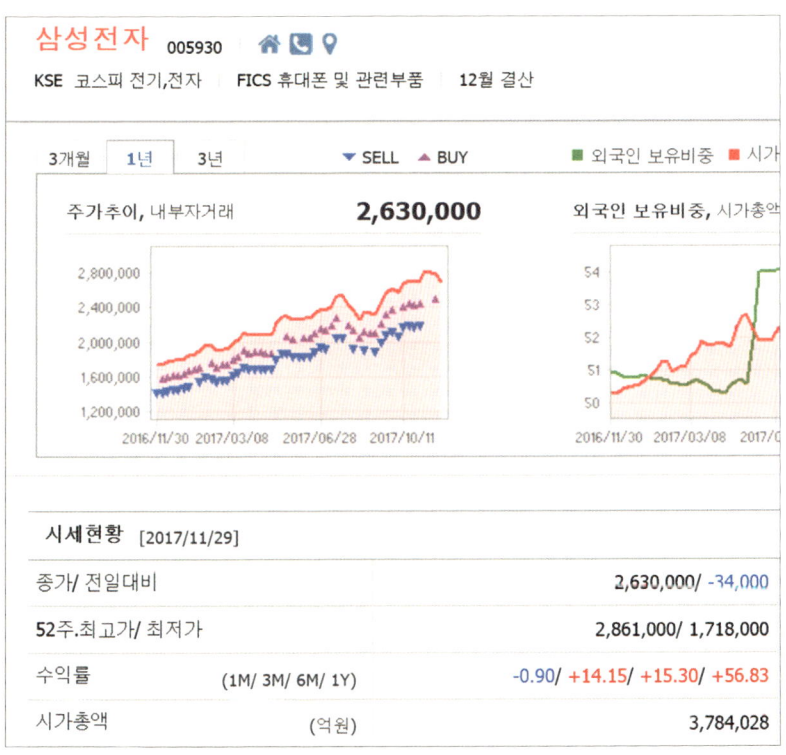

여기서 삼성전자에 대한 흥미로운 숫자를 보여주고자 한다. 다음의 표는 1년 전에 애널리스트들이 삼성전자의 매출액과 영업이익 순이익 등을 전망했던 수치부터 최근 2017년 11월 29일 전망치까지의 변화를 보여준다.

2017/12	연간	2017.11.29	1개월 전	3개월 전	6개월 전	1년 전
매출액		2,413,816	2,414,060	2,386,717	2,317,010	2,070,294
영업이익		546,909	544,265	528,062	495,863	336,384
지배주주순이익		415,027	412,783	399,790	370,934	258,957
EPS	(원)	272,098	270,350	261,840	242,155	160,650
PER		9.7	9.8	8.8	9.4	10.4
12개월 PER		8.07	8.56	7.95	8.90	10.59
적정주가	(원)	3,335,238	3,162,727	2,948,636	2,780,000	1,979,583
투자의견		4.00	4.00	4.00	4.00	4.00

컨센서스 시계열 추이 [연결|연간]

1년 전 애널리스트들이 전망했던 영업이익은 33.64조였으나 11월 29일에 이르러 그 전망치는 54.69조로 올랐다. 약 62.6%의 증가율이다. 그리고 지배주주순이익의 전망치는 60%(41.5조/25.9조−1) 정도 증가하였다. 주가는 어떻게 변했을까? 1년 전 168만 원이었다가 현재 263만 원으로 1년 새 약 57% 올랐고, 11월 2일 최고점을 찍었을 때 2,876,000원이었으니까 1년 전에 비해 무려 70% 오른 셈이다. 애널리스트들이 추정한 영업이익과 순이익 상승률이 주가 상승률과 비슷하지 않은가?

첫째, 실제 실적이 애널리스트들의 전망치보다 높게 나오면서 주가는 지속적으로 상승했다. 우선 애널리스트들이 전망치를 만들면 투자자들이 그 전망에 따라 행동하기 때문에 주가가 올랐다.

그런데 실제 실적이 더 좋게 나오자 애널리스트들은 다시 전망치와 목표주가를 더 높였고, 그러자 투자자들은 더 높은 기대치를 갖고 투자함으로써 삼성전자의 주가는 줄곧 상승했다는 얘기다. 즉, 기업이 분기마다 발표하는 실적과 애널리스트들의 실적 전망치는 유기적으로 연동되어 기업의 실적에 대한 기대치를 만들어내고, 이것이 주가를 움직이게 된다.

애널리스트 전망→ 보고서 발표→ 주가변동→ 실적 발표→ 추정치 부합 or 상회(어닝서프라이즈) 혹은 추정치 하회(어닝쇼크)→ 주가변동→ 전망치 상향 혹은 하향 수정→ 주가변동이라는 사이클이 이어진다는 것을 알 수 있다. 애널리스트들의 전망치와 컨센서스는 일단 주가를 움직이기 때문에 매우 중요한 정보이며, 또한 그 전망치를 실제 실적과 비교해보면 어닝서프라이즈나 어닝쇼크 또는 전망치 부합이라는 결과가 나온다. 그러면 다시 애널리스트들은 발표된 실적과 전망을 바탕으로 전망치와 목표주가를 수정하는 보고서를 만들어내고, 이를 본 투자자들은 다시 그 전망과 기대치에 따라 매수 매도를 하고 주가가 오르내리게 되는 것이다.

두 번째로 삼성전자의 이익 전망치가 1년 전에 비해 약 60% 증가하는 동안 주가도 60%쯤 올랐다. 이는 삼성전자의 주가 상승이 전망치의 상승 때문에 온 것이지, 주가를 평가하는 주가배수Multiple 자체의 변화에서 온 것은 아니다. 이것이 중요한 점이다.

92페이지의 표를 보자. 11월 29일 PER가 9.7이고 1년 전 PER은 10.4이다. 큰 변화가 없다. PER는 주가수익비율로서, 애널리스트가 전망한 이익과 비교할 때 주가가 몇 배인지를 말해주는 지표다. 가령 1년 전 삼성전자의 추정된 주당순이익(EPS)은 16만 원. 당시 PER이 10.4이므로, 주가는 16만×10.4=168만 원 수준이었다. 즉, 1년 전 주가 168만 원은 그때 애널리스트들이 내놓은 이익전망치의 약 10배였음을 의미한다.

그런데 2017년 11월 29일 애널리스트들이 전망한 EPS는 272,000원이다. 다음에서 보듯 현재 주가는 272,000원×9.7(PER)=264만 원이다.

결과적으로 1년 전 주가와 2017년 11월 29일 주가의 차이는 실적 증가의 기대감인 것이지, 이익에 비해 주가가 몇 배로 평가받고 있는가를 나타내는 멀티플(실적 대비 주가의 곱하기 배수)이 올라서 그런 것은 아님을 알게 된다.

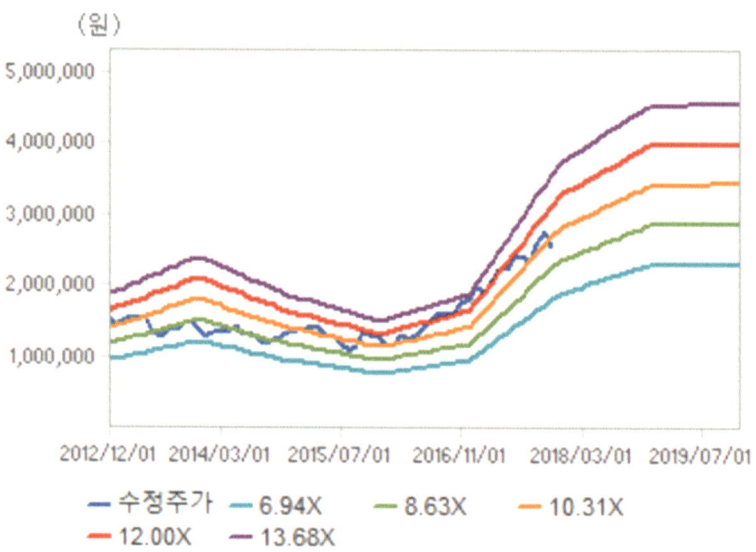

PER Band

위의 그림은 삼성전자의 주가수익비율^PER 밴드다. 2012년 말부터 2017년 현재까지 삼성전자의 주가가 이익의 추이와 함께 어떤 수준에서 움직였는지를 이해할 수 있다. 주가는 노란색, 녹색, 빨간색 선들이 커버^cover하는 수준에서 움직이고 있다. 녹색 선은 PER 8.6배, 노란 선은 10.3배, 빨간 선은 12배다. 즉, 삼성전자의 이익이 꾸준히 성장하면서 그 이익의 9배~12배 사이로 주가가 오르거니 내리거니 하며 움직였다는 뜻이다. 만약 실적 전망치에 대한 멀티플(대표적으로 PER)의 변화가 없이 삼성전자의 주가가 더 오르려면, 어떻게 되어야 할까? 먼저 앞으로도 영업이익이 더 성장해줘야 한다. 그리고 실적을 발표할 때마다 전망치를 능가함으로써 애널리스트들이 형성해놓은 미래의 기대 실적을 충족시킬 뿐 아니라, 나아가 더 상향시킴으로써 목표주가를 높일 수 있도록 해야 할 것이다.

이러한 투자방법의 핵심은 무엇일까? 실적이 성장해가는 기업을 찾는다면, 설령

재무제표로 게미탈출!

PER이 고정되어 있다 하더라도 실적 성장률을 감안하면 주가가 오를 수 있다는 믿음으로 투자할 수 있다. 그런데 주식시장에서는 또 다른 투자방법도 있다. 주식은 꿈을 먹고 산다 했던가, 투자자들은 미래에 대한 기대치를 미리 반영하여 주가를 평가한다.

다음 표는 전기자동차(2차전지) 관련 대표적인 기업인 엘앤에프의 컨센서스 추이와 PER 변화를 보여준다.

컨센서스 시계열 추이 [연결|연간]					
2017/12 | 연간	2017.11.30	1개월 전	3개월 전	6개월 전	1년 전
매출액	4,020	3,948	3,560	3,105	3,165
영업이익	327	296	272	228	213
지배주주순이익	192	176	203	153	153
EPS (원)	784	717	827	624	660
PER	54.6	45.1	43.9	30.9	18.6
12개월 PER	36.48	32.43	33.25	27.71	19.51
적정주가 (원)	48,400	48,600	39,150	-	-
투자의견	4.00	4.00	4.00	-	-

그리고 이를 엘앤에프의 주가 추이와 비교해보자.

차트 2-1 엘앤에프 주가 차트

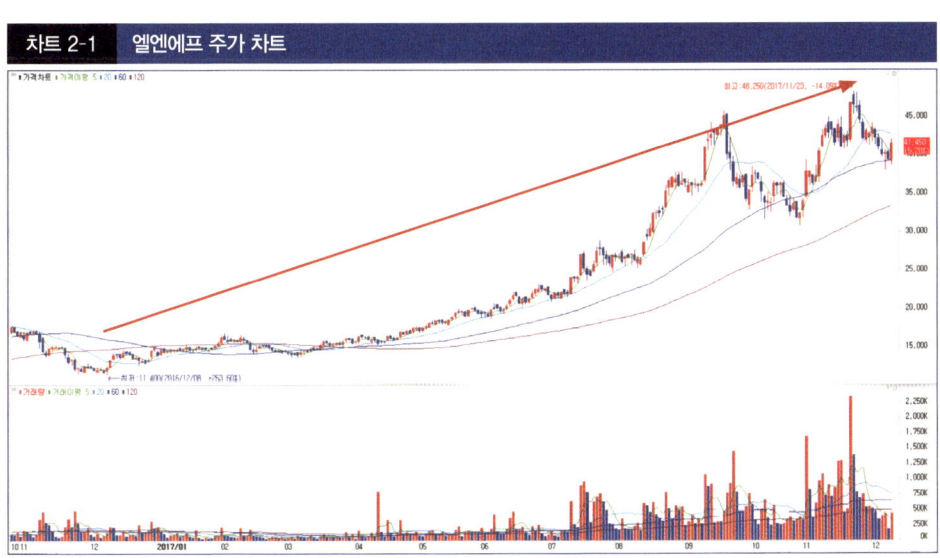

엘앤에프의 주가는 최근 1년간 무려 3.35배 올랐다. 235%에 이르는 수익률이다. 그러나 1년 전 엘앤에프의 영업이익 전망치가 213억 원이었던 데 비해, 가장 최근의 전망치는 겨우 1.53배 오른 327억 원이었다. 이익 전망치의 증가보다 주가상승이 훨씬 가팔랐다.

따라서 기업의 예상 이익 대비 주가인 PER은 18.6배에서 54.6배까지 올라간다. 이익 증가보다 주가상승의 속도가 빠르다는 얘기다. 삼성전자는 1년간 영업이익 전망치가 약 60% 성장하면서 주가도 60% 내외 올랐는데, 엘앤에프의 경우에 실적 전망치보다 주가가 더 빠르게 상승한 것은, 앞으로 전기자동차 사업이 굉장히 긍정적이라고 판단되어 투자자들이 그 기대감을 선반영하고 PER Multiple을 높게 부여하기 시작했기 때문이다.

단순히 현재의 이익이나 내년의 이익 정도만 당겨와 주가에 반영하는 것이 아니라, 장기간 동안 대규모의 실적 성장이 예견되므로 미래에 대한 장밋빛 기대를 주가에 반영했다고 볼 수 있다.

이러한 기업의 경우, 가파른 실적 성장의 기대감에 주가가 크게 오르지만, 막상 기대한 만큼 성장이 일어나지 않으면 실망감에 의해 높아진 평가수준PER Multiple이 정당화되지 않으면서 주가하락이 일어날 수도 있으므로, 투자자 입장에서는 치솟았던 기대감을 충족시켜주는 실적이 분기마다 발표되는지 체크해봐야 한다.

자, 이제 개미투자자인 당신은 어떤 투자 스타일이 당신에게 적합한지 곰곰 궁리해야 한다. 전통적인 산업이나 꾸준히 돈을 벌어들이던 산업의 경우, 거기에 속한 기업들의 실적에 대한 나름대로 축적된 평가수준이 있다. 가령 음식료업종은 안정적이고 꾸준한 실적이 나오는 업종으로서, 역사적으로 평균 20배 내외의 PER을 받아왔었다.

그러나 전기자동차, 바이오 및 제약산업 등 미래에 크게 산업이 성장할 것이라 기대되는 업종에서는 그런 평가수준이 아니라 미래의 기대감을 반영해서 실적 대비 높은 주가를 형성하는 경우가 많다.

나는 미래에 대한 예견과 통찰력이 높지도 않거니와, 지나친 기대감으로 주가가 높게 형성되어 있는 기업이 행여 기대 이익을 달성하지 못하는 어닝쇼크를 일으켜 이익에 비해 그토록 높았던 주가가 폭락하는 걸 감당할 만한 대범함도 가지고 있지 않다.

따라서 실적이 견조하게 성장하는 기업의 주가가 실적 성장 정도로만 오른다 해도 그 수익률은 충분히 만족할 만하다고 생각한다. 물론 시장이 그러한 기업을 더욱 긍정적으로 전망하기 시작해서 전기자동차나 제약 바이오처럼 장밋빛 전망으로 평가수준이 높아지기 시작한다면 더할 나위 없이 좋을 것이다.

삼성전자의 경우처럼 대충 실적 상승률만큼 주가가 올라가든, 아니면 엘엔에프처럼 미래에 대한 전망이 PER Multiple을 높여 실적보다 주가가 더 가파르게 상승하든, 중요한 것은 '기업이 실적 기대치를 달성하느냐'이다. 이는 2가지 방법 중 하나의 투자방법을 선택한 투자자로서 반드시 체크해야 할 부분이다.

전문투자자들도 애널리스트들의 전문적인 분석과 지식이 담겨있는 분석보고서, 목표주가, 실적전망치를 많이 참고한다. 개미들은 시간과 정보의 한계로 전문투자자 수준의 노력을 기울이기는 어렵겠지만, 내가 관심을 보이는 기업 또는 투자하고 있는 기업의 컨센서스 자료 정도는 체크하는 습관을 가지는 것이 좋을 것이다. (그런 자료는 FNGUIDE나 WISEFN 등 데이터베이스 회사에서 무료로 제공한다.)

그렇다면, 이러한 실적전망치와 실적발표에 의한 어닝서프라이즈 및 어닝쇼크 등을 개미들은 어떻게 투자에 활용할 수 있을까?

이제 회계학 분야에서 오랜 기간 연구한 PEAD(Post Earnings Announcement Drift) 개념을 이용한 투자전략을 소개한다.

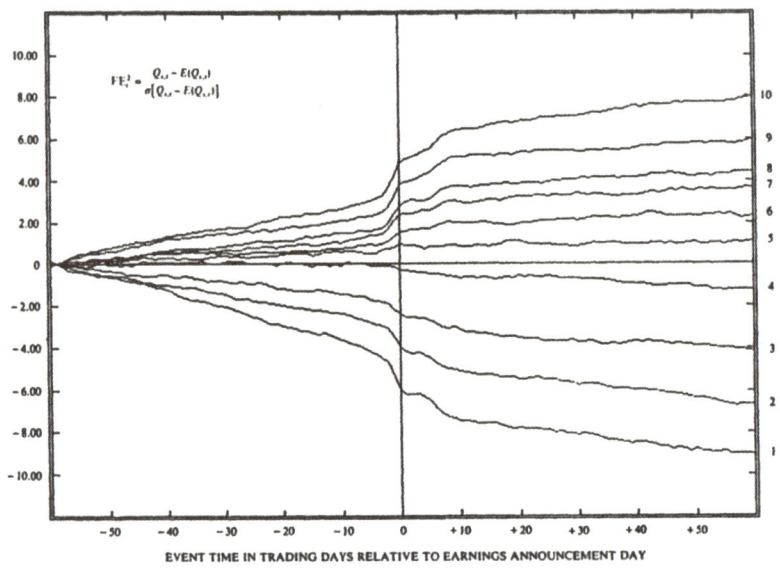

EVENT TIME IN TRADING DAYS RELATIVE TO EARNINGS ANNOUNCEMENT DAY

위의 그림이 PEAD를 설명해준다. 복잡하고 어려워 보이지만, 간단히 이해하고 이를 전략화한 다음 그 성과를 평가해보자. 위 그림에서 0 시점은 기업이 실적을 발표하는 때다.

오른쪽 수직으로 1부터 10까지의 숫자는 시장의 모든 기업들을 총 10개의 그룹으로 나눈 것이다. 예컨대 10은 애널리스트의 이익 전망치에 비해 실제 발표된 실적이 가장 컸던(상위 10%) 그룹이다. 애널리스트들의 전망치보다 실제 발표된 실적이 엄청 커 어닝서프라이즈가 나타나면, 발표 이후 주가가 크게 오른다.

왼쪽 수직으로 10부터 −10까지는 누적초과수익률CAR이다. 간단하게 설명하면, 실적 발표 시점(0 시점)에서 +50 시점(발표 후 50일)까지 +10% 정도의 계산된 수치가 있다. 예컨대 코스피지수가 5% 올랐다면, 어닝서프라이즈로 상위 10%에 속한 기업들은 50일 동안 주가가 15% 올랐다고 이해하면 된다. 대략 시장수익률보다 무려 10% 포인트 더 높은 주가상승이었다. 실적 발표 후 불과 50일 정도 기간에!

　　정말 놀라운 연구 결과가 아닌가? 따라서 PEAD는 실적 발표 후 어닝서프라이즈가 컸던 기업은 주가상승이 지속되고, 반대로 기대치보다 낮은 어닝쇼크를 기록한 기업은 주가가 계속 떨어진다는 연구결과였다.

　　이제 이러한 연구결과가 왜 현실세계에서 나타날 수 있는지, 직관으로 검토해보자. 애널리스트들이 전망한 기업의 실적보다 더 높은 실적이 발표되면 애널리스트들은 무슨 일로 바빠질까? 분명히 야근을 하면서 분석할 것이다. '왜 이 회사의 실적이 내 전망치보다 더 높게 발표되었을까? 기대보다 높은 수요 때문이었나? 더 높은 가격에 제품을 팔았나? 원자재 가격이 하락했었나? 회사가 운영비를 절감했나?' 어떤 경우이든 충격적으로 높은 실적을 발표한 기업의 영업을 다시 분석하고 다음 분기 실적을 새로 전망하고 목표주가도 다시 산정하여 리포트를 발간해야 한다.

예를 들어보자.

2017년 삼성전자와 SK하이닉스는 분기마다 서프라이즈 실적을 발표했다. 삼성전자와 SK하이닉스의 주력제품인 DRAM과 NAND가 예상보다 높은 수요 및 가격상승 때문에 애널리스트들의 컨센서스보다 높은 실적을 올렸고, 그러한 발표 후에 애널리스트은 다음 분기와 앞으로의 실적에 대한 전망을 한층 더 긍정적으로 수정하게 되었다. 물론 다른 목소리를 내는 경우도 있었지만, 삼성전자와 SK하이닉스의 경우는 지속적으로 애널리스트 리포트가 나오고 컨센서스가 수정될 때마다 전망치가 올라갔다. 이럴 때, 투자자들은 상향된 전망치와 목표주가를 바탕으로 투자에 나선다. PER 수준이 동일하다면 실적전망치가 높아질수록 주가도 자연스럽게 높아져야 한다. 따라서 어닝서프라이즈 발표 이후 더욱 긍정적인 보고서가 나오면, 투자자들이 그런 목표나 전망치 상향에 맞추어 매수에 동참하게 되고 지속적으로 주가가 올랐던 것으로 나는 해석한다.

자, 이제 이러한 전제하에 개미들의 마인드를 고민해보자. 이 책은 결국 개미들이 활용할 수 있는 지식과 전략을 전달하기 위해 썼다. 만약 당신이 10분위 그룹(어닝서프라이즈가 가장 크게 나올 기업들)을 미리 알 수 있다면 어떻게 해야 할까? 앞의 표를 다시 보라. −50 시점에서 10분위 그룹에 속하는 기업의 주식을 매수하여, 실적 발표 후의 주가상승까지 모두 누리면 가장 좋을 것이다. 그러나 개미들은 그럴 수 있는 투자 주체가 아니다. 내부정보를 가진 것도 아니고, 전문투자자들처럼 애널리스트 보고서를 열심히 읽거나 전체 기업의 전망치와 발표된 실적을 비교할 시간을 내기조차 어렵다. 즉, 개미들은 실적이 발표된 다음에야 비로소 기업의 실적을 알게 된다. 그러나 최선이 어렵다면 차선이라도 잡아야 하지 않을까? −50 시점부터 실적 발표인 0 시점까지의 주가상승은 포기하더라도, 0 시점 이후 +50 시점까지의 추가적인 주가상승분이라도 얻을 수 있다면 시장의 평균 수익률보다 훨씬 높은 초과수익(흔히 ALPHA라고들 부른다)을 달성할 수 있지 않겠는가?

정리해보자

다음과 같은 투자전략을 구성하고 이를 테스트해보았다.

1. 기업들의 실적 발표 직전, 애널리스트들의 다음 분기 실적 추정치 및 전망치 (컨센서스) 자료를 확보한다. (통상 매출액과 영업이익 수준까지 애널리스트들이 전망함)

2. 기업이 발표한 실적과 애널리스트들의 최근 전망치 컨센서스를 비교하여 어닝서프라이즈인지, 어닝쇼크인지, 또는 기대치 부합인지, 종목별로 판단한다.

3. 컨센서스보다 높은 실적을 발표해 가장 큰 어닝서프라이즈를 야기한 기업군 10%를 찾아내 포트폴리오를 구성하고 균일한 금액을 투자한다. 어닝서프라이즈는 실적/컨센서스 -1로 계산되는 괴리율이다.

4. 앞의 포트폴리오를 다음 실적 발표 직전까지 보유했다가 매도하고, 동일한 방법으로 다음 분기 실적 발표 시 어닝서프라이즈가 가장 큰 기업 50개를 택하여 균일한 금액을 투자(종목당 2%)하는 동일 가중포트폴리오를 구성해 다음 분기 실적 발표까지 투자한다.

5. 이 과정을 1년간 반복하면 연간 총 4회 매수 매도하는 투자전략이 된다.

지금까지 설명한 전략은 어닝서프라이즈가 큰 기업일수록 애널리스트들이 자신의 전망치를 더 높게 수정하고 목표주가를 올린 리포트를 발간하며 시장에서 해당 기업에 대한 투자를 긍정적으로 보이게 하는 신호를 이용하여 이에 대한 투자자 반응으로 주가가 올라간다는 것, 또는 투자자들이 이러한 기업을 새로운 눈으로 다시 보면서 재평가하고 매수에 나설 것으로 기대하는 투자전략이다. 어떻게 보면 재무제표와 실적 지표를 이용한 투자전략이고 회계학분야의 연구 주제였던 PEAD를 활용한 것이지만, 다른 한편으로는 투자자들의 심리와 행동을 이용하는 투자전략이기도 하다.

쉽게 생각해보자.

2014년 초부터 2015년 초까지 아모레퍼시픽의 주가가 9만 원 이하(액면분할 전 90만 원)에서 최대 45만 원(액면 분할 전 450만 원)까지 올랐던 것을 기억하는 개미들이 많을 것이다. 불과 1년 만에 주가가 5배 오를 때 애널리스트들은 앞 다투어 이 회사의 실적 전망치를 끌어올렸으며, 회사는 그것을 뛰어넘는 어닝서프라이즈를 계속 달성했다. 또 어닝서프라이즈가 발생했을 때 애널리스트들의 전망치 수정이 주가상승을 이끌어내면서, 이를 따라 투자했더라면 5배의 투자수익이 가능했다. 하지만 이후 회사 실적은 분명히 성장했으나 애널리스트들의 높아진 기대치에 이르진 못했다. 그런 판국에 2016년 말 사드 영향까지 받게 되자, 애널리스트들은 목표실적을 떨어뜨렸고 주가도 하락하는 결과가 나타났다.

이 투자전략을 구체적인 사례에 투영해보자. 아모레퍼시픽의 어닝서프라이즈가 나타났던 2014년 초나 늦어도 5월쯤 그 주식을 매수하여 엄청난 어닝서프라이즈 행진이 끝난 2015년 중순까지 보유했다면 높은 수익을 냈을 것이다. 바로 이런 전략이라고 이해하면 쉬울 것이다.

103페이지의 표를 들여다보자. 우선 2017년 1분기 실적전망치가 존재하는 기업(모든 기업이 다 실적에 대한 전망치가 존재하는 것은 아님) 가운데 기대치(컨센서스 영업이익)보다도 실제 발표된 영업이익(실적)이 가장 두드러지게 많았던 50개 기업을 순서대로 나열했다. 그 다음, 컨센서스 대비 영업이익이 몇 %나 높았느냐 하는 괴리율과 더불어 이후 3개월간(다음 분기 실적 발표까지) 1억 원을 투자했을 때 어느 정도 수익률을 달성했는지를 분석한 표다. 예컨대 KTB투자증권은 2017년 1분기 추정영업이익이 8억 원이었으나, 실제 발표된 영업이익은 55.37억 원이었다. 그 차이가 무려 5.9배에 이르면서 추정치가 존재하는 기업 중 가장 어닝서프라이즈가 높았다.

여기서 우리는 1분기 실적발표가 마무리된 5월 15일에 균등한 금액으로 50개 종목을 매입하며, 다음 분기 실적이 발표되기 직전인 8월 14일에 매도한다는 전제를 사용했다. 물론 현실적으로는 1분기 실적이 기준일보다 빨리 발표되면 더 일찍 어닝서프라이즈를 계산해 바로 포트폴리오에 편입할 수도 있고, 다음분기 실적을 8월 14일 전에 발표하는 경우도 많다. 그러나 모든 기업의 발표일을 일일이 조정하기는 어렵기 때문에 약간의 종목별 시차는 무시하자.

자, 이 기간 중 어닝서프라이즈 기업들의 3개월 수익률은 몇 %였을까? 동일가중포트폴리오이므로 여기 속한 모든 기업의 주가수익률의 평균치를 내면 될 것인데, 그 결과는 9.57%였다. 따라서 2017년 1분기 실적발표 시점에 1억 원을 이 포트폴리오에 투자했다면, 3개월 후 투자원금은 1억957만 원으로 불어나게 된다. 1년이 아니라 3개월

간의 수익률이므로 대단히 뛰어난 성과라고 할 수 있다. 사실 이 기간 중 코스피지수는
약 2% 상승했으니까 그보다 7.57%나 높은 수익률을 달성했다는 이야기다.

Sym	Na	괴리율(영업이익)	기준날짜	수익률추정날짜	실적 발표기준주가	3개월 후주가	향후 3개월 수익률
A030210	KTB투자증권	592.13%	2017-05-15	2017-08-14	3,720	3,335	-10.35%
A002810	삼영무역	289.64%	2017-05-15	2017-08-14	18,800	19,750	5.05%
A170920	엘티씨	234.73%	2017-05-15	2017-08-14	9,810	9,750	-0.61%
A086520	에코프로	181.17%	2017-05-15	2017-08-14	15,200	27,300	79.61%
A128940	한미약품	159.89%	2017-05-15	2017-08-14	378,500	344,500	-8.98%
A067310	하나마이크론	151.20%	2017-05-15	2017-08-14	5,440	4,885	-10.20%
A042660	대우조선해양	142.71%	2017-05-15	2017-08-14	44,800	44,800	0.00%
A160550	NEW	133.26%	2017-05-15	2017-08-14	9,280	7,560	-18.53%
A181710	N엔터테인먼트	112.44%	2017-05-15	2017-08-14	63,000	63,600	0.95%
A032560	황금에스티	103.58%	2017-05-15	2017-08-14	8,750	9,700	10.86%
A032830	삼성생명	100.42%	2017-05-15	2017-08-14	119,500	119,500	0.00%
A035080	I터파크홀딩스	92.30%	2017-05-15	2017-08-14	5,390	5,340	-0.93%
A108790	인터파크	88.30%	2017-05-15	2017-08-14	11,750	9,350	-20.43%
A082740	두산엔진	86.73%	2017-05-15	2017-08-14	3,935	3,945	0.25%
A065350	신성델타테크	78.12%	2017-05-15	2017-08-14	3,240	3,900	20.37%
A031980	피에스케이	76.49%	2017-05-15	2017-08-14	14,350	20,750	44.60%
A068400	AJ렌터카	72.68%	2017-05-15	2017-08-14	11,150	11,350	1.79%
A177350	베셀	70.98%	2017-05-15	2017-08-14	6,630	7,650	15.38%
A047040	대우건설	69.44%	2017-05-15	2017-08-14	7,740	7,370	-4.78%
A005810	풍산홀딩스	65.20%	2017-05-15	2017-08-14	48,400	58,500	20.87%
A003550	LG	58.13%	2017-05-15	2017-08-14	71,400	77,600	8.68%
A066570	LG전자	56.92%	2017-05-15	2017-08-14	81,800	74,200	-9.29%
A064350	현대로템	56.15%	2017-05-15	2017-08-14	21,750	18,600	-14.48%
A122870	I엔터테인먼트	52.64%	2017-05-15	2017-08-14	33,500	27,650	-17.46%
A020150	I진머티리얼즈	51.07%	2017-05-15	2017-08-14	20,300	37,100	82.76%
A067170	오텍	50.82%	2017-05-15	2017-08-14	12,450	12,450	0.00%
A095570	AJ네트웍스	50.53%	2017-05-15	2017-08-14	6,400	7,060	10.31%
A046890	서울반도체	49.33%	2017-05-15	2017-08-14	19,750	20,700	4.81%
A036000	예림당	49.14%	2017-05-15	2017-08-14	6,470	9,970	54.10%
A080420	모다이노칩	48.83%	2017-05-15	2017-08-14	9,360	9,780	4.49%
A000100	유한양행	47.50%	2017-05-15	2017-08-14	243,000	222,500	-8.44%
A103140	풍산	46.75%	2017-05-15	2017-08-14	40,100	52,100	29.93%
A005880	대한해운	46.21%	2017-05-15	2017-08-14	24,550	30,900	25.87%
A009580	무림P&P	45.68%	2017-05-15	2017-08-14	4,050	4,385	8.27%
A000030	우리은행	45.48%	2017-05-15	2017-08-14	16,200	18,100	11.73%
A055550	신한지주	44.82%	2017-05-15	2017-08-14	50,500	52,700	4.36%
A145020	휴젤	44.09%	2017-05-15	2017-08-14	464,000	527,000	13.58%
A011780	금호석유	43.76%	2017-05-15	2017-08-14	76,100	73,000	-4.07%
A039490	키움증권	43.45%	2017-05-15	2017-08-14	81,900	81,900	0.00%
A002170	삼양통상	42.81%	2017-05-15	2017-08-14	54,800	46,450	-15.24%
A001820	삼화콘덴서	42.50%	2017-05-15	2017-08-14	14,300	20,850	45.80%
A089600	나스미디어	42.26%	2017-05-15	2017-08-14	47,150	50,200	6.47%

Sym	Name		괴리율	기준날짜	수익률추정날짜	실적발표기준주가	3개월 후주가	향후 3개월 수익률
A035810	이지바이오	40.93%		2017-05-15	2017-08-14	6,440	6,850	6.37%
A029460	케이씨텍	40.85%		2017-05-15	2017-08-14	15,750	22,250	41.27%
A001120	LG상사	40.54%		2017-05-15	2017-08-14	32,200	29,450	-8.54%
A192530	광주은행	40.53%		2017-05-15	2017-08-14	12,950	13,250	2.32%
A006280	녹십자	39.68%		2017-05-15	2017-08-14	175,000	180,500	3.14%
A119860	다나와	39.64%		2017-05-15	2017-08-14	7,260	10,800	48.76%
A033920	무학	39.43%		2017-05-15	2017-08-14	23,450	21,900	-6.61%
A071050	한국금융지주	38.99%		2017-05-15	2017-08-14	54,000	67,300	24.63%

다음은 동일한 방법으로 2분기 실적의 컨센서스 대비 실제 실적이 가장 높았던 상위 기업 10%에 균일한 가중치로 투자했을 때의 포트폴리오다.

Sym	Name	회계	주기	괴리율(영업이익)	기준날짜	수익률추정날짜	실적발표기준주가	3개월 후주가	향후 3개월 수익률
A030210	KTB투자증권	2017	2Q	662.26%	2017-08-15	2017-11-14	3,335	3,535	6.00%
A008770	호텔신라	2017	2Q	431.96%	2017-08-15	2017-11-14	62,300	82,300	32.10%
A006400	삼성SDI	2017	2Q	352.33%	2017-08-15	2017-11-14	171,500	213,000	24.20%
A067310	하나마이크론	2017	2Q	295.33%	2017-08-15	2017-11-14	4,885	5,810	18.94%
A032830	삼성생명	2017	2Q	267.65%	2017-08-15	2017-11-14	119,500	131,000	9.62%
A121440	골프존뉴딘	2017	2Q	213.10%	2017-08-15	2017-11-14	5,340	5,660	5.99%
A115160	휴맥스	2017	2Q	183.40%	2017-08-15	2017-11-14	10,950	9,460	-13.61%
A005960	동부건설	2017	2Q	161.36%	2017-08-15	2017-11-14	13,500	11,850	-12.22%
A017960	한국카본	2017	2Q	143.91%	2017-08-15	2017-11-14	5,990	5,980	-0.17%
A069640	한세엠케이	2017	2Q	139.27%	2017-08-15	2017-11-14	11,850	12,450	5.06%
A088350	한화생명	2017	2Q	135.77%	2017-08-15	2017-11-14	7,870	7,330	-6.86%
A045390	대아티아이	2017	2Q	127.20%	2017-08-15	2017-11-14	1,735	1,905	9.80%
A001940	KISCO홀딩스	2017	2Q	112.50%	2017-08-15	2017-11-14	74,000	79,800	7.84%
A000390	삼화페인트	2017	2Q	105.59%	2017-08-15	2017-11-14	8,610	7,810	-9.29%
A080420	모다이노칩	2017	2Q	95.50%	2017-08-15	2017-11-14	9,780	9,910	1.33%
A003540	대신증권	2017	2Q	87.64%	2017-08-15	2017-11-14	14,400	13,800	-4.17%
A002170	삼양통상	2017	2Q	85.03%	2017-08-15	2017-11-14	46,450	45,000	-3.12%
A035760	CJ오쇼핑	2017	2Q	79.76%	2017-08-15	2017-11-14	218,100	208,700	-4.31%
A170920	엘티씨	2017	2Q	69.55%	2017-08-15	2017-11-14	9,750	10,350	6.15%
A136490	선진	2017	2Q	66.54%	2017-08-15	2017-11-14	19,700	15,400	-21.83%
A002810	삼영무역	2017	2Q	61.57%	2017-08-15	2017-11-14	19,750	18,000	-8.86%
A042700	한미반도체	2017	2Q	61.51%	2017-08-15	2017-11-14	7,510	10,300	37.15%
A210540	디와이파워	2017	2Q	56.50%	2017-08-15	2017-11-14	18,250	22,050	20.82%
A083310	엘오티베큠	2017	2Q	56.03%	2017-08-15	2017-11-14	16,400	17,000	3.66%
A007660	이수페타시스	2017	2Q	55.48%	2017-08-15	2017-11-14	4,200	4,425	5.36%
A018120	진로발효	2017	2Q	54.29%	2017-08-15	2017-11-14	32,850	34,800	5.94%
A126700	아이비전시스템	2017	2Q	52.65%	2017-08-15	2017-11-14	13,700	14,500	5.84%
A013570	디와이	2017	2Q	52.08%	2017-08-15	2017-11-14	7,080	7,380	4.24%
A089590	제주항공	2017	2Q	51.88%	2017-08-15	2017-11-14	38,400	33,850	-11.85%
A005990	매일홀딩스	2017	2Q	51.57%	2017-08-15	2017-11-14	22,650	19,100	-15.67%
A065350	신성멜타테크	2017	2Q	50.67%	2017-08-15	2017-11-14	3,900	4,510	15.64%
A054050	농우바이오	2017	2Q	49.29%	2017-08-15	2017-11-14	15,200	16,700	9.87%
A056090	에스엔프에이	2017	2Q	47.75%	2017-08-15	2017-11-14	35,200	46,350	31.68%
A009450	경동나비엔	2017	2Q	44.93%	2017-08-15	2017-11-14	33,750	51,100	51.41%
A007700	F&F	2017	2Q	42.64%	2017-08-15	2017-11-14	27,600	39,100	41.67%
A082740	두산엔진	2017	2Q	42.50%	2017-08-15	2017-11-14	3,945	4,410	11.79%
A049520	유아이엘	2017	2Q	41.85%	2017-08-15	2017-11-14	7,580	7,180	-5.28%

재무제표로 개미탈출!

A020560	아시아나항공		2017		2Q		41.82%	2017-08-15	2017-11-14	4,880	4,415	-9.53%
A014790	한라		2017		2Q		41.53%	2017-08-15	2017-11-14	4,900	4,255	-13.16%
A192440	슈피겐코리아		2017		2Q		39.24%	2017-08-15	2017-11-14	41,100	50,800	23.60%
A051360	토비스		2017		2Q		39.01%	2017-08-15	2017-11-14	8,290	7,780	-6.15%
A038500	삼표시멘트		2017		2Q		38.36%	2017-08-15	2017-11-14	3,625	3,270	-9.79%
A006280	녹십자		2017		2Q		37.58%	2017-08-15	2017-11-14	180,500	221,000	22.44%
A006800	미래에셋대우		2017		2Q		37.19%	2017-08-15	2017-11-14	10,250	10,250	0.00%
A000880	한화		2017		2Q		36.51%	2017-08-15	2017-11-14	52,000	41,450	-20.29%
A128940	한미약품		2017		2Q		36.36%	2017-08-15	2017-11-14	344,500	533,000	54.72%
A112610	씨에스윈드		2017		2Q		36.07%	2017-08-15	2017-11-14	27,600	23,750	-13.95%
A214430	아이쓰리시스템		2017		2Q		36.05%	2017-08-15	2017-11-14	23,500	22,450	-4.47%
A078890	가온미디어		2017		2Q		35.97%	2017-08-15	2017-11-14	11,150	10,500	-5.83%
A001820	삼화콘덴서		2017		2Q		35.84%	2017-08-15	2017-11-14	20,850	28,950	38.85%

2Q 실적을 이용한 시뮬레이션에서는 KTB투자증권(1Q에서도 괴리율이 가장 높았던 기업)외에도 호텔신라, 삼성SDI, 하나마이크론 등이 눈에 띈다. 애널리스트들의 추정실적 대비 매우 높은 영업이익을 달성했고 그에 따라 3개월간 매우 높은 주가상승률을 보였음을 확인할 수 있다. 결과적으로 어닝서프라이즈 모델에 속한 50개 종목의 3개월간 수익률은 6.23%였다. 최초 투자금 1억 원은 1분기 투자성과에 의해 1억957만 원으로 늘었는데, 시차 없이 곧장 포트폴리오를 교체하였으므로 1Q+2Q 6개월간 누적수익률은 16.39%가 된다. 최초 투자원금 1억 원이 6개월 후에 1억1,639만원으로 늘어난 것이다. 하락하는 종목도 더러 있었지만, 예상에 비해 높은 실적을 보여 3개월간 주가가 상승한 종목들이 전체 성과를 견고하게 만들어준 것으로 판단된다.

그리고 2017년 11월 중순 기준, 아직 성과는 판단할 수 없지만 실적발표가 모두 마무리된 상태에서 2018년 3월 말(4분기 실적발표)까지 보유할 포트폴리오 종목은 다음과 같이 변하게 된다.

A067310	하나마이크론	9	2017	3Q	625.26%	2017-11-15	2017-11-30	1.33%
A002450	삼익악기	9	2017	3Q	410.78%	2017-11-15	2017-11-30	17.84%
A002810	삼영무역	9	2017	3Q	295.46%	2017-11-15	2017-11-30	1.10%
A034230	파라다이스	9	2017	3Q	294.06%	2017-11-15	2017-11-30	-4.36%
A031430	신세계인터내셔날	9	2017	3Q	222.26%	2017-11-15	2017-11-30	17.32%
A010620	현대미포조선	9	2017	3Q	139.27%	2017-11-15	2017-11-30	-3.72%
A032830	삼성생명	9	2017	3Q	138.62%	2017-11-15	2017-11-30	0.77%
A006400	삼성SDI	9	2017	3Q	130.66%	2017-11-15	2017-11-30	1.66%
A002170	삼양통상	9	2017	3Q	119.22%	2017-11-15	2017-11-30	-2.60%
A014790	한라	9	2017	3Q	98.63%	2017-11-15	2017-11-30	-2.13%
A069620	대웅제약	9	2017	3Q	93.72%	2017-11-15	2017-11-30	1.08%

A123100	테라세미콘	9	2017	3Q	71.21%	2017-11-15	2017-11-30	-4.74%
A065350	신성델타테크	9	2017	3Q	61.17%	2017-11-15	2017-11-30	20.66%
A071460	대유위니아	9	2017	3Q	59.98%	2017-11-15	2017-11-30	-0.17%
A010060	OCI	9	2017	3Q	58.17%	2017-11-15	2017-11-30	-1.19%
A042660	대우조선해양	9	2017	3Q	56.25%	2017-11-15	2017-11-30	-7.43%
A000390	삼화페인트	9	2017	3Q	54.90%	2017-11-15	2017-11-30	2.06%
A008770	호텔신라	9	2017	3Q	51.61%	2017-11-15	2017-11-30	9.63%
A112610	씨에스윈드	9	2017	3Q	50.97%	2017-11-15	2017-11-30	-3.61%
A007690	국도화학	9	2017	3Q	50.01%	2017-11-15	2017-11-30	15.15%
A121600	나노신소재	9	2017	3Q	49.64%	2017-11-15	2017-11-30	5.03%
A138490	오롱플라스틱	9	2017	3Q	49.56%	2017-11-15	2017-11-30	11.10%
A128940	한미약품	9	2017	3Q	46.72%	2017-11-15	2017-11-30	9.78%
A006040	동원산업	9	2017	3Q	44.83%	2017-11-15	2017-11-30	-0.47%
A001820	삼화콘덴서	9	2017	3Q	43.93%	2017-11-15	2017-11-30	25.82%
A095720	웅진씽크빅	9	2017	3Q	43.50%	2017-11-15	2017-11-30	-1.59%
A009290	광동제약	9	2017	3Q	40.52%	2017-11-15	2017-11-30	-0.89%
A000670	영풍	9	2017	3Q	39.95%	2017-11-15	2017-11-30	16.15%
A013030	하이록코리아	9	2017	3Q	39.76%	2017-11-15	2017-11-30	-9.11%
A051370	인터플렉스	9	2017	3Q	37.99%	2017-11-15	2017-11-30	-1.04%
A249420	일동제약	9	2017	3Q	37.23%	2017-11-15	2017-11-30	12.09%
A049080	기가레인	9	2017	3Q	36.96%	2017-11-15	2017-11-30	4.79%
A004970	신라교역	9	2017	3Q	35.71%	2017-11-15	2017-11-30	0.31%
A003030	세아제강	9	2017	3Q	34.90%	2017-11-15	2017-11-30	1.16%
A170900	동아에스티	9	2017	3Q	33.81%	2017-11-15	2017-11-30	2.91%
A009450	경동나비엔	9	2017	3Q	33.28%	2017-11-15	2017-11-30	-2.53%
A074600	원익QnC	9	2017	3Q	33.23%	2017-11-15	2017-11-30	14.39%
A004170	신세계	9	2017	3Q	32.39%	2017-11-15	2017-11-30	13.12%
A033240	자화전자	9	2017	3Q	30.97%	2017-11-15	2017-11-30	15.87%
A108320	실리콘웍스	9	2017	3Q	30.81%	2017-11-15	2017-11-30	-2.39%
A230360	에코마케팅	9	2017	3Q	30.61%	2017-11-15	2017-11-30	-0.26%
A040420	정상제이엘에스	9	2017	3Q	30.55%	2017-11-15	2017-11-30	-0.98%
A019210	와이지-원	9	2017	3Q	30.05%	2017-11-15	2017-11-30	-4.49%
A068270	셀트리온	9	2017	3Q	29.45%	2017-11-15	2017-11-30	6.00%
A016360	삼성증권	9	2017	3Q	29.11%	2017-11-15	2017-11-30	1.36%
A029960	코엔텍	9	2017	3Q	28.57%	2017-11-15	2017-11-30	-1.67%
A003550	LG	9	2017	3Q	28.49%	2017-11-15	2017-11-30	6.12%
A056190	에스에프에이	9	2017	3Q	27.04%	2017-11-15	2017-11-30	-8.82%
A068400	AJ렌터카	9	2017	3Q	26.67%	2017-11-15	2017-11-30	8.14%
A210540	디와이파워	9	2017	3Q	26.39%	2017-11-15	2017-11-30	-6.55%

2017년 11월 말 기준은 포트폴리오 구성 직후여서 향후 수익률을 지켜봐야 할 것이다. 독자들이 이 책을 읽는 시점에는 2018년 3월 이 전략의 수익률을 최종적으로 확인할 수 있다(배당은 덤이다). 약 2주일이 흐른 시점에서 수익률은 3.44%다. 거래비용 무시하고 이걸 복리로 계산하면, 투자금 1억1,639만이 11월 30일 현재 1억2,039만으로 불

어나 누적수익률은 20.39%를 기록한다. 195일 정도 기간의 수익률 치고는 꽤 놀랍다고 할 수밖에! *

이 투자법은 모든 기업의 실적발표가 완료될 때 포트폴리오를 짜 한꺼번에 투자하고, 다음 분기 발표 직전에 매도하는 전략을 가정했다. 실제로 많은 기업들이 실적발표(분반기연차보고서) 마감일 이전에 잠정

* 특히 2017년에는 삼성전자, SK하이닉스, 바이오-제약 주식이 급등하고 한두 가지 업종의 주가상승이 두드러지면서(흔히 '오르는 놈만 오르는 장세'라고 표현됨) 코스피지수와 코스닥지수가 20% 정도 올랐는데, 어닝서프라이즈를 기록한 기업 50개로 구성한 포트폴리오만으로도 충분히 '가는 놈만 가는 장세'의 수익률을 따라잡았으니 훌륭했다.

발표를 한다. 그때 이미 어닝서프라이즈인지 어닝쇼크인지를 알 수 있고 괴리율까지 파악할 수 있기 때문에, 좀 더 적극적이고 부지런하게 종목을 발굴한다면 어닝서프라이즈로 인한 주가상승이 시작되기 전에 바로 투자해서 더 높은 성과를 도모할 수 있다.

그러한 적극적 투자로 인한 추가수익은 보너스라 해도 꽤 놀라운 성과다. 또 포트폴리오 구성항목이 너무 많다고 판단되면 20~30개로 줄여도 된다. 단, 그런 경우 포트폴리오에 포함된 기업들을 질적으로 분석하는 추가적인 노력이 필요하다.

그러나 우리는 개미라는 사실을 명심하자. 전문투자자들에게도 만만찮은 기업분석을 한 개도 아니고 수십 개씩 제대로 할 수 있겠는가? 포기할 것은 포기하고 우리의 본업과 직장과 개인적인 삶도 누리면서 취할 수 있는 것만 취하자. '가성비'가 중요하지 않겠는가? 기간을 늘려 동일한 전략으로 2012년~2016년까지 1년에 4번 포트폴리오를 구성하여 투자했을 경우, 수익률은 다음과 같다.

결과표							
	1Q	2Q	3Q	4Q	투자원금이 1억 원일 때	연간 수익률	코스피 수익률	코스닥 수익률
2012	6.30%	17.90%	10.40%	2.60%	141,959,187	42%	9.40%	-0.80%
2013	0.70%	3.40%	11.10%	2.20%	167,833,429	18%	-0.1%	-0.4%
2014	9.90%	3.50%	7.70%	8.50%	223,080,676	33%	-4.9%	8.1%
2015	4.80%	-9.20%	6.54%	4.47%	236,272,605	6%	2.5%	25.0%
2016	3.26%	-5.25%	5.17%	6.22%	258,239,624	9%	3.7%	-8.0%
2017	9.57%	6.23%	3.44%		310,921,128	20%	22.40%	21.80%

성과를 요약하면 이 포트폴리오의 연간 수익률은 2017년 11월까지를 제외하고 코스피지수 수익률을 매년 압도했다. 2012-2013-2014년의 수익률이 매우 좋았던 데 비해 2015년과 2016년이 상대적으로 저조한 이유는 무엇이었을까? 이 두 해 동안 제약 바이오 특정 업종이 주가상승 랠리를 펼쳤는데, 주로 실적에 기반을 둔 상승이라기보다 이 섹터에 대한 기대감과 오버슈팅이 주가지수를 상승시켜 어닝서프라이즈 모형에는 제약 바이오 기업이 거의 포함되지 않았기 때문인 것으로 판단된다. 또한 2015-2016년 어닝서프라이즈 모형의 포트폴리오에는 전망치에 비해 실적이 좋았던 화장품업종의 기업들이 다수 포함되어 있었다. 하지만 화장품업종의 주가는 이미 2014-2015년 랠리에서 미래 가치를 미리 당겨 높은 PER를 받았고, 2015-2016년의 실적은 좋았으나 너무 높아져버린 주가와 성장률 둔화로 인해 주가가 하락하면서 포트폴리오의 수익률을 낮춘 것으로 판단된다.

둘째, 2015년 2분기 및 2016년 2분기의 마이너스 수익률(수익 감소)이 전체 수익률을 훼손시켰다고 판단된다. 특히 2015년 8월은 코스피 및 코스닥지수가 동반급락했던 시기다. 아무리 기대치보다 실적이 좋아도 시장 전체의 하락을 견디기 어려워서 총23분기 기간 중 두 번의 마이너스가 기록되었던 것이다.

물론 시장에 큰 문제가 없었을 때를 제외하면 분기별로 꽤 좋은 수익률을 달성했고, 어려웠던 2015년과 2016년에도 코스피지수의 수익률은 넘어섰다. 결론적으로 1년에 4번만 수고해서 포트폴리오를 구성한 뒤 사고팔기를 여러 번 반복하지 않고도 이 정도의 수익률을 창출한다면, 개미들에게는 효율적인 직접투자 전략이 아니겠는가?

이 책에서 나는 개미들의 투자안정성과 리스크를 줄이고자 상위 50개 어닝서프라이즈 기업들로 동일 가중포트폴리오를 구성하여 투자하는 전략을 소개했다. 하지만 좀 더 적극적인 투자자, 집중투자를 원하는 개미라면 어닝서프라이즈가 높은 기업에게 더 높은 가중치를 부여해 투자비율을 늘리는 포트폴리오를 구성할 수도 있고, 또 유난히 확신을 주는 몇몇 기업들을 추가로 분석하여 본인의 판단 아래 집중적으로 투자하는 전략(예컨대 2014년이라면 아모레퍼시픽에 집중)을 구사할 수도 있을 것이다. 그러나 보통의 개미라면 마음 편한 투자를 선호하지 않을까? 수익률에 대한 기대를 조금 더 낮추더라도 안정적으로 포트폴리오를 분산하여 위험을 줄이는 투자방법을 나는 추천하고 싶다.

물론 이 투자전략에도 단점은 있다. 무엇보다 시장기대치와 발표된 실적의 차이를 이용하는 전략이기 때문에, 애널리스트의 실적 기대치가 존재하지 않는 기업은 아예 대상에서 제외된다. 그런 기업들은 주로 중소형주다. 이런 중소형주의 경우, 애널리스트의 기대치는 없지만 동일한 투자방법을 응용해볼 수도 있다. 예를 들어 전년 동기에 비해서 실적이 개선된 기업(계절적 요인이 있는 경우)이나 전 분기 대비 실적이 개선된 기업 중 영업이익이나 순이익의 증가율 등을 고려해서 그 개선의 정도가 가장 높은 기업 순으로 포트폴리오를 구성해볼 수 있겠다.

다만, 주식시장은 중소형주들의 어닝서프라이즈에 상대적으로 느리거나 약하게 반응할 수 있을 것이다. 애널리스트 추정치가 있는 기업들이어야 어닝서프라이즈 여부도 판단하기 쉽고, 시장의 관심도 많이 받으며, 그런 어닝서프라이즈를 반영하여 애널리스트들이 기대치를 수정한 보고서를 냄으로써 주가의 움직임도 선도할 수 있다. 어쨌거나 애널리스트 전망치가 없어서 시장에서 별 관심을 받지 못하는 중소형주이지만, 실적이 빠르게 개선되는 보석 같은 기업을 발견할 수 있는 확률도 높으니까 시간만 있다면 충분히 검토해볼 만한 방법이라 판단된다. 이렇게 내가 선택하고 투자한 종목이 최근의 '텍셀네트컴'이다. 이 종목을 어떻게 투자하게 되었는지 제3장의 피터 린치 투자종목에서 추가로 언급한다.

2018년 1월은 2017년 4분기 실적 발표 시즌이다. 빠르게는 1월 말부터, 보통은 2월 말~3월 말까지 기업들은 실적을 발표할 것이다. 개미들은 회사 실적을 미리 정확하게 알 수도 없고, 거진 정보의 홍수 속에서 어닝서프라이즈가 나올 기업에 대한 정보를 취

사선택하기도 어려울 것이다. 따라서 실적발표 전까지 기업들의 기대 실적 수준을 파악하고 발표할 때 어닝서프라이즈인지 어닝쇼크인지를 판단하는 것부터 시작하자. 그 이후 진정한 기업분석 전문가가 되거나 미래에 대한 혜안이 생긴다면, 그때는 미리 기업의 실적을 예측하고 어닝서프라이즈가 나올 기업에 대해 더 적극적인 투자를 할 수 있게 될 것이다. 언젠가 그 경지에 이르기를 바란다.

CHAPTER

03

위대한 투자자들의
투자방법을 응용하자!

■■ 벤저민 그레이엄이 한국 주식시장에 투자했다면 어떤 주식을 샀을까?
   (담배꽁초 투자)

벤저민 그레이엄. '가치투자'의 아버지. 설명이 필요 없는 천재적 투자자 워런 버핏의 스승. 1930년부터 1950년대까지 투자활동을 했던 그는, 굳이 범주를 매기면, 주식투자의 전설에 속한다. 그리고 이 '가치투자의 아버지'가 저술한 『현명한 투자자』, 『증권분석』 등은 '가치투자의 바이블'로 지금까지 가장 많이 팔린 주식 관련 도서 리스트에 올라 있다. 그는 1936년부터 1956년까지 약 20년간 연평균 20%의 투자수익률을 달성했다. 연간 20% 정도의 수익률이 뭐 그리 대단하냐고 묻는 사람도 있겠지만, 1~2억 원 정도가 아니라 수백~수천억 원의 자금을 운용하는 전문투자자가 그 오랜 기간 동안 꾸준히 20% 이상의 투자수익을 창출했다는 것은 정말 놀라운 일이다.

만약 30세의 투자자가 1억 원을 투자해서 20년간 연평균 20%의 수익률을 달성했다면, 20년이 지나 50세가 되었을 때 이 원금은 약 39억 원이 된다. 거의 39배로 늘어나는 것. 그 위에 10년만 더 연평균 20%의 수익률을 달성한다면 60세에 무려 238억 원을 쥐게 된다.

그런데 그레이엄은 1억 원을 투자한 개미가 아니었다. 수백억, 수천억에 이르는 대규모 자금을 투자하는 전문투자자로서 꾸준히 연평균 20% 정도의 수익률이라는 성과를 창출했다는 것은, '전설'이라는 수식어를 헌정해도 전혀 부족하지 않다는 이야기다. 이 같은 전설적 투자자, 가치투자의 아버지가 지녔던 철학은 어떤 것이었을까? 그의 저서 『현명한 투자자』에서 감명 깊었던 내용은 서문이었다. 대충 이런 내용이다.

> "순자산의 몇 배나 높은 가격에 거래되는 성장종목이 많지만, 그런 종목에 투자한 투자자는 주식시장의 예측 불가능성이나 주가등락에 너무 얽매이게 된다. 이런 회사에 비해 가스회사, 전력회사 등 유틸리티 기업, 즉 순자산가치와 비슷한 가격으로 거래되는 기업에 투자한 투자자는 설사 주식시장이 원치 않는 방향으로 움직여도 개의치 않고 자신을 탄탄하고 팽창하는 기업, 합리적인 대가를 기대할 수 있는 기업의 소유자라고 생각한다. 성장이 기대되고 매력적이지만 위험한 분야에서 짜릿한 모험을 하는 것보다 이러한 보수적 투자관의 최종수익률이 훨씬 높다."

서문과 함께, 투자와 투기에 대한 본인만의 생각을 다음과 같이 표현하였다.

> "투기란 시장예측에 기초해 타이밍을 노리는 행위이며, 투자란 철저한 분석에 바탕을 두고 투자원금의 안정성과 적절한 수익성을 보장하는 행위다."

그레이엄은 오히려 현명한 투자자란 '주가가 약세를 보일 때 건전하고 꾸준히 실적이 성장하는 기업을 차곡차곡 매수하여 강세장이 왔을 때 매도함으로써 수익을 실현하는 투자자'라고 하였으며, 기업의 내재가치보다 낮은 가격으로 거래되고 있는 기업에 적절하게 분산 투자하라고 가르친다. 그리고 기업의 능력과 사업 특성, 성장 전망 등의 질적 지표만을 맹신하면 투자의 안정성이 떨어진다고 강조하였다.

그레이엄이 가장 경계했던 투자방법은 무엇일까?

장밋빛 전망을 맹신하고 강하게 확신하여 특정 성장주 또는 성장이 기대되는 종목에 집중 투자하는 행위를 가장 경계했다. 반대로 바람직한 투자란 내재가치보다 낮은 가격에 거래되는 우량한 기업에 적절히 분산투자함으로써 손실을 최소화하고 적절한 투자수익을 창출하는 것이라고 했다.

수십 년 전 이미 전설이 되어버린 조상급 투자자를 언급하는 이유가 바로 여기에 있다. 많은 개미들이 소위 '대박의 꿈'을 안고 주식시장에 입성한다. 나도 예외는 아니었는데, 10년간 좌충우돌하면서 보고 배우고 느낀 다음에 깨달은 사실이 있다. 주식투자로 단기간에 엄청난 수익을 창출하고 엄청난 부자가 될 확률은 로또에 당첨되는 확률(814만분의 1)보다야 높겠지만 여전히 끔찍스럽게도 낮다는 것이다. 그러므로 '단기간 대박'이라는 많은 개미들의 꿈은 그야말로 꿈일 뿐이며, 매주 로또에 당첨되는 사람은 분명히 있지만 내가 그 사람이 되진 않는 것처럼, 주식투자로 대박이 나는 사람도 내가 아니라는 현실을 받아들여야 한다.

일상의 전부를 기업분석과 차트분석에 바치고, 주식시장이 열려 있을 때 호가창과 시장의 움직임에 시선을 고정시키며, 유럽이나 미국시장이 열려 있을 땐 그 시장에 신경 쓰고, 야간에는 야간선물을 보는 전문투자자도 대박을 만나기가 하늘의 별 따기일진대, 직장이나 본업이 있고 때때로 야근까지 해야 하며, 연애를 하거나 가족을 돌보아야 하는 개미들이 대체 무슨 수로 주식투자에서 돈벼락을 맞는 행운을 누리겠는가?

그러니, 욕심을 조금 내려놓고 1년에 20% 정도 수익률로도 만족하며 꾸준히 종잣

돈이나마 불리자. 그 정도의 겸손한 욕심은 실현 불가능한 일이 아닐 수도 있다. 보통 땐 본업에 집중해야 하고 가족도 돌보아야 하는 한낱 개미일지라도 말이다. *

* 당신은 '투기'를 하려고 주식시장에 들어왔는가? 인생 전체를 주식에 몰빵하고 싶어서 시장에 발을 내디딘 것인가? 아니면, 은행이자나 펀드 투자의 수익보다 더 높은 수익률만 달성해도 만족할 수 있는 투자를 위해 피땀 같은 종잣돈을 예수금계좌에 넣었는가? 이 점부터 확실히 정한 다음 마음을 다잡고 벤저민 그레이엄의 투자전략을 정리하여 한국의 주식시장에 적용시켜보자. 만족할 만한 기업에 투자하여 만족할 만한 투자성과가 나타나고 있는지, 당신 스스로 판단해보기 바란다.

무엇보다 손실을 보지 않는 투자: 유동성이 풍부한 기업에 투자

그레이엄은 어린 시절에 미국의 경제대공황을 몸소 겪었고, 어머니가 투자에 실패하면서 어려서부터 고난을 겪었다. 그런 그가 '안전제일, 방어투자, 시세차익보다 손실 최소화'라는 보수적 투자관을 갖게 된 것은 어쩌면 당연한 것이었을지도 모른다. 수십 년 전, 가치투자라는 용어조차 없었던 시절, 유동비율이 200%가 넘는 기업에만 투자하겠다는 철학이라니, 정말 놀랍다! 유동비율은 유동자산과 유동부채를 비교한 지표다. 이 중 유동자산은 회사가 보유한 현금, 금융상품 및 급한 자금이 필요할 때 쉽게 현금화할 수 있는 자산들을 가리킨다. 일반적으로 재무제표의 자산 부문에서도 가장 위에 적혀 있다. 그리고 유동부채는 유동자산의 반대개념으로, 통상 1년 안에 현금 및 서비스 등으로 상환해야 할 부채를 말한다. 그림으로 표현하면 다음과 같다.

❗유동자산은 자금 부족 시 1년 내 현금화 시킬 수 있을 것이라 예상되는 자산을 의미한다.
(현금, 단기금융상품, 매출채권, 미수금, 단기대여금, 재고자산)

❗유동자산의 실무적 구분
1. 당좌자산(금융자산)
2. 재고자산(실물자산)

당좌자산의 현금화는 1단계로 가능하지만, 재고자산의 현금화는 매출+채권회수 2단계 필요

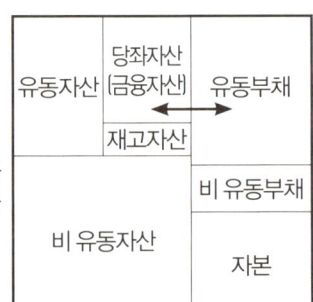

❗유동부채는 1년 내 현금 또는, 서비스 및 재화로 상환해야 할 의무가 있는 부채를 의미한다.
(매입채무, 단기차입금, 미지급금 등)

재무제표로 개미탈출!

$$유동비율(\%) = \frac{유동자산}{유동부채} \times 100$$

그레이엄이 원했던 유동비율은 200% 이상이었다. 보유한 유동자산이 유동부채의 2배를 넘는 기업만이 그의 투자대상이었다. 현금이나 금융상품 등 여유자금이 풍부해서 1년 내 상환해야 할 부채를 문제없이 갚을 수 있는 정도가 아니라, 갚고도 충분한 여유가 있어야 되는 기업 말이다. 이 기준이 얼마나 엄격한지 직관적으로 생각해보라. 돈을 많이 버는데도 이익을 그냥 현금으로 쌓아두는 사람이(기업이) 많겠는가? 은행에 넣어두거나 적금에 가입한다든지, 부동산 투자도 하고 차를 사기도 할 것이며, 주택담보대출이나 신용대출을 갚기도 하지 않겠는가? 그레이엄의 기준이 지나치게 보수적이라 느낄 수도 있겠지만, 어쨌거나 유동성자산이 급한 부채의 2배를 초과한다면 경제 전반이나 회사 업황이 어려워져도 부채를 상환하지 못하고 부도가 나는 일은 없을 것이다. 적어도 안정성 측면에서는 긍정적으로 바라볼 수 있다는 얘기다. 그렇다면, 우리나라 전체 상장사 중 유동비율이 200%가 넘는 기업은 몇이나 될까? 2016년 12월을 기준으로 조사해보니 이런 기업은 무려 751개로 밝혀졌다.

순유동자산이 장기부채를 초과해야 한다.

안정성을 중요하게 여기는 그레이엄이건만, 이 기준은 좀 심했다는 생각이 들기도 한다. 순유동자산이란 유동자산에서 유동부채를 뺀 금액이다. 앞서 언급한 유동비율 200% 이상이라는 조건을 통과한 기업은 보유한 유동자산으로 1년 내 상환할 유동부채를 빼고도 남는 유동성 자산이 있을 것이다. 이것이 바로 순유동자산이다. 단기인 유동부채를 공제하고 남은 순유동자산으로, 회사의 장기부채마저 다 갚고도 유동성자산이 남아야 된다는 요구다. 무슨 뜻일까? 회사가 보유한 현금 등의 유동성 자산으로 1년 내 상환할 차입금이나 외상매입금 등을 다 갚고 남은 돈으로, 만기가 오래 남은 빌린 돈까지 다 갚고도 돈이 남아야 된다. 거칠게 말하자면, 지금 당장 청산하더라도 돈이 남는 기업이라야 투자하겠다는 생각이다.

보유한 유동자산을 다 현금화하여 유동부채를 갚고, 남은 현금으로 만기가 더 긴 부채마저 다 갚아도 여전히 돈이 남는 기업이라니, 부동산 등을 처분하지 않아도 유동자산만으로 회사 빚을 다 갚을 수 있는 기업, 현금이 매우 풍부한 회사란 뜻이다. 이런 기업을 '순현금기업'이라고도 부른다. 유동성이 워낙 풍부하여 부채를 다 갚고도 현금이 남는다고 해서 그렇게 부르는데, 결국 그레이엄의 보수적 투자관이 극에 달한 지표라고 할 수 있다. 실제 2016년 12월 말 기준 유동비율 200%가 넘으면서 순유동자산으로 장기부채를 상환할 수 있는 기업, 즉, 순현금기업은 676개였다.*

* 그레이엄의 안정성에 대한 집착은 대단하였는데, 그럼에도 한 걸음 더 나아가 부채비율이 100% 미만인 기업에만 투자한다고 밝힌다. 단, 대규모 투자가 필요한 업종인 유틸리티(전기나 가스 등을 생산하는 기업), 통신업종 등은 부채비율 230%까지는 허용할 수 있다고 했다. 부채비율 그 자체가 중요하다기보다 부채비율이 그런 기준을 넘는 회사들은 투자하기 부담스럽다는 보수적이고 안정지향형 투자관으로 받아들이면 되겠다.

$$부채비율(\%) = \frac{부채}{자기자본} \times 100$$

➡ 회사가 자기자본보다 부채로 몇 배 더 많은 자금을 조달했는가?(금융업 이외)

부채비율이라는 지표는 주로 금융업에서는 사용하지 않는다. 금융업 투자에 관심이 있다면, 부채비율은 종목을 고를 때 고려하지 않는 것이 좋겠다.

수익성을 생각해보자.

투자 기업을 선정할 때 그는 '꾸준할 실적을 달성해왔느냐'와 '이익이 지속적으로 불가상승률 이상으로 성장해왔느냐'를 따졌다. 그의 요구조건을 수치화하면 최근 10년 간 EPS(주당순이익)가 30% 이상 성장해야 한다. 1년간 주당순이익이 30% 이상 늘어 나는 성장주도 꽤 많다는 사실을 고려하면, 10년간 30% 이상 성장은 (이를 역산했을 때) 이익이 1년에 2.65%씩만 성장해도 달성할 수 있는 조건이다. 안정성에는 매우 엄 격한 조건을 걸었던 그는 수익성에 대해서는 상대적으로 관대했다. 또한 최근 5년간 적자를 기록하지 않았던 기업만을 대상으로 삼았다. 그러니까 꾸준히 적자를 내지 않 고 조금씩이라도 이익이 성장하는 기업이라면 충분히 투자할 만한 가치가 있는 기업 으로 본 것이다.

다만, 개미들의 입장에서 과거 10년간의 데이터를 찾아 이익성장률을 계산하기란 현 실적으로 어렵기 때문에, 최근 3개년 정도 적자 없이 꾸준히 이익이 3% 이상 성장한 기 업을 찾아보면 되지 않을까? 그리고 당기순이익은 영업외손익이나 법인세에 의해 크 게 변할 수 있기 때문에, 이익성장률과 적자 여부는 영업이익만 사용한다든지 영업이 익과 당기순이익을 모두 활용하는 것이 옳다는 판단이다.

이렇게 안정성과 적절한 수익성을 겸비한 기업을 적절한 가격에 매입하여 투자성 과를 내기를 원했는데, 여기서 그레이엄은 회사의 이익대비 주가 수준인 PER를 이용 했다. 특히 PER이 15배가 넘지 않는 기업을 원했다. 안정성과 수익성을 겸비한 기업이 라면 시장에서 높은 평가를 받아 대체로 PER이 높을 것이라 판단했던 것 같다. 요컨대 기업이 순현금기업이면서 꾸준히 적자를 내지 않고 이익을 늘려나가는 기업이라면 우 량한 기업으로 판단되는데, PER이 15배 미만이면 투자하기 적절한 수준의 가격대라 고 판단했던 것 같다.

2017년 11월 말 현재 코스피시장의 평균 PER이 11.71배 정도인 것을 고려하면, PER 15배 역시 꽤나 관대한 수준이다. 안정성과 수익성을 겸비한 기업들이 지나치게 싸게 거래되고 있을 가능성은 낮기 때문에, PER이 지나치게 높아 과열되어 있는 기업들을 경계하고자 하는 지표라고 판단된다.

투자 타이밍

가장 중요한 것이 투자타이밍이다. 위와 같이 적절한 수익성(지속적 흑자와 꾸준한 실적 성장), 높은 안정성(유동비율 200% 이상, 부채비율 100% 미만의 순현금기업), 그리고 주가가 그리 비싸지 않은(PER 15배 미만) 기업을 만나면 언제 투자해야 하는가? 그레이엄은 시가총액이 순유동자산보다 적을 때(순유동자산보다 시가총액이 쌀 때)라고 말한다.

순유동자산은 유동자산에서 유동부채를 빼고 남은 금액이다. 그리고 시가총액은 시장에서 현재 거래되고 있는 기업지분의 총 합계금액이다. 즉, 이 조건은 회사의 유동부채를 다 갚고 남은 유동성 자산이 시가총액보다 커야 한다. 지금 당장 시가총액을 다 주고 회사를 인수한 다음 유동성부채를 다 갚는다고 가정해보라. 그때 남는 현금 규모가 투자한 금액(시가총액)을 다 회수하고도 남을 정도라는 얘기다. 그만큼 시가총액이 순유동자산보다 저평가되어 있으니 투자에 적절한 타이밍이라고 본 것이다.

이쯤에서 많은 사람들이 고개를 흔들며 물을 것이다. "도대체 보유한 유동자산으로 유동부채를 다 갚고 남은 순유동자산보다 시가총액이 더 낮은 기업이 있을 수 있나?" 이에 대한 대답은 "있다. 생각보다 꽤 많다."

정리해보면, 유동성이 매우 풍부해서 많은 현금을 갖고 있는 기업이 꾸준한 흑자와 이익성장을 달성하고 있다. 게다가 PER이 15배에도 못 미쳐 그리 비싸지 않은 기업이다. 보유한 순유동자산보다 시가총액이 더 적다면 어떤 생각이 들까? ❶ 정말 그렇게 싼 주식도 있나? 당장 투자해도 될 정도로 저평가된 기업이잖아?" ❷ "도대체 그렇게 좋은 기업의 시가총액이 왜 그렇게 싸지? 뭔가 이유가 있는 거 아냐?"

대개 첫째 질문을 하겠지만, 의외로 두 번째 질문도 중요하다. 꾸준한 수익성과 안정성을 지닌 기업인데 순유동자산보다도 시가총액이 낮게 평가되어 있다면, 시장에서 소외되어 사람들이 쳐다보지 않는 기업일 수도 있기 때문이다. 따라서 세상이 열광하는 고성장주를 좋아하는 사람들은 그레이엄 형 주식을 좋아하지 않거나 따분함을 느낄 수도 있다. 특히 2017년처럼 증시가 호황일 때는 더욱 더 찬밥 신세가 될 수 있다. 그러나 잊지 말자. 벤저민 그레이엄은 대공황을 겪은 사람이다. 불황이나 증시 주도섹터가 무너질 때도 튼튼할 기업이라는 것은 누구도 부정하지 않을 것이다.

　이러한 기업들의 특징이 첫 질문처럼 정말 저평가된 기업이어서인지, 아니면 2번 질문처럼 그럴 만한 이유가 있어서 저평가된 것인지, 판단하기는 쉽지 않다. 특히 시장상황에 따라 어떤 경우에는 1번이 되기도 하고 어떤 경우에는 2번이 되기도 한다. 따라서 과거 한국증시에 이를 대입하여 투자전략을 만들어 현재까지의 성과를 확인해 보자.

　먼저 2016년 실적과 재무상태를 기준으로 2017년 4월 1일에 포트폴리오를 구성하고 매입한 다음 2017년 11월 30일까지 보유하는 경우, 포트폴리오와 개별 종목의 성과를 보자. 총 21개 종목으로 포트폴리오를 짰는데, 최고수익률 42.1%에서 최저수익률 −18.1%까지 성과도 다양하다. 또 4월 1일부터 11월 30일까지의 8개월간 평균 수익률은 5.78%로, 코스피와 코스닥지수 상승률에 비하면 만족스럽지 못하다.

Symbol	Name	수익률측정시작	측정종료시각	매입단가	매도단가	최종수익률
A093050	LF	2017-04-01	2017-11-30	21,900	30,700	42.11%
A217480	I스디생명공학	2017-04-01	2017-11-30	10,200	13,550	32.84%
A218410	RFHIC	2017-04-01	2017-11-30	1,990	2,495	25.38%
A013120	동원개발	2017-04-01	2017-11-30	4,275	5,230	25.11%
A001940	KISCO홀딩스	2017-04-01	2017-11-30	61,900	76,000	24.01%
A002460	화성산업	2017-04-01	2017-11-30	13,700	16,050	21.35%
A005680	삼영전자	2017-04-01	2017-11-30	12,650	14,200	13.59%
A015230	대창단조	2017-04-01	2017-11-30	53,000	57,900	11.32%
A009970	원무역홀딩스	2017-04-01	2017-11-30	53,700	56,900	6.75%
A104700	한국철강	2017-04-01	2017-11-30	37,950	38,550	3.59%

A003650	미창석유	2017-04-01	2017-11-30	86,200	87,300	3.44%
A036530	S&T홀딩스	2017-04-01	2017-11-30	15,700	15,850	2.84%
A012620	원일특강	2017-04-01	2017-11-30	10,050	9,990	0.08%
A900290	GRT	2017-04-01	2017-11-30	3,970	3,840	-3.27%
A025530	SJM홀딩스	2017-04-01	2017-11-30	5,300	4,910	-4.17%
A000590	CS홀딩스	2017-04-01	2017-11-30	86,100	79,100	-7.64%
A021820	세원정공	2017-04-01	2017-11-30	18,800	16,550	-11.52%
A123700	SJM	2017-04-01	2017-11-30	6,090	5,100	-13.48%
A002170	삼양통상	2017-04-01	2017-11-30	51,900	43,000	-15.93%
A041520	이라이콤	2017-04-01	2017-11-30	9,640	7,360	-16.89%
A004890	동일산업	2017-04-01	2017-11-30	81,700	65,900	-18.10%

다음은 2015년 실적을 기준으로 1년간 보유했다는 가정 하에 나온 포트폴리오인데, 연평균 수익률은 10.08%로 산출된다. 2016년 코스피지수의 수익률이 3.7%, 코스닥지수의 수익률이 −8%임을 고려하면 썩 나쁘지 않다.

Symbol ▼	Name ▼	수익률측정시기 ▼	측정종료시기 ▼	매입단가 ▼	매도단가 ▼	연간최종수익▲
A230980	솔트웍스	2016-04-01	2017-03-31	1,995	4,380	119.55%
A054040	한국컴퓨터	2016-04-01	2017-03-31	3,555	4,965	42.76%
A015230	대창단조	2016-04-01	2017-03-31	41,500	53,000	30.36%
A037350	성도이엔지	2016-04-01	2017-03-31	4,990	6,460	30.31%
A006660	삼성공조	2016-04-01	2017-03-31	10,000	11,950	20.35%
A215790	:인스트루먼트	2016-04-01	2017-03-31	2,000	2,375	18.75%
A002920	유성기업	2016-04-01	2017-03-31	3,985	4,560	16.98%
A032080	아즈텍WB	2016-04-01	2017-03-31	2,800	3,195	15.62%
A000590	CS홀딩스	2016-04-01	2017-03-31	76,000	86,100	13.29%
A042420	오위즈홀딩스	2016-04-01	2017-03-31	14,850	16,100	10.30%
A005680	삼영전자	2016-04-01	2017-03-31	11,800	12,650	8.64%
A198440	고려시멘트	2016-04-01	2017-03-31	1,990	2,080	4.52%
A002690	동일제강	2016-04-01	2017-03-31	3,480	3,610	4.22%
A001080	만호제강	2016-04-01	2017-03-31	18,750	19,300	3.61%
A025530	SJM홀딩스	2016-04-01	2017-03-31	5,400	5,300	1.28%
A003650	미창석유	2016-04-01	2017-03-31	90,000	86,200	-2.25%
A013120	동원개발	2016-04-01	2017-03-31	4,560	4,275	-4.39%

A001940	KISCO홀딩스	2016-04-01	2017-03-31	65,600	61,900	-4.48%
A115440	우리넷	2016-04-01	2017-03-31	6,850	6,400	-4.72%
A002030	아세아	2016-04-01	2017-03-31	107,000	96,800	-8.35%
A054800	ㅏ이디스홀딩스	2016-04-01	2017-03-31	16,200	14,700	-8.48%
A021820	세원정공	2016-04-01	2017-03-31	21,000	18,800	-10.07%
A123700	SJM	2016-04-01	2017-03-31	7,240	6,090	-13.55%
A009970	ㅣ원무역홀딩스	2016-04-01	2017-03-31	70,800	53,700	-23.56%
A001520	동양	2016-04-01	2017-03-31	3,520	2,440	-28.28%
A036530	S&T홀딩스	2016-04-01	2017-03-31	24,800	15,700	-35.84%
A012030	DB	2016-04-01	2017-03-31	680	706	3.82%
A079650	서산	2016-04-01	2017-03-31	2,651	4,820	81.82%

다음 표는 동일한 방법으로 2012년부터 투자했을 경우의 포트폴리오 수익률을 정리한 것이다.

	포트폴리오 수익률				
	연간포트폴리오 수익률	투자원금 1억 가정시	코스피지수 수익률	코스닥지수 수익률	포트폴리오 종목수
2012	30.50%	130,500,000	9.40%	-0.80%	76개
2013	17.04%	152,737,200	-0.1%	-0.4%	31개
2014	22.83%	187,607,103	-4.9%	8.1%	29개
2015	1.47%	190,364,927	2.5%	25.0%	15개
2016	10.08%	209,553,712	3.7%	-8.0%	28개
2017	5.76%	221,624,006	22.40%	21.80%	21개

정리해보자

벤저민 그레이엄 형 한국 주식은 2012년~2014년까지 연간 17%~30%의 높은 수익률을 보였다. 그러나 2015년~2017년까지의 수익률은 저조한 편. 2015년과 2017년을 제외하고는 코스피지수 수익률을 넘어섰지만, 앞서 공부했던 배당주포트폴리오나 어닝서프라이즈 기업 포트폴리오에 비해 투자성과가 높지는 않다.

그 이유는 투자성과가 좋았던 2012~2014년의 포트폴리오는 적게는 30개에서 많게는 76개의 종목들이 포함되다가, 2015년부터 포트폴리오 구성 종목이 눈에 띄게 줄어든다. 그리고 수익률도 그에 따라 하락하게 된다. 포트폴리오 구성 종목을 파악해보면, 2012~2014년에는 꾸준한 이익을 내면서 많은 돈을 쌓아둔 순현금기업이면서 시가총액이 순유동자산에 비해 낮았던 훌륭한 종목들이 많았다. 그런 가치주들이 크게 상승하면서 포트폴리오 수익률을 좋게 만들어주었던 것이다.

그러나 2015년 이후 순유동자산보다 시가총액이 낮은 주식 중 안정성과 수익성을 겸비한 기업이 눈에 띄게 줄어들면서 포트폴리오 편입 종목이 감소하고 그에 따라서 수익률이 하락한다. 무슨 뜻일까? 이 투자방법은 시장이 비효율적이어서 주가가 기업의 적절한 가치를 잘 반영하지 못할 때, 또는 증시나 경제상황이 그리 좋지 못하여 돈을 잘 버는 기업이 저렴한 가격에 거래되고 있을 때, 매수하여 수익을 창출하는 전략이라는 의미다.

그레이엄 투자철학을 기반으로 경제대공황 당시에는 지금에 비해 주식시장이 비효율적이었을 테니 순유동자산보다 시가총액이 낮은 기업들이 널릴 정도로 많았을 것이다. 그랬기에 안정성과 수익성을 겸비한 기업이 저렴한 가격에 거래되고 있을 때 매수하여 높은 투자성과를 창출한 것으로 보인다.

이처럼 순유동자산 접근법을 사용하고자 하는 투자자라면 ❶ 어떤 회사가 현재 이 방법에 따라 투자할 만한 기업인지, ❷ 꾸준한 수익성과 안정성에도 불구하고 저평가되고 있는지, 아니면 그 기업의 업황이나 미래가치나 기타 리스크 때문에 저평가되고 있는지, 등의 추가적인 질적 분석을 해볼 필요가 있다.

예컨대 포트폴리오 조건을 만족시키는 종목이 15개밖에 없다고 가정하자. 이들이 모두 현금유동성이 풍부하고 실적도 안정적으로 성장하고 있는데도 주가가 저평가되어 있다면, 분명 투자의 성과는 나쁘지 않을 것이다. 하지만 투자자들이 그들의 미래

를 부정적으로 전망하거나, 장래 수익성이 의심스러워
질 만한 사건이 생기거나, 경영자 또는 오너 리스크가
있다면 어떨까? 이런 경우 주가하락과 저평가는 당연
한 것이니, 조건에 맞는다고 무작정 그런 주식을 매수
하면 오히려 수익률은 나쁠 것이다. 게다가 포트폴리
오 종목이 15개면 너무 적어서 분산투자로 인한 리스크
관리 효과도 떨어진다.

> B.그레이엄은 꾸준한 배당을 주는 기업을 선호하였는데, 한국의 주식시장 역사가 짧고, 배당에 인색한 한국기업 특성 상 투자종목을 꼽을 때 배당 지급 여부는 고려하지 않았다. 또 안정성을 판단하는 유동비율은 금융업에서 사용되지 않으므로 투자대상 기업 중 금융업은 제외되었다. 마지막으로 벤저민 그레이엄은 대형주를 선호(매출액 4천억 이상)하였는데, 한국은 매출 4천억 이상의 대형주 비중이 그리 높지 않아, 투자대상 기업이 현저히 감소하기 때문에 이 조건은 사용하지 않았다_저자 주

이 전략은 높은 안정성을 갖추었을 뿐 아니라 종목
의 매도타이밍도 어느 정도 가늠하게 해준다는 장점이 있는데, 주가 상승으로 시가총
액이 높아져 회사가 보유한 순유동자산을 초과하면 자동으로 포트폴리오에서 배제되
기 때문에 장기투자를 하는 사람에게는 매수와 매도 타이밍까지 만들어주는 포트폴
리오 전략이 될 수도 있다. 즉, 주식시장이 좋지 않아 많은 기업들이 시장의 영향으로
주가가 떨어질 때 저렴한 가격에 우량주를 매입할 수 있는 방법으로 이해하면 된다.

반대로 이것은 누군가에게 매우 따분한 투자방법이 될 수도 있다. 단기간 급등하는
종목이나 모든 사람들이 열광하는 종목을 골라서 큰 수익을 내고 싶은 사람은 더구나
쳐다보지도 않을 방법이다.

"High risk, high return."

그러나 생각해보면 말처럼 높은 리스크를 부담하니까 높은 수익을 얻는다. 그런데 경
기가 나빠지거나 증시가 불황일 때도 잘 버틸 수 있는 안정적이면서 주가가 상대적으
로 저렴한 기업에 투자하면서 시장 평균치 이상의 수익률을 달성할 수 있는 방법이 있
다면, 마음 약한 개미들과 원금손실을 싫어하고 안정성을 최우선으로 여기는 투자자
들에게는 최선의 투자방법이 아니겠는가! 투사전략이야 다양하게 존재하지만, 그중

에서 나에게 가장 맞는 방법이 무엇인지를 찾는 것은 투자자의 몫이다.

특히 주식시장이 일시적인 문제로 침체에 빠져 많은 기업들의 주가가 떨어지는 상황, 현금성자산도 많고 재무구조도 우량하면서 꾸준히 이익을 내는 기업의 주가마저 많이 하락하는 상황, 순유동자산으로 부채를 다 갚을 수 있는 기업이 순유동자산에도 못 미치는 시가총액을 보이고 있는 상황이라면, 마치 길에 널브러져 있는 긴 담배꽁초를 주워 피는 느낌으로 투자를 시작해볼 수 있을 것이다. 이런 투자를 '담배꽁초투자'라고 하는데, 여기서 저 유명한 워런 버핏의 말을 전하며 이번 장을 마무리하고자 한다. 버핏은 주식투자로 큰돈을 번 투자자다. 그가 벤저민 그레이엄의 제자인 것을 미리 알고 읽으면 이해가 더 쉬울 것이다.

> "길을 가다가 주변을 돌아보면 담배꽁초들이 많지요? 더럽고 불쾌합니다. 하지만 그중에는 아직 한두 모금 정도 피울 수 있는 것들도 있어요. 자, 그런 걸 줍습니다. 그러면 피고 남은 몇 모금은 공짜죠. 그런 식으로 계속 길을 걸으면서 덜 피운 것들을 주워서 피우면 돈 안 내고 피울 수 있습니다. 뭐, 우아하진 않지요. 그러나 몇 모금만 공짜로 피우고 싶다면 유용한 방법입니다."

■■ 피터 린치가 한국 주식시장에 투자했다면 어떤 주식을 샀을까?
(지속적으로 고성장할 기업을 적절한 가격에 살 수만 있다면……)

그레이엄의 뒤를 이어 연평균 29.2%의 수익률을 13년간 달성했던 펀드매니저 '마젤란 펀드'의 피터린치는 자신의 투자철학을 『전설로 떠나는 월가의 영웅』이라는 책에서 밝혔다. 그는 투자자들이 이야기하는 '10루타종목'(주가상승률이 10배에 달하는 종목)에 집중했던 '성장주투자'의 대가였다. 그는 연간 20% 이상 이익이 성장하는 고성장주에서 10루타가 나올 수 있다는 판단으로 성장주 발굴에 공을 많이 들였다. 특히 PEG(주가이익증가비율 또는 주가성장성비율)라는 개념을 통해 실적 성장이 높은 기업을 적절한 가격에 매수하여 투자성과를 내는 전략을 펀드운용에 도입함으로써 큰 성과를 이루었다. 본인의 책에서 개미투자자도 전문투자자 못지않은 성과를 낼 수 있다며 개미들에게 희망을 준 피터 린치의 투자철학과 투자전략을 이제부터 살펴보도록 하자.

린치는 기본적으로 주식을 모두 6가지로 분류했다.

1. 급성장주 – 연간 20%이상 이익이 성장하는 기업

2. 대형우량주 – 연매출이 수백억 달러이며 이익이 10% 이상 성장하는 기업

3. 저성장주 – 대형이지만 실적 성장이 10%를 넘지 못할 것으로 보이는 기업

4. 경기순환주 – 경기 변동에 따라 매출과 이익이 오르내리는 기업

5. 회생주 – 현재 재무는 어렵지만 회생절차나 자구적 노력을 통해 살아나고자 하는 기업

6. 자산주 – 재무상태표에 적절하게 계산되어 있지 않지만 자산 가치가 큰 기업

나 역시 피터 린치의 분류는 상당히 훌륭하다고 생각한다. 한국 시장에 상장된 2,112개의 주식들도 거의 모두 이 6가지 가운데 하나로 분류될 수 있을 것이다.

급성장주는 가장 주가가 많이 상승할 것이라 기대되어 늘 시장이 열광하는 주식이다. 2017년의 경우라면 전기자동차 관련 주식들 부문이라 하겠다. 전 세계에서 가장 큰 자동차시장 중 하나인 중국이 2019년부터 전기자동차 생산 판매를 의무화하면서, 관련 수혜기업들의 주가 상승이 가팔랐다. 매년 엄청난 이익 상승이 기대되는 기업들이라 판단했기 때문이리라. 피터 린치는 바로 이런 급성장 기업들에서 '10루타'가 나올 수 있다고 보았다.

그런데 우리 시장에 상장된 기업들은 대부분 경기순환주로 분류될 것이다. 삼성전자나 SK하이닉스처럼 대형 우량주 성격과 급성장주 성격을 갖는 기업도 다른 한편으로 경기순환주로 분류될 수 있다. 원유와 석유화학제품의 수요공급 및 가격변동에 따라 실적이 급격히 움직이는 정유화학주들도 마찬가지다. 한국은 반도체, IT, 정유, 화학, 건설 등

의 업종이 전통적으로 강한 나라다. 삼성전자의 2017년 영업이익은 2016년 대비 무려 87%나 늘어날 것으로 예상되고, 1년 전 애널리스트들의 컨센서스 대비 현재 컨센서스는 62%나 높아졌다. 그러나 삼성전자의 예상 PER은 8배~12배 사이에서 움직이고 있다. 시클리컬Cyclical 기업이라 불리면서 경기변동에 민감하고 반도체나 석유화학의 업황에 따라 이익이 급격히 움직이기 때문에 이익의 안정성이 떨어진다고 간주되는 기업들이다. 이러한 기업들은 실적이 아무리 많이 개선될 것으로 판단되어도 투자자들이 의심하고 고민할 수밖에 없다. 이 업황의 '피크'는 언제 꺾일까? 끝 모르게 오르는 반도체 가격 때문에 고점논란이 불거져 크게 흔들리는 삼성전자와 SK하이닉스의 주가를 보면, 수백~수십조의 시가총액을 가진 이 회사들도 결국 경기순환주로 분류되어 지금까지도 그랬듯이 앞으로도 늘 반도체 업황이 고점(피크)에 달했다는 공격과 주장을 계속 받을 수밖에 없을 것이다.

그런데 만약 투자자들이 삼성전자와 SK하이닉스를 경기순환주가 아니라 급성장주로 분류한다면 어떻게 될까? 이들의 두드러진 이익 성장이 몇 년간의 짧은 반도체업종 호황 덕택으로 받아들여지지 않고, 연간 20% 이상 꾸준히 성장한다고 사람들이 믿게 된다면? 4차 산업혁명 시대를 맞이하여 향후 메모리의 수요증가는 꾸준히 지속될 것이고, 그러한 메모리반도체의 공급은 현재까지 삼성전자와 SK하이닉스, 마이크론 정도밖에 할 수 없는 상황이므로 이러한 업황 개선은 수년간 꾸준히 이어질 것이며, 따라서 삼성전자와 SK하이닉스를 더 이상 경기순환주가 아니라 급성장주로 분류해야 한다면? 내가 감히 그런 판단을 할 수는 없겠지만, 많은 시장참여자들이 이를 실제로 받아들이게 된다면 두 회사의 12개월 PER은 5~10 사이에서 움직이는 것이 아니라, 높은 PER을 받는 고성장주로 분류될지도 모를 일이다.

개인적인 판단으로는, 투자자들이 여러 해 동안 궁금해 했듯이 삼성전자와 SK하이닉스가 경기순환주로서의 한계를 넘어 고성장주로 분류되고 더 큰 주가상승이 이루어지려면, 아직은 청사진 단계인 4차 산업혁명의 구체적인 그림이 나오고 그 핵심에 반도체가 있다는 강한 확신이 시장에 널리 퍼져야 한다. 그래야만 PER 밴드 상단을 뚫고

경기순환주로서의 이익 대비 10배 이상을 받기 어려웠던 시절을 탈출할 수 있을 것이라 보인다. *

린치는 경기순환주 투자에 있어 타이밍이 가장 중요하다고 판단했다. 업황이 안 좋은 시기에 투자하여 업황이 개선되는 시기에 주가가 상승하면 투자성과를 낼 수 있으므로 타이밍이 가장 중요하고, 따라서 관련 직종에 종사하는 경우가 이 투자에 가장 유리하다고 말했다. 나에게 경기순환주 투자가 어렵고 고민스러운 가장 큰 이유가 바로 여기에 있다.

우리 개미들은 관련 직종(금융, 또는 특정 업종)에 종사하고 있어 타이밍이 가장 중요한 경기순환주에 투자할 자격과 준비가 되어 있는가? 나 역시 본업이 따로 있는 보통 개미로서 경기순환주들을 따라가기 위해 노력은 하지만 현실적인 한계도 있고 전문투자자들에 비해 턱없이 정보가 부족하고 행동이 느릴 수밖에 없다. 그러나 만약 내가 개미라는 것을 받아들인다면, 경기순환에 따라 주가와 실적이 크게 요동치고 관심을 크게 받았다가 순식간에 그 관심이 사라질 수도 있는 경기순환주에 대한 욕심은 조금은 덜할 수도 있을 것이다.

* 즉, 우리 개미들은 린치식 분류에 의해 이 두 회사가 경기순환 주식으로 인식될 것이냐, 수요성장에 기반을 두고 연간 20%가 넘는 강력한 이익의 급성장주로 인식되느냐를 주의 깊게 살펴보아야 할 것이다.

피터 린치라는 위대한 투자자는 10루타 종목은 경기순환주에서 나오는 것이 아니라, 실적이 연간 20% 이상씩 꾸준히 오르는 급성장주에서 나온다고 했다. 또 투자는 '본인이 가장 잘 아는 것에서부터 시작'하고, 주위를 자세히 둘러보며 특히 '아내의 투자습관에서부터 관심종목을 찾으라'고 말한다. 또 그는 일중독자로 대부분의 시간을 종목발굴과 기업분석에 썼다고 한다. 그의 말과 책에서 린치가 투자하고자 선택했던 기업의 특징을 살펴보면 :

1. 주당순이익(EPS) 성장률이 20%를 초과하는 기업

2. PEG이 1이하이며, 0.5 이하라면 더욱 좋음

앞의 두 가지 조건을 논의해보자.

아무도 관심을 주지 않는 고성장주를 미래를 내다보는 통찰력으로 바라보고 실적 성장이 일어나기 전부터 찾아낼 수 있는 사람은 투자에 반드시 성공할 것이다. 우스갯소리지만, 본업을 미래학으로 정하는 것이 더 적합할지도 모른다. 그러나 개미들은 그런 능력도 갖기 어렵고 시간도 없고 할 일도 많다. 주식이란 '무조건 바닥에 사야 한다'는 강박관념만 버린다면, 성장하고 있는 기업의 주가가 다소 바닥에서 올랐다 하더라도, 합리적인 사고에 의해 그 성장이 유지될 거라는 믿음만 있다면 충분히 투자할 가치가 있다.

SPC 삼립 case

한국주식시장의 대표적인 10루타 종목인 SPC삼립(옛 삼립식품)이 2011년도 실적을 발표하는 2012년 3월 말 현재 주가는 16,500원이었다. 그런데 2011년의 주당순이익^{EPS}은 740원이었다. 당시 SPC삼립의 PER은 22.3배였다. 그로부터 1년 뒤 2012년 실적을 발표하는 2013년 3월 주가는 22,450원이었다. 당기순이익이 71% 성장하면서 주당순이익(EPS)은 1,264원으로 올랐다. 1년 전에 비해 순이익은 71% 증가했지만 주가는 36%만 오르면서 PER은 약 17로 떨어졌다.

2012년에 SPC삼립의 EPS는 전년도 대비 71% 성장했다. 그런데 그 동안 주가는 36%밖에 오르지 않았다. 어떤 판단을 할 수 있을까? 이익의 성장률을 주가가 따라가지 못했다. 그런데 이 회사의 실적성장세가 일시적이 아니라 지속될 수 있다면? 분명 주가가 36%나 올라서 부담스러울 수도 있지만, 실적은 그보다 더 많이(71%) 증가했으니 상대적으로 주가가 과도하게 올랐다는 생각은 들지 않는다. 이것이 PEG의 핵심이다. 실적이 오른 것만큼 주가가 오르진 않았으니 당연히 PER은 떨어진다는 얘기다. 그런데 이런 질문을 던져보자.

1. 주가가 실적성장률만큼 오르지 않았다면? 주가가 올랐다 해도 회사의 실적성장만큼 오르진 않아서, 주가상승이 상대적으로 더딘 것이라면?

2. 회사의 실적은 꾸준히 성장할 것이며 주가도 과거의 PER 22배 수준으로 돌아갈 거라고 판단한다면?

린치의 두 번째 지표인 PEG를 좀 더 자세히 들여다보자. PEG는 PER을 EPS성장률로 나눈 것이다. 쉽게 이해하기 위해 예를 들어보자. 2012년 SPC삼립의 EPS성장률은 71%였다. 전년 대비 이익이 무려 71%나 성장한 것. 그런데 주식은 실적발표 시점 기준으로 PER 17배에서 거래되고 있다. PEG를 계산하면 17÷71=0.239다. 연간 이익이 71% 성장한 기업이 불과 PER 17배 수준에서 거래되고 있다. 즉, PER가 회사의 이익성장률에 비해 0.183배밖에 안 되고 있다는 뜻이 된다.

이해가 쉽진 않으니, 코스피 전체를 이용해보자. 2017년 코스피 상장기업의 전체 순이익(지배주주순이익)이 125조 원 정도로 추정되었다. 전년도의 전체 순이익이 95조 원 수준이었다고 하니, 2017년 코스피 기업의 전체 (추정)순이익증가율은 31.6% 정도다. 그런데, 현재 코스피 기업들은 평균적으로 11.71배의 PER에서 거래되고 있다고 한다(아이투자닷컴 참고). 이 경우 PEG를 계산하면 0.37이 나온다.

이를 미국 S&P500지수와 비교해보자. S&P500 지수는 2017년 10월 기준으로 PER 20배가 넘었다고 한다. 그런데 S&P500에 편입되어 있는 기업들의 2017년 6월까지의 전년 대비 이익성장률은 19.67%로 집계되었다고 하니, PEG는 20÷19.67 = 1.01 수준인 셈이다. 미국의 S&P500에 속해 있는 기업들은 이익성장률과 같은 수준의 PER를 누리고 있는 것이다.

단순하게 린치의 PEG 개념을 적용하면 미국 S&P500 기업들은 이익성장률 수준의 PER를 받고 있으니 적절한 가치를 인정받고 있는 것이고, KOSPI 기업들은 이익성장률에 비해 매우 낮은 PER를 적용받고 있는 것이라 판단할 수 있다.

코스피 기업 중에는 IT(삼성전자, SK하이닉스 등) 비중이 가장 큰 반면, S&P500 기업 가운데 IT 기업은 불과 20%다. 한국과 미국 시장의 지수 사이엔 이처럼 업종의 차이도 있고, 가치평가 수준도 다르며, 지정학적 리스크 면에서도 서로 다르다. 여러 요인이 있을 수 있으나 코스피지수는 이익성장률 수준의 PER을 누리지 못한다고 평가할 수 있겠다. 그러나 2017년 11월 30일에 나온 뉴스에 의하면, 올해 3분기까지 코스피 기업들의 당기순이익증가율은 34.15%지만 여기서 삼성전자를 제외하면 17.37%밖에 안 된다고 한다. 만약 SK하이닉스까지 제외하고 나면 이익증가율은 더욱 낮아지게 될 것이다. 따라서 삼성전자와 SK하이닉스로 인한 PER 및 이익증가율을 배제하면, PEG는 0.37이 아니라 훨씬 높아질 것이라 판단된다. 그렇더라도 어쨌거나 미국의 S&P500 기업에 비해 코스피 기업들이 이익성장률에 비해 저평가되어 있는 것은 확실하다.

이제 이해되었는가? 린치는 이익성장률 수준의 PER을 받고 있다면(PEG가 1이라면) 적절한 수준의 가격을 인정받는 거라고 판단했다. 그리고 PEG가 0.5 이하라면 기업의 이익성장률에 비해 매우 낮은 가격에 거래되고 있는 종목으로서 투자매력도가 높은 기업이며, 동시에 10루타도 가능한 기업이라고 판단한 것으로 보인다.

물론 과거의 이익성장률이 앞으로의 지속적 이익성장률을 보장하는 것은 아니다. 그러나 파리바게트 프랜차이즈 사업의 지속적 성장과 함께 SPC삼립의 실적도 좋아질 것이기에 이익성장률이 지속될 거라고 판단할 수 있다면 SPC삼립 같은 종목은 적극 투자해볼 만했을 것이다.

SPC삼립 실적추이와 EPS성장률, 실적발표 시점의 주가, PER, PEG						
	2011년	2012년	2013년	2014년	2015년	2016년
매출액	6272억	8370억	1조662억	1조1076억	1조3738억	1조8703억
영업이익	69.78억	116.55억	359억	469억	569억	655억
당기순이익	61.59억	105.76억	220억	333억	376억	495억
주당순이익	740원	1264원	2,555원	3,861원	4,357원	5,737원
EPS성장률	9%	71%	102%	51%	13%	32%
주가	16,500	22,450	75,700	285,000	214,000	220,000
PER	22.3	17.76	29.63	73.81	49.11	38.34
PEG	2.47	0.187	0.296	1.45	3.78	1.2

재무제표로 개미탈출!

제시된 표에서 SPC삼립의 EPS는 전년 대비 71% 성장했지만 PER이 18배라서 PEG는 0.187인 시점에서 투자를 시작하고, 2014년 EPS가 51%나 성장한 반면, 주가가 훨씬 크게(285,000원으로) 올라 PER이 74배까지 올라간(PEG가 1.45인) 시점에 매도했다면 정말 10배 이상 투자성과를 냈을 수도 있다. 물론 2015년 8월에 주가가 415,000원까지 폭등했으니, 연 단위 투자가 아니라 연중에 매도했다면 수익률은 더 높았을 것이다.

다시 개미의 입장으로 돌아보자. 2012년에 SPC삼립의 EPS가 71% 늘어난 것을 2013년 3월 실적발표 때 충분히 알 수 있다. 내부정보가 없더라도 공시가 되니까 말이다. 그리고 내년에 몇% 성장할지 그 성장세가 몇 년이나 지속될지는 알 수가 없으니 개미들에겐 포트폴리오 전략이 필요하다. 실적발표를 통해 고성장하는 기업을 알 수는 있지만, 피터 린치나 전문투자자들처럼 그들을 방문한다든지 담당자와 통화를 해본다든지 IR(기업설명회)에 참석하는 일은 어렵다. 따라서 고성장하는(EPS성장률이 높은) 기업이 적절한 가격(낮은 PEG)에 거래되고 있다면 포트폴리오에 편입하여 분산투자하면서 실적 발표 때마다 그 성장세를 지켜볼 수 있다.

만약 포트폴리오를 구성하고 3개월 후에 분기 실적이 나왔는데 이익성장률이 20%에 미치지 못하는 기업이 포트폴리오에 들어 있다면? 간단하다, 제외하면 된다. 반대로 실적증가율은 높은데 주가가 지나치게 올라 PEG 관점에서 보았을 때 주가가 고평가라고 생각된다면? 매도하여 차익을 실현하면 된다. 어떻게 보면 단순한 투자방법인데, 실제로 투자수익이 날까? 그래서, 최근의 한국주식시장을 기반으로 PEG 개념을 이용한 투자성과를 검증해보고자 한다. 투자전략은 단순하다.

1. 연간 EPS 성장률이 전년대비 20% 이상인 기업을 찾는다.
2. EPS는 영업이익이 아닌 일시적 손익으로 크게 개선될 수도 있으므로, 영업이익 또한 20% 이상 증가한 기업을 찾는다.
3. 회사의 최근결산 실적 대비 PER을 이용하여 PEG를 산출한다.

4. 너무 비싸게 거래되는 기업을 제외하기 위해 PER 40 이상인 종목은 제외한다.

5. PEG가 0.5 이하인 기업들로만 동일가중포트폴리오를 구성한다.

6. 신규종목 편입은 1년이 지나 연차실적이 발표되었을 때 동일 기준으로 '리밸런싱' 한다.

Symbol	Name	SECTOR	수익률측정시작	측정종료시	매입단가	매도단가	주가수익률
A000030	우리은행	금융	2017-04-01	2017-11-30	13,150	16,350	26.91%
A000060	메리츠화재	금융	2017-04-01	2017-11-30	15,650	24,800	62.95%
A000210	대림산업	산업재	2017-04-01	2017-11-30	80,200	83,700	4.68%
A000240	어월드와이드	경기소비재	2017-04-01	2017-11-30	19,400	19,150	0.02%
A000370	한화손해보험	금융	2017-04-01	2017-11-30	6,950	8,630	25.39%
A000500	가온전선	산업재	2017-04-01	2017-11-30	22,950	22,450	0.03%
A000970	한국주철관	소재	2017-04-01	2017-11-30	9,200	9,910	9.56%
A001720	신영증권	금융	2017-04-01	2017-11-30	50,400	59,800	22.76%
A001820	삼화콘덴서	산업재	2017-04-01	2017-11-30	11,900	38,500	223.88%
A002300	한국제지	소재	2017-04-01	2017-11-30	30,300	24,850	-16.31%
A002350	넥센타이어	경기소비재	2017-04-01	2017-11-30	13,700	12,000	-11.79%
A002460	화성산업	산업재	2017-04-01	2017-11-30	13,700	16,050	21.35%
A002810	삼영무역	소재	2017-04-01	2017-11-30	18,900	18,300	-1.94%
A002820	선창산업	소재	2017-04-01	2017-11-30	10,650	8,120	-22.13%
A002840	미원상사	소재	2017-04-01	2017-11-30	227,500	238,500	4.84%
A003920	남양유업	필수소비재	2017-04-01	2017-11-30	842,000	717,000	-14.75%
A004430	송원산업	소재	2017-04-01	2017-11-30	19,500	25,000	28.81%
A004870	티웨이홀딩스	산업재	2017-04-01	2017-11-30	2,340	3,955	69.02%
A004960	한신공영	산업재	2017-04-01	2017-11-30	16,900	18,450	10.42%
A005830	DB손해보험	금융	2017-04-01	2017-11-30	63,300	68,500	10.42%
A092300	현우산업	IT	2017-04-01	2017-11-30	3,645	3,550	-0.75%
A222080	씨아이에스	IT	2017-04-01	2017-11-30	1,900	1,750	-7.89%
A225570	넷게임즈	IT	2017-04-01	2017-11-30	2,025	3,255	60.74%

위의 표는 2016년 실적을 기준으로 PEG(이익성장률 대비 PER)가 0.5 이하로 낮았던 기업들 중 PER 40 미만인 기업들을 추출한 것이다. 다른 장치 없이 총 23개의 종목이 선출되었으며, 그중 2017년 11월 30일까지 주가 하락한 종목은 6개인 반면 상승한 종목은 17개로 더 많았다. 그리고 4월 1일부터 8개월간 주가가 무려 3.23배 오른 종목 등이 포트폴리오에 편입되어 전체수익률을 높이는 것을 볼 수 있다. 동일한 방법으로 포트폴리오를 구성하여 최근 4년 8개월간(2013년 4월 1일~2017년 11월30일) 투자한 결

과, 그 성과는 다음과 같다.

		투자 결과				
	연간	1억 투자원금	코스피지수	코스닥지수	포트폴리오 종목수	누적수익률
2013	27.28%	127,280,000	-0.10%	-0.40%	27개	27%
2014	38.60%	176,410,060	-4.90%	8.10%	20개	76%
2015	-0.98%	174,681,261	2.50%	25.00%	26개	75%
2016	-1.32%	172,375,469	3.70%	-8%	29개	72%
2017	22.01%	210,315,309	22.40%	21.80%	23개	110%

앞에서 다루었던 다른 전략에 비해 2013년과 2014년의 성과는 크게 두드러진다. 그러나 2015년과 2016년, 코스피지수는 횡보를 거듭하고 실적개선으로 주가가 상승한 것이 아니라 특정섹터(제약, 바이오 등)의 주가상승으로 지수가 올랐던 시기에는 오히려 마이너스 성과를 나타낸다. 2015년과 2016년 포트폴리오의 실패 원인은 무엇일까? ❶ 실적은 꾸준히 좋았고 주가도 실적 성장률에 비해 낮았던 자동차 부품주나 소재주가 포트폴리오에 많이 편입되었으나, 결국 해당 섹터가 주식시장에서 완전히 소외되면서 수익률을 갉아먹었기 때문이다. ❷ 제약 및 바이오 섹터의 주가 급등 이후에 주가가 빠르게 하락하면서 실적성장성에 비해 주가가 낮았던 몇몇 제약기업의 수익률이 동반 하락하는 모습을 보여 수익률을 감소시켰다.

단순히 최근 연도의 실적 성장률을 기준으로 PER이 상대적으로 낮은 기업들을 매수한 것만으로 나온 수익률이니까, 어떻게 보면 굉장히 소극적인 전략이다. 배당주투자전략이나 어닝서프라이즈 전략에 비해 수익률의 편차가 심하고 수동적이므로, 이 전략은 다음의 방법으로 활용하는 편이 낫다는 판단이다.

1. 연간 실적 기준이 아니라 분기별 실적 성장률과 PER을 이용하여 적극적으로 포트폴리오를 구성하고 투자하는 방법으로 활용할 수 있다.

2. 발표된 실적이 아닌 애널리스트 추정치를 이용하여 더 선제적으로 투자하는 방법이다. 예컨대 내

년 실적 성장률 대비 PER이 낮은 종목을 필터링한다.

1.의 경우, 어닝서프라이즈 전략처럼 분기별 실적을 다운로드하여 더욱 빠르게 회사의 실적성장성 대비 가격^{PEG}을 이용하는 적극적 전략이다. 고성장률과 상대적으로 낮은 PER이 유지되는 기업은 분기별로 계속해서 포트폴리오에 편입될 것이고 그렇지 않은 기업은 포트폴리오에서 탈락하므로, 최소 1년 이상 장기투자하기 어려운 부분은 있으나 빠르게 고성장하는 기업을 포착하여 투자 포트폴리오에 넣을 수 있는 장점이 있다.

2.의 경우, 과거가 아니라 예상되는 성장률을 활용하는 것으로서 애널리스트 추정치가 존재하는 기업에만 활용할 수 있으나, 사실 가장 많은 사람들이 사용하는 투자 방법이기도 하다. 다음 분기와 내년, 그리고 그 이후 실적의 성장성에 대한 애널리스트들의 전망이 있고, 그 전망에 근거하여 주가가 상승하는 경우가 많으므로 내년도 이후의 실적 전망치를 가져와 내년 PER과 PEG를 이용하여 선제적으로 투자종목을 선정한다.

예를 들어 애널리스트들이 추정하는 삼성전자의 2018년 순이익 컨센서스는 48.98조(EPS는 332,409원)다. 전년도에 추정했던 2017년 순이익 컨센서스는 42.32조였고 EPS는 272,348원이었으므로, 2018년도의 예상 EPS 성장률은 22%가 된다. 삼성전자의 2017년 11월 30일 주가가 2,540,000원이므로 2017년 실적 기준 PER은 10.32배다. 그렇다면 삼성전자의 PEG는 10.32÷22%=0.47이 된다. 내년도 예상 순이익성장률의 절반 이하의 가격(PEG 0.5 이하)으로 거래되고 있다는 뜻이다.

2017년 11월 현재 삼성전자 주식은 PER 10에 거래되고 있다. *

앞으로도 삼성전자의 주당순이익의 성장이 연 22% 이상을 계속 유지할 수 있다고 가정해보자. 그렇다면, 설명처럼 10년간 동일한 이익을 발생시켜야 투자금을

> * PER 10의 의미는 뭘까? 전년도(2016년) 주당순이익 254,000원을 매년 동일하게 향후 10년간 창출해야만, 지금 1주 매수 가격인 2,540,000원을 회수할 수 있다는 뜻이다. 투자금액 회수기간의 개념이다. 물론 실제로는 해마다 2016년 주당순이익 수준을 뛰어넘을 것이다. 가령 2017년에는 22% 성장한 272,348원을 달성할 것으로 보인다.

회수하는 게 아니라, 실제로는 5년도 안 되어 원금 2,540,000원을 회수할 수 있게 된다. 즉, 린치는 PEG 0.5 이하의 기업은 투자대상으로 적절하다고 보았는데, 삼성전자의 PEG는 PER(10)을 EPS성장률(22)로 나눈 수치인 0.454여서 투자대상으로 고려할 만한 종목이 된다. 단, 2017년 이후에도 매년 22% 넘는 실적성장을 달성할 수 있느냐는 고민해야 할 것이다.

이러한 방법으로 2018년 EPS 성장률 대비 현재 거래가격이 상대적으로 싼 기업을 찾아보면 다음의 표와 같다.

Stock	Name	영업이익-Mean/0E10	영업이익-Mean/0E1(	PER/0C1101	영업이익 성장률	PEG
255440	(주)야스	24,000,000,000	52,000,000,000	23.33	116.7%	0.20
166090	하나머티리얼즈(주)	21,250,000,000	35,525,000,000	28.24	67.2%	0.42
250000	(주)보라티알	11,400,000,000	14,800,000,000	9.39	29.8%	0.31
071320	한국지역난방공사	109,428,571,429	195,714,285,714	6.77	78.9%	0.09
079980	(주)퓨비스	10,600,000,000	31,500,000,000	30.22	197.2%	0.15
227610	(주)아우딘퓨쳐스	8,850,000,000	12,250,000,000	7.28	38.4%	0.19
043610	(주)지니뮤직	5,600,000,000	13,000,000,000	25.33	132.1%	0.19
015760	한국전력공사	2,137,300,000,000	2,735,866,666,667	5.84	28.0%	0.21
145990	(주)삼양사	72,600,000,000	108,500,000,000	11.07	49.4%	0.22
035150	(주)백산	26,400,000,000	36,200,000,000	8.38	37.1%	0.23
023160	(주)태광	2,575,000,000	6,700,000,000	38.89	160.2%	0.24
115960	(주)연우	12,000,000,000	21,533,333,333	19.40	79.4%	0.24
067390	(주)아스트	9,900,000,000	19,300,000,000	23.24	94.9%	0.24
032830	삼성생명보험(주)	269,250,000,000	662,500,000,000	38.85	146.1%	0.27
108320	(주)실리콘웍스	42,800,000,000	68,150,000,000	15.99	59.2%	0.27
237880	(주)클리오	9,700,000,000	17,950,000,000	24.40	85.1%	0.29
216050	인크로스(주)	10,600,000,000	13,925,000,000	9.36	31.4%	0.30
052330	(주)코텍	34,000,000,000	41,000,000,000	6.43	20.6%	0.31
222040	(주)뉴트리바이오텍	19,100,000,000	25,400,000,000	10.98	33.0%	0.33
236200	(주)슈프리마	11,700,000,000	17,000,000,000	15.16	45.3%	0.33
214180	(주)민앤지	17,100,000,000	23,900,000,000	13.86	39.8%	0.35
040910	(주)아이씨디	42,000,000,000	68,000,000,000	21.97	61.9%	0.35
000670	(주)영풍	31,000,000,000	50,000,000,000	22.94	61.3%	0.37
144960	(주)뉴파워프라즈마	23,500,000,000	31,800,000,000	15.65	35.3%	0.44
052690	한국전력기술(주)	13,875,000,000	28,600,000,000	48.40	106.1%	0.46
036030	케이티하이텔(주)	5,000,000,000	10,000,000,000	48.0	100.0%	0.48
258610	(주)이더블유케이	5,400,000,000	6,500,000,000	9.97	20.4%	0.49

이는 애널리스트 추정치가 존재하는 기업으로서 2018년 영업이익이 전년도에 비해 가장 많이 성장할 것이라 예상되는 기업들을 PER이 낮은(PEG 0.5 이하) 순으로 나열한 것이다. 총 27개의 종목이 산출되는데 그들의 현재 PER 수준은 다양하다. 2017년도의 예상 영업이익에 비해서 성장률이 높게 추정된 기업들이다. 다만 이 방법은 우선애널리스트 추정치가 존재하지 않는 기업들이 대상에서 제외되고, 둘째, 애널리스트의

예측이 실제 실적과 크게 동떨어질 가능성이 고려되지 않았다. 특히 중소형주의 경우는 실적을 예상하는 애널리스트가 적거나 1명뿐일 수도 있으므로, 중소형주의 추정실적을 활용할 때는 더욱 조심해야 할 것이다.

피터 린치 본인도 지독한 일 중독자로 기업분석에 하루의 대부분을 쏟았다고 한다. PEG라는 개념은 PER지표에 얽매여 PER가 높다고 해서 무조건 대상에서 배제하게 된다면 실적이 크게 성장하여 주가가 10배도 오를 수 있는 고성장주를 놓칠 수 있는 염려하여 나온 지표로 볼 수 있다. 따라서 포트폴리오 구성 전략도 유효하겠지만, 성장성 대비 주가가 매력적인지를 파악하는 PEG 개념을 활용하고 1차적으로 작년 실적이나 예상되는 실적에 비해서 저평가된 기업을 발굴하여 추가적인 정성분석(애널리스트 리포트, 산업 전망, 사업보고서 활용 등)으로 더욱 적중률 높은 투자가 가능하리라 판단된다.

개미들에게 미래의 실적성장률에 대한 예측은 무리다. 고성장주를 발굴해 소위 몰빵하는 집중투자는 잘되면 대박이지만 그만큼 성공확률도 낮아서, 개미가 안정적인 삶을 누리면서 동시에 하기는 어려운 투자법이다. 그런데 발표된 실적과 성장률, 인터넷만 검색하면 쉽게 찾을 수 있는 PER을 이용해서 PEG를 산출하여 포트폴리오를 구성하고, 분기마다 발표실적을 검토하면서 포트폴리오의 안정성을 유지하였을 때 꽤나 괜찮은 성과를 낼 수 있다면, 개미들에게도 매력적이지 않을까?*

특히 나는 많은 애널리스트가 분석하는 '대형주'가 아닌 중소형주의 실적성장성을 이용하면 더욱 높은 투자성과를 달성할 기회가 있다고 생각한다.

* 전문투자자로서 미래에 대한 통찰력과 정교한 가치평가를 통해 목표주가를 산출하고 투자하는 전략을 쓸 수 있으면 더할 나위 없다. 그러나 주식시장에서 적정주가가 과연 존재할까? 살아 움직이는 생명체 같은 주식가격은 저평가된 것처럼 보이는 기업이 영원히 저평가될 수도 있고, 고평가되어 있다고 느껴지지만 모멘텀을 갖추고 지속적으로 상승하는 경우도 있다. 누구에게도 어려운 적정주가 산출과 목표주가에 대한 욕심은 과감히 버리고, 고성장 기업을 적절한 가격에 매수하여 실적 성장이 기준치에 못 미치거나 주가가 너무 올라서 매력을 잃었다고 생각될 때 매도하는 전략은 어떨까? 큰 수고하지 않고도 수익을 창출할 수 있는 전략이라면 개미 입장에서도 충분히 시도할 만한 방법이라 생각한다.

실제로 최근 내가 피터 린치의 PEG 개념으로 종목을 선택하여 성공한 종목인 '텍셀네트컴'이 바로 그 사례이다.

텍셀네트컴이라는 종목은 2017년까지 애널리스트의 추정실적이나 투자의견이 존재하지 않는 기업이었다. 그런데 실적은 아래와 같이 매년 꾸준히 성장하고 있다.

IFRS(연결)	2014/12	2015/12	2016/12	2017/09	전년동기	전년동기(%)
매출액	2,031	1,714	2,839	2,991	1,644	82.0
매출원가	1,627	1,259	1,873	1,965	986	99.2
매출총이익	404	456	966	1,027	657	56.1
판매비와관리비	167	184	263	197	202	-2.5
영업이익	238	271	702	830	456	82.1
금융수익	11	42	5	5	3	48.5
금융원가	8	13	7	3	6	-50.4
기타수익	37	78	378	23	141	-83.8
기타비용	49	38	275	24	55	-56.9
종속기업,공동지배기업및관계기업관련손익	-2	0				
세전계속사업이익	226	341	803	831	538	54.3
법인세비용	19	23	127	145	71	104.8
계속영업이익	207	318	676	686	468	46.6
중단영업이익		-2	-3		-3	
당기순이익	207	316	673	686	465	47.6
지배주주순이익	207	317	679	686	471	45.6

영업이익부터 추세를 확인해보자. 2015년까지 271억이었던 영업이익이, 2016년에는 702억, 2017년 1월부터 9월(3분기 누적) 830억으로 전년 동기 456억에 비해서 82.1% 성장했다. 최종 실적인 지배주주순이익(당기순이익 중 텍셀네트컴 주주의 최종 몫)은 207억→316억→673억→686억(9개월치)으로 성장하고, 2017년 9개월간 실적은 전년 대비 45.6% 성장했다.

성장성비율					
매출액증가율	16.3	107.3	-15.6	65.6	82.0
판매비와관리비증가율	14.0	34.1	10.7	42.8	-2.5
영업이익증가율	204.1	247.8	14.2	158.8	82.1
EBITDA증가율	165.4	221.3	18.3	147.0	73.5
EPS증가율	167.3	98.6	51.8	114.2	45.6

자, 그럼 영업이익과 주당순이익EPS 증가율을 재무비율화해놓은 수치를 위와 같이

살펴보자. 영업이익과 EPS가 꾸준히 성장하고 있는 것이 보인다. 2016년은 전년 대비 영업이익이 159%, 주당순이익^{EPS}는 114% 성장했고, 2017년 9월까지는 전년 동기간 (2016년 1월~9월)에 비해 영업이익은 82.1%, EPS는 45.6% 성장했다.

이렇게 급속도로 이익이 성장하고 있는 기업의 PER 수준은 어땠을까? 이익성장에 비해 주가는 더디게 올라서, 2016년 말 기준 PER 4.75, 2017년 9월 기준으로는 4.55에 불과하다.

기업가치 지표					단위 : 억원, 주, %, 배
IFRS 연결	2013/12	2014/12	2015/12	2016/12	2017/09
Multiples					
PER 🔳 ➕		7.89	9.99	4.75	4.55

이제 다시 PEG의 개념을 돌이켜보자. 이익이 급성장하는 기업이 실적 대비 주가가 상대적으로 싸다면, 큰 성장을 하는 기업을 상대적으로 싸게 살 수 있다고 하였다. 이 회사의 2017년 9월 말 기준 PER은 4.55 수준인데, 2017년 9월까지 EPS(주당순이익)가 45.6% 성장하고 있으니, 단순히 PEG를 계산해보라.

$$PEG = PER(4.55) \div EPS성장률(45.6) = 약 0.1$$

PEG가 0.1 정도에 불과한 기업이다. 이 회사의 실적 성장이 앞으로도 꾸준하다고 판단된다면, 실적성장성 대비 매우 싼 가격에 주식을 살 수 있는 기회였던 것이다.

그렇다면, 이렇게 실적이 크게 성장하고 있는 기업이 왜 주가는 상대적으로 쌌던 것일까? 이 회사는 시가총액이 5,000억도 되지 않던 기업이었고, 이 회사를 분석한 애널리스트의 분석보고서가 거의 없었다. 주가는 꾸준히 오르고 있었지만 실적 성장에 비하면 느리게 오르고 있었다. 그러다가 2018년 2월 과거의 실적 성장이 앞으로도 크게 나타날 것이라는 애널리스트의 분석보고서가 나오고 높은 목표주가로 '강력매수' 의견을 제시한다. 사람들이 잘 모르던 기업이 애널리스트 보고서에 의해 알려지고, 강력

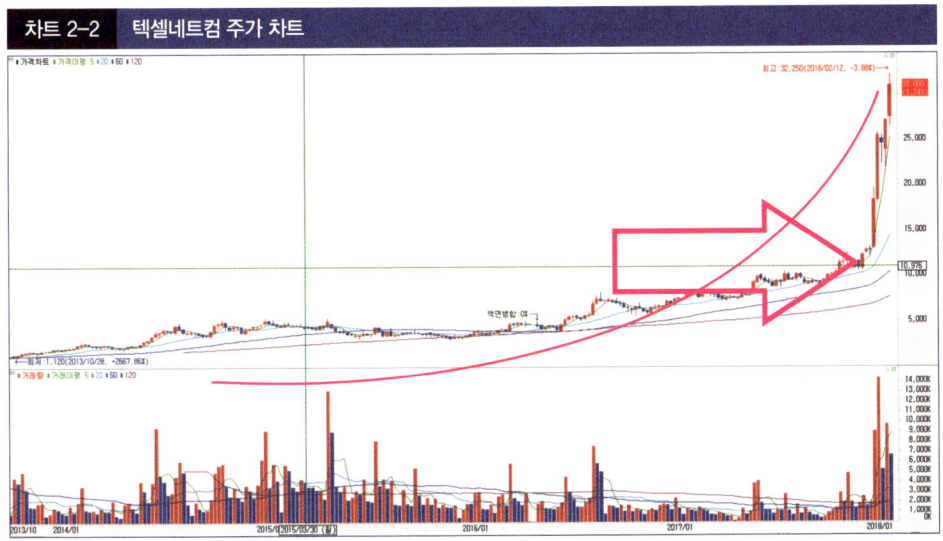

차트 2-2   텍셀네트컴 주가 차트

한 실적성장성 대비 매우 싼 주가라는 것이 알려지면서 주가는 위의 가격차트처럼 가파르게 상승한다.

　나 역시 운이 좋아, 실적성장성 대비 주가가 싼 기업을 매수해두었다가 짧은 기간 안에 100% 이상의 수익을 달성할 수 있었다. 물론 운이 좋은 케이스이긴 했지만 첫째, PEG의 개념을 활용하여 종목을 찾은 것, 둘째, 많은 사람들에게 알려지지 않은 '중소형주'가 그 실적의 성장과 주가 저평가를 인정받으면 큰 폭의 주가상승이 가능하다는 것, 이 두 가지를 활용한 투자사례였다고 할 수 있다.

　특히 '중소형주'들은 애널리스트의 추정실적이 없거나 많지 않기 때문에, 실적성장성과 실적발표를 눈으로 확인하면서 투자해도 늦지 않다는 안정감까지 있어 개미들에게 더 나은 투자대상이 될 수도 있다는 것을 명심하자.

■■ 데이빗 드레먼이 한국 주식시장에 투자했다면 어떤 주식을 샀을까?
(실적이 개선되고 있는 소외주에 투자해 보자!)

가치투자를 하는 투자자들이 가이드로 가장 많이 사용하는 재무지표는 PER과 PBR이다. (PER과 PBR은 가치투자를 한다고 하는 투자자들이 가장 흔히 투자 가이드로 쓰는 재무지표다. *) PER는 기업이 벌어들이는 이익

에 비해 주가가 어느 정도인지를 파악하는 지표이고, PBR은 기업이 보유한 재산(순자산)에 비해서 주가가 얼마나 높은지를 파악하는 지표다. 둘은 가장 전통적인 지표인데, 사실 PER과 PBR 모두 투자금액 회수관점에서 만들어진 지표임을 다시 한 번 새겨보며 각각의 의미를 생각해보자.

먼저 PER은 "회사가 현재 벌어들이는 이익을 몇 년 동안 계속 벌어들여야 투자금액을 회수할 수 있을까?"라는 질문에서 나왔다. 예컨대 삼성전자의 2017년도 주당순이익(EPS)은 12월 1일 기준 272,100원 정도로 추정된다. 삼성전자 1주당 가격이 2,542,000원이므로 올해 (예상)이익 대비 주가는 9.3배 수준이다. 9.3이라는 숫자는 단순하게 순이익 대비 주가가 9.3배라는 뜻인데, 현재의 주당순이익(272,100원)이 9.3년간 똑같이 지속되면, 인플레이션과 기회비용 따위는 고려하지 않고 삼성전자 주식 1주를 산 금액인 2,542,000원을 회수할 수 있다. 즉, 미래는 불투명하니 모른다고 치고, 현재의 이익 수준을 9.3년만 유지하면 투자원금을 회수할 수 있다는 측면에서의 '투자금 회수기간' 개념으로 만들어진 지표라고 생각하면 된다.

삼성전자의 2017년 말 예상 순자산(지배주주지분)이 216.43조 원이고 이를 주식 수로 나누면 주당 장부상 순자산을 뜻하는 BPS_Book Value Per Share_가 나온다. 삼성전자의 2017년 말 BPS는 1,535,100원으로 추정되고 있으니, 현재 주가 2,542,000원은 장부상 1주의 재산에 비해 1.6배 정도 높게 평가되는 셈인데, 바로 이것이 PBR 개념이다. 처음 PBR 개념이 만들어진 것 또한 투자금의 회수에 대한 고려였다. 단, PER과 다른 점이 있다면, PER이 회사가 현재의 이익을 매년 유지한다는 전제 아래 투자금 회수에 걸리는 기간 개념인 반면, PBR은 지금 회사를 정리해서 청산한다는 전제 아래 주가가 투자금 회

수에 충분할 정도로 높은지를 보는 개념이라는 점이다.

예컨대 2017년 말 삼성전자가 보유한 자산을 장부에 적힌 302조 원에 모두 현금화한 다음, 부채 78.3조 원을 갚아버린다면 약 224조 원이 남는다. 이 224조 원을 주식 수로 나눈 몫(1주당 1,535,100원)을 이제 주주한테 나누어줘야 한다. 삼성전자가 재무제표에 적힌 대로 회사를 정리하고 부채를 상환한 후 주주에게 나누어주면, 주주는 2,542,000원을 투자하여 1,535,100원만 회수하는 셈이다. 즉, PBR이 1보다 크다는 것은 회사가 보유한 재산보다 회사의 시가총액이 더 높다는 의미다.

정리해보자

이제 정리를 해보자. PER이 낮거나 PBR이 낮은 이유는 무엇일까? PER가 낮으면 무조건 저평가이고 PER이 높으면 무조건 고평가일까? 그렇지는 않다. 원래 PER은 현재 이익을 유지한다는 전제하에 투자금의 회수기간 개념으로 만들어졌다고 했다. 단순한 지표고 이해도 쉽지만, 회사의 미래이익이 어떻게 달라질지에 대한 고민은 전혀 들어 있지 않다. 따라서 고성장주를 찾기 위해 린치는 PER에 이익성장률을 도입하여 PEG 개념을 만들지 않았던가? PER은 현재의 이익이 유지된다는 전제이다. 매년 이익이 50%씩 성장할 것으로 예상되는 기업의 PER이 40이면, 투자금을 회수하는 데 걸리는 기간이 40년일까? 그렇지 않다. 예를 들어보자.

주당이익=1,000원 ÷ 현재주가=40,000원 ÷ PER=40배 ÷ 연간 EPS성장률=50%

	현재	1	2	3	4	5	6	7
주당이익	1000	1500	2250	3375	5063	7594	11391	17086
누적			2500	4750	8125	13188	20781	32172	49258

현재의 주당 이익 1,000원이 매년 50%씩 성장한다고 치자. 위의 표처럼 현재

주가 40,000원(PER 40배)에 주식을 매입하면 7년이 안 되어 투자금을 모두 회수할 수 있다. 반대로 현재의 주당 이익이 1,000원이고 주가는 5,000원(PER 5배)이지만, 경영성과가 계속 악화되어 매년 20%씩 이익이 감소한다면 투자금을 회수하는 데 5년이 아니라 훨씬 더 오래 걸리게 될 것이다. 말도 안 되는 상정이지만, 산술적으로는 41년 걸린다!

이 PER이라는 개념은 단순하고 이해하기 쉽지만, EPS의 성장과 감소를 고려하지도 않는다. 연금복권 가치를 이야기할 때처럼 화폐의 현재가치조차 고려되지 않으니까, 투자금 회수기간의 개념이라 보기도 어렵다. 그럼에도 누구나 알고 있고 이해가 쉬우며 동종업계 타 기업, 회사의 과거 PER수준, 예상이익 대비 PER 등을 뽑아서 대화하기가 너무나 쉽기 때문에 가장 많이 이용된다.

PBR도 마찬가지다. PBR이 0.5라는 건 무슨 의미일까? 회사가 보유한 자산을 장부에 적힌 금액(가치)으로 모두 처분한 금액으로 부채를 다 정리하고 남은 순자산 금액이 시가총액의 2배라는 이야기가 된다. 기업을 청산했다는 전제하에 그 기업을 현 주가에 매수하면, 청산 후 투자한 금액을 회수하고도 남는다는 이야기가 되겠다.

이는 기업의 보유자산에 비해 주가가 저평가되어 있기 때문일 수도 있지만, 반대로 회사의 주가가 하락해서 발생한 현상일 수도 있다.

투자자들이 회사의 미래를 부정적으로 보고 그 가치를 낮게 평가하면 주가가 하락하고, 주가가 떨어지다보면 자산을 모두 정리해 부채를 갚고 남는 금액이 시가총액보다 훨씬 높아질 수도 있는 것이다.

물론 그런 경우 회사의 오너와 경영자가 정말 회사를 정리할 수도 있겠지만, 일개 개미투자자가 회사의 PBR이 낮으니 회사를 청산하자고 주장할 수 있겠는가? 현실적으론 어려운 얘기다. PBR이 낮게 거래되는 경우는 시장의 효율성을 고려하면 기업이 정말 저평가되어 있다기보다 기업의 미래가 부정적으로 전망되어 주가가 떨어졌기 때문이라 생각할 수 있다.

물론 좀 더 이론적으로 말하자면 회사가 투자자가 주주의 지분(자본)을 이용해서 최소한의 요구수익(자기자본비용에 해당하는 정상이익)마저 창출하지 못할 거라고 예상된다면, 장부가치(자본)만큼의 역할조차 못하고 있는 것이므로 (최소 요구수익도 달성하지 못하고 있기 때문에) 장부가치보다 낮게 평가받고 있다고 판단할 수 있다. 그나저나 개미인 당신에게 PER과 PBR에 대해 이처럼 장황하게 늘어놓는 이유는 개미들이 흔히 저지르는 실수를 지적하고 싶어서다. 수많은 주식투자자들, 특히 초보투자자들이 PER과 PBR을 습관적으로 이용하며 투자를 하고 있지만, 저PER과 저PBR의 의미나 그 이유에 대한 깊은 고민을 하지 않기가 십상이기 때문이다.

저PER와 저PBR 주식은 저평가된 주식이라고 볼 수도 있지만, 다른 한편으로는 주식시장에서 소외된 주식이기도 하다. 인기주의 반대개념으로서 시장에서 소외되고 사람들이 관심을 두지 않거나 미래를 부정적으로 전망해 주가가 떨어진 기업이요, 사람들이 별로 거들떠보지 않는 기업이라는 얘기다. 즉, '저평가된 우량주'라고 쉽게 판단할 게 아니라, 왜 주가가 하락하거나 오르지 않아서 저PER, 저PBR이 되었는지 그 원인을 곰곰 따져야 할 일이다. 그리고 이 회사가 다시 시장 평균 또는 그 이상의 PER을 받거나, 1 이상의 PBR을 누릴 수 있을지를 고민해야 할 것이다. PER, PBR이 낮다고 무턱대고 매수하면 남들 다 아는 악재나 미래에 대한 부정적 전망조차 모르고 투자하는 꼴이 될 수 있기 때문이다.

그렇기에 데이비드 드레먼David Dreman이라는 투자자가 더욱 빛을 발한다. 그는 『역발상투자』라는 베스트셀러를 쓴 유명한 펀드매니저나. 그의 펀드가 올린 정확한 수익률은 알려지지 않았지만, 미국의 고만고만한 고수익 추구형 펀드 225개 중 10년간 최고 펀드로 평가받았다고 한다. 이 책에서 밝힌 투자철학은 저PER, 저PBR 등 시장에서 소외된 주식에 투자해야 한다는 것이 골자다. 그것도 단순히 회사가 벌어들이는 이익이나 장부가치 대비 저평가되어 있기 때문에 그런 투자를 주장한 것이 아니라, 투자자들의 심리를 이용해야 한다고 생각했기 때문이다.

드레먼의 주장에 의하면, 투자자도 사람이니까 이성적으로 행동하고자 하지만 늘 과민하게 반응한다. 악재에는 그 악재의 크기보다 훨씬 더 과민하게 반응하고, 반대로 호재에는 그 호재의 진짜 가치보다 더 크게 환호한다는 것이다. 따라서 호재가 있는 주식(인기주)은 그 진정한 가치보다 높게 시장에서 평가되고 모멘텀이 형성되어 주가가 오버슈팅된다고 생각했고, 반대로 악재를 가진 기업은 그 악재의 영향보다 훨씬 더 심하게 평가함으로써 주가 하락을 야기한다고 생각했다.

따라서 정말 악재가 생겨 망하거나 본업에 문제가 있을 기업이 아닌 우량한 기업조차 과도한 우려 때문에 주가가 지나치게 하락하면, 실적반등 시점에 매수하여 시장의 우려가 어느 정도 해소되고 과민반응이 밝혀져 주가가 정상수준으로 회복되는 과정에서 초과수익을 창출할 수 있다고 믿은 것이다.

사실 이런 투자전략은 오랜 시간의 인내와 정신적 고통을 감수해야 할 수도 있다. 모멘텀 투자자들은 이러한 비인기종목이나 소외주에 관심조차 두지 않는다. 차트를 투자에 중요한 정보라고 생각하는 차티스트들 역시 전혀 거들떠보지 않는 주식이다. 한국의 주식시장으로 본다면 대표적인 업종이 '자동차제조' 또는 '건설업' 섹터가 될 것이다. 회사가 보유한 자산이나 영업이익에 비해 낮은 가격에 거래되는 비인기 소외주에 사람들이 관심을 가지려면 시간이 얼마나 걸릴지 모르기 때문이다.

따라서 이를 전략화하기 위해 데이비드 드레먼은 회사의 이익이나 자산가치에 비해 낮게 평가되는 비인기주식 중 실적이 빠르게 개선되고 있는 기업을 찾아 투자하여 역발상투자전략을 실천하고자 했다. 무엇보다 최근 실적은 그 전 분기 또는 전년 동기보다 개선되고 있어야 했다. 특히 S&P500에 속한 기업 전체의 이익성장률보다 이익성장률이 더 높을 것으로 예상되는 기업은 시장에서 다시 관심을 받고 과도하게 하락한 주가가 빠르게 오르면서 투자수익을 창출할 수 있다고 믿었다.

이제 중요한 것은 시장의 소외주(저PER 및 저PBR 기업)가 드레먼의 주장처럼 빠르게 실적이 개선되고 있을 때, 그러한 기업에 대한 투자의 성과를 검증해보아야 한다는 점이다. 이 방법이 한국의 주식시장에서 어느 정도의 투자성과를 달성할 수 있는지를 판단하기 위해서, 이를 다음과 같이 전략화해보자.

> 1. 포트폴리오구성 시점(4월1일)에 PER와 PBR이 가장 낮은 50개의 기업을 고른다.
> 2. 연 1회(3월 31일) 포트폴리오를 리밸런싱한다.

이 외에도 데이비드 드레먼은 재무구조가 안정적인(유동비율이 높고 부채비율이 낮은) 기업을 선호했고, 분식회계 위험에 덜 노출될 수 있도록 시가총액 5천억 원 이상의 기업에만 투자해야 한다고 생각했는데, 유동비율과 부채비율을 사용하면 업종특성상 금융업은 투자대상에서 제외된다.

하지만 그는 은행주에 투자하여 큰 돈을 벌었던 적이 있으므로, 투자대상을 줄이지 않기 위해 유동비율과 부채비율을 사용하지 않고 재무적으로 위험한 기업만 개별 분석하여 포트폴리오에서 제외시키는 것으로 했다. 또 한국에서는 종목 수와 시장규모의 특성상 시가총액 5천억 이상의 기업은 많지 않으므로 역시 시가총액에 제한을 두지 않도록 한다.

그러니까 실적이 분명히 개선되고 있으며 안정적이고 재무상태가 탄탄한 기업이 시장에서 저PER/저PBR 그룹에 속해 있다면, 곧 투자자들의 관심을 다시 받아 과도하게 하락한 주가도 정상수준으로 회복될 것이라는 기대감으로 투자하는 전략이다. 이 방법의 장점이라 하겠다.

최근 7년간 데이비드 드레먼의 투자전략을 이용하여 한국시장에서 저PER/저PBR 상위 50개 종목에 단순 투자했다는 전제 아래 성과를 분석하면 다음과 같다.

데이빗 드레먼 투자전략(저PER전략) 성과						
	연간수익률	투자원금 1억	코스피지수	코스닥지수	포트폴리오 개수	누적수익률
2011	21%	121,000,000	-11.48%	-3%	50개	21%
2012	29%	156,090,000	9.40%	-0.80%	50개	56%
2013	25%	195,112,500	-0.10%	-0.40%	50개	95%
2014	49%	290,717,625	-4.90%	8.10%	50개	191%
2015	20%	348,861,150	2.50%	25.00%	50개	249%
2016	3%	359,326,985	3.70%	-8%	50개	259%
2017	8%	388,073,143	22.40%	21.80%	50개	288%

데이빗 드레먼 투자전략(저PBR전략) 성과						
	연간수익률	투자원금 1억	코스피지수	코스닥지수	포트폴리오 개수	누적수익률
2011	14.5%	114,500,000	-11.48%	-3%	50개	15%
2012	20.9%	138,430,500	9.40%	-0.80%	50개	38%
2013	15.1%	159,333,506	-0.10%	-0.40%	50개	59%
2014	49.9%	238,840,925	-4.90%	8.10%	50개	139%
2015	8.9%	260,097,767	2.50%	25.00%	50개	160%
2016	11.3%	289,488,815	3.70%	-8%	50개	189%
2017	1.0%	292,383,703	22.40%	21.80%	50개	192%

특정섹터가 시장을 주도했던 2017년과 시장 전체의 수익률이 썩 좋지 않았던 2016년을 제외하면, 저PER/저PBR 전략은 한국 주식시장에서 지속적으로 초과수익을 창출 할 수 있었다. 이용 가능한 재무정보가 모두에게 공개된 이후, 정성적인 분석 없이 순수하게 포트폴리오를 1회 구성하여 창출한 결과로서는 매력적이라 할 수 있다.

저PER/저PBR 주식에 투자하는 것은 매우 마음 편한 방법이다. 2016년과 2017년의 성과가 다소 아쉽긴 하지만, 저PER전략은 해마다 20% 이상의 성과를 달성시켜줄 수 있었고, 저PER/저PBR 전략 모두 마이너스 수익률을 단 한 차례도 기록하지 않고 꾸준히 안정적인 수익률을 달성했다.

이 전략은 하루하루의 주가 등락에 연연하거나 마음이 동요하기를 원치 않는 사람에게 적합하다. 성장주는 늘 인기주다. 성장주는 주가상승률도 높지만 떨어질 때 주가 하락률도 높다. 단기적으로 대응을 잘해서 성장주로 수익을 높게 낼 수 있는 훌륭한 투자자라면 모를까, 하루에 한번 시장을 살펴볼 시간조차 없는 개미에게 성장주 투자는 늘 마음 졸이는 투자가 아니던가? 그뿐인가, 실제로 저PER/저PBR 전략이 최근 한국 시장에서도 통했다고 한다면, 한 번쯤 시도해볼 만한 투자전략이 아닐 수 없다.

앞서 살펴본 피터린치의 인기주—성장주 위주 투자 및 고성장주(PEG 0.5 이하)발굴 전략의 포트폴리오와 비교하면 어떨까? 저PER/저PBR전략의 특징은 포트폴리오의 종목들이 큰 편차 없이 고른 수익률을 보였다는 점이다. 그러나 린치의 고성장주 전략은 특정 종목(10루타 고성장주)이 전체 포트폴리오의 성과에 크게 영향을 미쳤다. 그러므로 그런 종목이 포트폴리오에 포함되어 있느냐의 여부에 따라 연간 성과가 크게 달라진다. 그렇다면, 포트폴리오의 안정성이 높은 저PER/저PBR라든지 배당수익률 포트폴리오나 어닝서프라이즈 모형을 기본으로 포트폴리오를 만들되, 깊은 분석을 거쳐 고성장주를 포트폴리오에 포함시키는 혼합 전략도 유효할 것이라 보인다.

■■ 조엘 그린블라트가 한국 주식시장에 투자했다면 어떤 주식을 샀을까? (성장성만 추가로 검토한다면 가장 강력한 마법공식)

1985년부터 2005년까지의 20년간 연평균 40%의 수익률을 달성한 투자자가 있다면 믿겠는가? 수익률 자체로만 보면 그 어떤 투자자들보다 높은 연평균 투자수익률일 것이다. 투자원금이 1억 원이었고 이후 추가 투자가 없었다고 가정한다면, 단순 산술적으로 20년 후에 인플레이션 조정을 하지 않았을 때 837억 원이 된다는 것이다.

그런데 단 두 개의 공식만으로도 이러한 놀라운 투자성과가 가능하다고 밝히고 나선 사람이 있었다. 본인이 직접 위와 같은 수익률을 달성했던 전설적 투자자 조엘 그린블라트Joel Greenblatt인데, 그는 자식들에게 스스로 돈 버는 법을 가르치려고 쓴 책『주식시장을 이기는 작은 책』에서 그렇게 주장하고 있다. 앞서 언급했듯이 두 개의 공식을 이용해서 1988년부터 2004년까지 투자를 했다면 매년 평균 30.8%의 투자수익률을 기록할 수 있었을 것이라고 말했던 것이다. 이 기간 동안 S&P500 지수가 연평균 12.4%의 성과를 이룩했으니 그린블라트는 2.5배나 되는 초과수익을 달성했으리라는 얘기다. 실제로 이 저서와 공식의 성과는 미국의 투자업계에 엄청난 충격을 주었다. 그 마법과도 같은 두개의 공식에는 정말로 '마법공식'이라는 이름이 붙어, 지금까지도 많은 투자자들이 이 공식을 꾸준하고도 충실히 이행하는가 하면, 이 공식으로써 자신의 투자성과를 측정하거나 그것을 변형해서 적극적으로 사용하고 있다. 그리고, 놀라지 마시라, 심지어 마법공식 종목을 찾아내 매년 서비스해주는 조건으로 회비를 받는 사람들까지 있다.

실제로 수행했을 때 연간 30%의 수익률을 장기간 달성할 수 있었다는 그 마법공식이 단순한 더하기와 나누기에 불과한 두개의 공식이라는 점, 그 점이 흥미롭고도 중요하다. 회계와 재무제표의 개념만 알고 있다면 누구나 이해할 수 있는 간단한 공식이다. 그린블라트가 투자하라고 한 기업, 마법공식이 투자하고자 하는 기업을 한 마디로 정의하자면 아래와 같다.

> "오로지 우량한 기업을 헐값에 지속적으로 사들인다면, 미친 주식시장이 마구 내다버리는 훌륭한 기업들을 체계적으로 사들이는 셈이다."

고썸 캐피털Gotham Capital을 이끌었던 조엘 그린블라트의 말이다. 그리고 이 한 마디에 마법공식이 담겨 있다. 여기서 '우량한 기업'은 첫 번째 공식인 자본수익률로 판가름되고, '헐값에 사들인다'는 것은 그의 두 번째 공식을 나타내는 명제다.

우량한 기업을 싼 값에 지속적으로 사들여 투자성과를 내라는 것은 기실 누구나 할 수 있는 당연한 말이다. 주식투자로 많은 돈을 번 사람들, 특히 가치투자를 했다는 사람들은 누구나 그렇게 말할 터. 그렇지만 우량한 기업을 찾는 방법과 그런 기업을 싼 값에 사는 방법을 알려주는 사람은 별로 없다. 그런데 그린블라트는 이를 공식화했고 백데이터 테스트를 통해 연간 30% 수익률의 달성을 실제로 보여주었으며, 무엇보다 실제로 투자수익률이 그 이상으로 나왔다. 그러니 지금도 많은 사람들이 그 방법을 사용하고 있고, 추종자가 생기며, 존경을 받을 수밖에 없지 않겠는가!

이제 본격적으로 마법공식의 구성을 한번 살펴보자.

먼저,

$$\text{자본수익률} = \text{EBIT(영업이익)} \div (\text{순운전자본} + \text{순고정자산})$$

이 공식은 회계를 조금만 공부했다면 쉽게 이해할 수 있을 것이다. 여기서 영업이익이라는 지표를 사용한다는 것은 다른 투자자들과 달리 회사의 자본구조가 어떤지(부채가 얼마이고 이자를 얼마나 내는지), 세금은 어느 수준인지, 일회성수익이나 일회성비용이 얼마나 발생하는지, 등은 무시하겠다는 의미다. 오로지 본업으로 벌어들인 이익만 보겠다는 뜻이다.

재무제표에서 영업이익 아래에는 부채에 대한 이자비용, 일시적으로 발생한 자산처분이익이나 손실, 환율변동손익, 일시적으로 늘거나 줄어들 수 있는 법인세비용 등이 있다. 이 모든 것이 다 반영된 것이 당기순이익이고, 이를 주식수로 나눈 것이 주당순이익EPS이다. 그린블라트의 마법공식은 재무구조(부채비율), 세율, 일시적손익 등은 모두 무시하고 본업으로 벌어들인 금액 그 자체에만 집중한다. 그래서 영업이익을 이익지표로 사용하는 것이다.

분모에 들어가는 순운전자본은 무엇일까?

이것은 유동자산에서 유동부채를 뺀 것, 즉, 회사의 유동성자산 중 상환해야 할 유동성채무를 제외하고 남는 금액이다. 이게 무슨 의미일까? 기업이 보유한 유동성자산이라고 해서 모두 사용 가능한 것이 아니고 유동부채를 갚고 난 금액만 사용할 수 있다. 사업을 하기 위해 투자하고 있는 순수한 유동성자산만 추출한 것이라 보면 되겠다.

그러면 순고정자산은 무엇일까?

기업에는 여러 가지 자산이 있을 수 있는데, 고정자산(유형자산)은 매출을 창출하기 위해 근간이 되는 자산이다. 제조업의 경우 토지를 사서 공장을 짓고 구축물 등과 생산라인(기계장치)을 만들어야 제품을 생산해 돈을 번다. 운수업이라면 선박, 항공기, 차량운반구 등의 유형자산을 매입하여 운영하면서 돈을 번다. 유통업이라면 토지를 사고 건물을 지어 매장을 만들어서 돈을 벌고, 매입한 상품 등을 각 매장에 효율적으로 운반하기 위해 거점마다 토지를 구해 물류창고를 만들어 상품을 유통시킨다.

　그 외에도 많은 산업이 있지만 기본적으로 우리가 생각하는 전통적 산업은 눈에 보이는 유형의 자산으로써 돈을 번다. 그렇다면, 순고정자산(순유형자산)은 매출을 창출하기 위해 기업이 투자해둔 자산(토지나 건물이든 항공기나 선박이든)이 장부상 얼마나 남아있는지를 나타내는 지표다. 예를 들어 토지에 10억, 건물에 40억, 기계장치에 50억을 투자했다면, 유형자산 취득 금액은 100억 원이다. 그런데 토지는 영원히 사용할 수 있어 감가상각을 하지 않지만 건물은 통상 40년에 걸쳐 상각을 한다. 40년 정도 지나면 더 이상 사용하지 못하니까 추가 투자를 해야 한다는 뜻이다. 기계장치는 상각기간(세법상 기준 내용연수)이 더 짧아, 통상 5년이다. 그러면 1년 후에는 어떻게 될까? 최초 취득금액은 100억 원이지만 건물에서 1억 원(40억을 40년간 상각하니 1년에 1억), 기계장치에서 10억 원(50억을 5년간 상각하니 10억)이 감가상각되어야 한다. 고로 순고정자산은 89억 원이 된다. 물론 중간에 추가로 설비투자를 했다면 다시 늘어나겠지만.

순고정자산은 결국 매출을 창출하기 위해 투자해둔 설비투자 금액 중 감가상각된 부분을 제하고 남는 금액을 가리킨다. 회계적으로 볼 때 매출 창출의 근간이 되는 설비투자금을 말하는 것이라 하겠다.

자, 그렇다면 마지막으로 순운전자본과 순고정자산의 합계는 무엇을 의미할까?

기업에는 영업활동에 사용하지 않는 비영업용 자산들이 있다. 가령 CJ제일제당이나 신세계 같은 경우, 본업은 음식료제조업 또는 유통업이지만 보유하고 있는 삼성생명 주식가치가 엄청 높고, 천일고속 같은 회사도 본업은 운송업이지만 전국 방방곡곡에 갖고 있는 부동산, 특히 서울 반포고속버스터미널 땅의 지분이 엄청나다. 이러한 자산들은 본업의 매출과 영업이익을 내기 위해 투자해둔 자산과는 별개의 투자자산이다.

조엘 그린블라트는 오로지 회사의 본업인 매출과 영업이익 산출에 사용되는 자산만을 골라내고 싶었던 것이다. 즉, 순운전자본은 사업 영위를 위한 유동성자산 중 유동부채를 제한 순수 영업용자산을 가리키고, 순고정자산은 매출을 창출하기 위해 회사가 투자해놓은 눈에 보이는 설비자산의 장부가치를 말한다.

총자산을 사용하지 않고 순운전자본과 순고정자산을 쓴 이유를 당신은 알아차렸는가? 분자가 당기순이익이 아니라 영업이익이다. 순전히 본업만으로 벌어들인 이익으로 기업을 평가하겠다는 의도다. 그런데 분모에 비영업용 자산까지 포함한 총 자산을 집어넣으면, 순수 영업을 위한 자산과 그 외의 자산들이 마구 뒤섞이게 될 것이다.

즉, 분자에는 본업으로 창출하는 수익인 영업이익을 사용하고 분모에는 영업에 투입된 걸로 판단되는 자산(순운전자본과 순고정자산)만 사용해야, 오롯이 기업의 순수 영업활동만을 판단할 수 있다고 본 것이다. 그렇게 해야 수천 개의 기업을 하나의 공식으로 평가할 수 있으니까. 다시 정리하자면, 본업에만 집중하고 재무구조(이자비용)나 법인세율(업종별, 기업별 유효세율은 다를 수 있음)이나 일회성손익 따위는 무시하자는 것이다. 달리 말해서 총자산순이익률(ROA)을 사용하되 영업용자산과 영업이익만 놓고 나머지는 제쳐놓자는 말과 같다.

　ROA 지표를 이용하여 내가 투자할 수 있는 기업들을 1등부터 차례로 나열한다. 엑셀로도 간단히 제시할 수 있다. 우리나라 같으면 코스피 코스닥을 합쳐 1등부터 2,112등까지 나열하는 것과 같다. 자본수익률 순위가 높을수록, 적은 영업용자산 투자로 많은 영업이익을 내고 있는 기업이다. 사업에 투자한 투자금 대비 본업으로 많은 돈을 벌어들이고 있는 기업일수록 등수가 높게 나온다는 이야기다.

　두 번째 공식인 이익수익률을 생각해보자.

이익수익률=EBIT(영업이익)/EV(기업가치)
[EV=시가총액+총차입금−현금및현금성자산−단기금융상품]

이 　지표는 무엇을 의미하는 걸까?

우선 영업이익이 분자로 들어가니까 역시 본업만으로 창출한 이익창출 능력으로 기업을 평가하겠다는 뜻이 담겨 있다. 분모의 EV(기업가치)는 Enterprise Value의 약자로, 대개 시가총액에서 기업의 총 차입금을 더하고 현금 및 현금성자산과 단기 금융상품을 차감한 값이다. 쉽게 말해서 이 회사를 당장 100% 내 것으로 만드는 데 들어가는 돈이 얼마인가를 계산한 식이라고 생각하자.

예를 들어보자.

2017년 9월 30일 기준 삼성전자의 시가총액은 약 331조 원. 이 회사 주식을 모두 살려면 331조원이 필요하다는 뜻이다. 당신이 331조 원을 투자해 삼성전자 주식을 모두 매입했다고 가정하자. 이제 당신은 주식 100%를 가지고 있으므로 삼성전자를 마음대로 경영할 수 있다.

그래서 일단 삼성전자가 보유한 현금을 배당 등의 형태로 빼서 투자한 331조 원을 회수하려고 한다. 하지만 지나치게 회사의 자산이 빠져나가면 채권자들의 방해나 견제를 받을 수 있다. 회사의 돈이 다 빠져나가면 삼성전자의 채권자들이 미래에 받을 돈까지 가져갈 수도 있지 않겠는가? 당신은 채권자들의 간섭을 받지 않기 위해 추가 자금을 투입하여 채권자들에게 빌린 돈을 일단 다 갚아버리고자 한다. 그러면 당신의 계획을 방해 받을 일이 없을 테니까.

2017년 9월 말 삼성전자가 채권자에게 상환해야 할 총 차입금은 재무제표 주석에서 보듯이 약 18.56조 원이다. 자, 이제 당신은 주식을 모두 매입하기 위해 331조 원을 썼고, 채권자들의 돈을 모두 갚느라고 18.56조 원을 추가로 썼다. 이제 채권자도 없고 삼성전자의 주식은 오롯이 당신의 소유가 되었다.

당신이 투자한 돈은 모두 331조+18.56조 = 349.56조 원이다. 이제 이 투자금만 회수하면 된다. 무엇으로 먼저 회수할까? 당연히 회사가 보유한 현금부터 배당 등의 형태로(투자금 회수에 법적인 제약 등은 없다고 가정) 회수할 것이다.

2017년 9월 말 삼성전자가 보유한 현금은 30.8조 원, 그리고 이자수익이나 투자수익이라도 창출하기 위해 금융기관에 예치해놓은 단기금융상품은 약 41.3조 원이다. 그래서 먼저 현금과 언제든 현금화할 수 있는 금융상품 41.3조 원을 회수했다. 그럼 당신의 순투자 금액은?

시가총액(331조)+종 차입금(18.56조)−현금 및 현금성자산(30.8조)−단기금융상품(41.3조)=기업가치 또는 EV(277.46조)

이렇게 나온 수치인 277.46조 원은 무엇일까? 당신이 삼성전자의 주식을 독점 소유하고 차입금을 모두 갚아버린 후, 회사가 보유한 현금과 금융상품을 현금화하여 일단 회수한 금액이다. 물론 현실적으로 있을 수 없는 일이지만 가치평가를 위해 이론적으로 만들어본 수치다.

자, 이제 당신은 277.46조 원의 투자금을 추가로 회수해야 한다. 무엇으로 회수할 것인가? 앞으로 회사가 벌어들일 이익으로 회수하면 될 것이다. 단, 삼성전자의 미래 이익이 얼마나 될지 모르니, 내년에 벌어들일 이익 정도로만 평가해보자. 애널리스트들이 2018년에 삼성전자가 실현할 것으로 예상한 영업이익은 64.56조 원이다. 왜 순이익이 아니라 영업이익인가? 차입금을 모두 갚아버려서 내야 할 이자가 없기 때문이다. 영업이익은 고스란히 당신의 몫이 된다는 얘기다. 그리고 그린블라트는 세금이나 일회성비용은 고려하지 않고 본업에만 집중하겠다고 했으니 당연히 영업이익으로 투자금을 회수할 수 있다고 생각하자.

투자금 회수비율=64.56조 원÷277.46조 원=23.27%

위의 산식이 바로 조엘 그린블라트의 두 번째 공식인 이익수익률 지표다. 당신이 투자한 277.46조 원은 영업해서 벌어들인 돈으로 회수해야 한다. 그런데 1년에 64.56조 원을 벌 수 있다고 예상되므로 당신이 투자한 돈은 1년에 23.27% 회수할 수 있다. 바꿔 말하면 당신의 총 투자금 277.46조 원이 투자성과 64.56조 원으로 돌아오니까, 투자수익률은 23.27%로 예상된다는 것이다.

첫째 공식과 동일한 방법으로 전체 상장사를 1등부터 2,112등까지 모두 나열해볼 수 있을까? 이익수익률이 높다는 것은 무엇을 의미할까? 현재의 시가총액으로 기업에 투자했을 때, 투자한 금액 대비 많은 영업이익을 내서 다시 돌려주는 기업이라는 뜻이다. 시가총액과 이익을 사용하였으니 PER과 비슷한 개념이기도 하고 EV/EBITDA

와도 비슷한 개념이다. 정확히 말하면 EV/EBIT 지표의 역수이지만 그린블라트의 뜻을 그대로 받아들이기 위해 그가 쓴 지표를 그대로 사용하자.

이익수익률이 높은 기업일수록, 지금 동일한 금액을 투자했을 때(시가총액) 상대적으로 더 높은 영업이익을 내서 투자자에게 돌려줄 것이다. 거꾸로 말해서 동일한 영업이익을 내더라도 주가가 싼(시가총액이 낮은) 기업이란 뜻이기도 하다. 개미들에게 기업의 가치를 정확히 평가하는 것은 어렵지만, 동일한 금액을 투자했을 때 어떤 기업이 더 많은 이익을 돌려주느냐에 따라 1등부터 주욱 나열하는 것은 어렵지 않다. 개미도 누구나 따라할 수 있다는 것이다.

그럼 마법공식은 무엇인가? 가중치를 주지 않고 앞서 계산한 자본수익률 등수와 이익수익률 등수를 단순히 합산한다. 가령 자본수익률이 1등이고 이익수익률이 3등이면, 4가 되는 것이다. 이렇게 모든 기업들의 자본수익률과 이익수익률을 합산한 숫자를 다시 엑셀의 올림차순으로 정렬한다.

두 공식으로 산출된 지표가 모두 좋은 순서대로 기업이 나열될 것이다. 이 순서를 따라 상위 20~30개에 정확히 분산 투자하여 아주 짧은 기간이 아닌 상당한 기간(통상 1년 이상) 기계적으로 투자하면 된다. 기업의 펀더멘털 분석이나 미래에 대한 전망도 깊게 하지 않는다. 오로지 투자한 자산(영업용 자산)으로 많은 이익을 내서 내가 투자한 금액(주가 또는 시가총액)에 비해 높은 영업이익을 실현하는 기업을 찾아 투자하는 데만 집중한다는 뜻이다.

지금까지의 설명을 이해했다면 이제 그린블라트의 그 한 마디가 완전히 이해되리라.

> "오로지 우량한(자본수익률이 높은) 기업을 헐값에(높은 이익수익률에) 지속적으로 사들인다면, 미친 주식시장이 마구 내다버리는 훌륭한 기업들을 체계직으로 사늘이는 셈이다."

투자철학을 체계적으로 공식화하고 등수까지 매겨서 실제로 투자할 종목을 직접

고를 수 있게 해주는 것은 어려운 일이다. 하지만 조엘 그린블라트는 강력하고 단순한 방법으로 그 일을 해냈다. 이제 우리가 할 일은 정말 이 방법이 한국에서도 통하는가를 확인해보는 것이다. 최근 몇 년간 그린블라트의 마법공식을 이용하여 기계적인 투자를 했을 때 어떠한 투자성과가 나오는지 확인해보자.

	연간수익률	투자원금 1억	코스피지수	코스닥지수	포트폴리오 개수
	2012~2017년 한국 시장, 그린블라트의 마법공식 투자성과				
2012	20.0%	120,000,000	9.40%	-0.80%	50개
2013	17.1%	140,520,000	-0.10%	-0.40%	50개
2014	22.6%	172,277,520	-4.90%	8.10%	50개
2015	-0.6%	171,243,855	2.50%	25.00%	50개
2016	11.7%	191,279,386	3.70%	-8%	50개
2017	10.9%	212,128,839	22.40%	21.80%	50개

어떤가? 이러한 단순한 투자방법으로도 연간 지속적으로 높은 초과수익을 달성하게 해준다는 것이 놀랍다. 물론 그린블라트도 이야기했듯이, 모든 사람들이 다 이 방법을 쓰게 된다면 자본수익률이 높은 기업을 저렴하게 사기는 어려워질 수 있다. 따라서 그는 과거에 이 방법이 통했다고 해서 미래에도 탁월한 성과를 100% 보장해주는 건 아니라고 이야기했다.

중요한 것은 이 마법공식이 개미들의 막힌 속을 시원하게 뚫어준다는 것이다.

"모멘텀투자, 차트투자, 집중투자 등등, 다 나한테 안 맞는 것 같고 마음 편한 가치투자를 해야 한다는데, 도대체 어떻게 종목을 고르고, 어떻게 포트폴리오를 꾸리며, 어떻게 그걸 리밸런싱하지?" 이런 질문에 그린블라트는 펀더멘털을 기반으로 모든 것을 알려주면서 이렇게 답해주고 있는 것 같다. "아무것도 모르겠어? 일단은 걍 이렇게 해봐!" 지금 주식투자를 처음 시작한 초보라도 전문가나 전업투자자 못지않은, 아니, 그보다 더 높은 수익률을 내고 나만의 투자이론을 정립해나갈 수 있는 방법이라고 말이다.

자, 이제 이 공식에서 한 가지 작업만 더 해보자. 종목의 등수를 정하는 이 방법에는 정량적 분석만 있고 개별 기업에 대한 분석은 없다. 이 방법에 독자들의 정성적 분석을 가미한다면 포트폴리오의 성과가 훨씬 더 커질 수도 있지 않을까?

조엘 그린블라트의 마법공식은 투자한 자산에 비해 많은 돈을 버는 기업을 찾아내고, 벌어들이는 이익에 비해 싼 가격에 거래되는 기업을 효율적으로 찾는 방법을 제안한다. 다만, 기업에 대한 깊은 고민과 분석을 하지 않는다. 즉, 투자대상 종목군을 만들어내는 데는 탁월하지만, 포트폴리오의 성과를 더 높이려면 정성적 분석도 가미해야 할 것으로 보인다. 다만 개미들이 안고 있는 한계로 인해 깊은 기업분석은 어려운 것이 사실이다. 그런데 복잡하거나 많은 시간을 쏟아 붓는 기업분석이 아니어도, 포트폴리오의 투자성과를 높일 수 있는 방법이 있다!

최근 결산 영업이익이 직전 결산 때보다 감소한 기업만 포트폴리오에서 제외시켜보자. 왜 이러한 장치를 하는 것일까? 마법공식은 포트폴리오에 속한 기업들의 실적 성장성을 전혀 고려하지 않는다. 투자자산 대비 이익률이 높아도, 이익률 대비 주가가 저렴해도, 영업성과가 감소하고 있는 기업의 주가는 상승하기 어렵거나 시장에서 기피당하기 십상이다. 그런데 마법공식은 아주 단순해서 기업 실적의 성장성지표, 또는 반대로 실적악화가 진행되는 기업을 배제하는 부분이 공식에 포함되어 있지 않다.

따라서 이 방법은 최근 기준으로 영업이익이 분명 성장했음에도 불구하고 자본수익률과 이익수익률이 높은 기업을 찾도록 해줄 것이다. 영업이익이 감소한 기업만 제외하고 포트폴리오를 재구성했을 때 투자성과가 어떻게 되는지, 아래의 표를 통해 확인해보자.

영업이익이 감소한 기업만 제외한 마법공식 포트폴리오의 투자성과					
	조정포트수익률	투자원금 1억(조정포트)	코스피지수	코스닥지수	포트폴리오 개수	누적수익률
2012	57.1%	157,100,000	9.40%	-0.80%	50개	27%
2013	41.2%	221,825,200	-0.10%	-0.40%	50개	122%

2014	45.4%	322,533,841	-4.90%	8.10%	50개	223%
2015	15.6%	372,849,120	2.50%	25.00%	50개	273%
2016	8.0%	402,677,050	3.70%	-8%	50개	303%
2017	22.8%	494,487,417	22.40%	21.80%	50개	394%

영업성과가 감소하고 있는 기업을 제외하면, 많은 시간을 할애하지 않아도 그 성과가 단순한 마법공식 포트폴리오에 비해 두드러지게 개선됨을 확인할 수 있다.

특히 2012~2015년 사이 영업이익이 감소하고 있는 기업만 마법공식 포트폴리오에서 제외해도 엄청난 수익성 개선 효과를 확인할 수 있다. 즉, 개미들이 아주 적은 시간과 노력만으로 높은 투자성과를 달성할 수 있는 투자전략인 셈이다. 시장이 특정섹터(제약, 바이오, IT 등)에 쏠리거나, 시장이 매우 효율적이어서 기업 이익 대비 현저히 싼 값에 거래되는 주식이 사라지는 상황만 오지 않는다면, 과거뿐만 아니라 미래에도 충분한 성과를 달성할 수 있을 것이라 기대되는 전략이다. 그러나 내가 이익 감소 기업을 제외시킨 마법공식에서 하나 더 조정하고 싶은 게 있다면, 바로 무형자산이다.

기업의 무형자산의 비중은 날로 높아지고 있다. 많은 돈을 무형자산에 투입한다. 제조업 위주였던 과거에 비해 최근에는 인수합병(M&A)을 통해 기업을 성장시키고 매출과 이익을 증가시킨다. 제약 또는 바이오 기업들은 R&D 투자금의 일정액(기업마다 비율은 다르다)을 무형자산으로 처리했다가 미래에 비용화한다. 엔터테인먼트 기업들은 연예인들과 계약할 때 지급한 계약금과 트레이닝에 투자한 돈 가운데 일정 금액을 무형자산화했다가, 계약기간에 걸쳐 매년 상각한다. CJ E&M, 스튜디오드래곤 등 미디어 기업들은 콘텐츠(판권 등)에 투자한 돈을 무형자산화했다가 사용하는 기간에 나누어 상각한다. 국가로부터 주파수 이용권을 매우 높은 금액으로 임대하여 사용하는 통신회사들도 마찬가지다.

이처럼 M&A를 통해 발생한 영업권(권리금)도 미래의 매출과 영업이익으로 연결되는 투자자산이다. 연예인에 대한 엔터테인먼트 기업의 그렇고, 미디어 콘텐츠 기업의 투자금 또한 마찬가지다. 나날이 늘어나는 무형자산의 투자 또한 매출과 이익을 평가할 때 중요한 평가요소가 된다. 무형자산에 투자한 돈도 공짜가 아니다. 과거에 벌어놓은 돈이건, 외부에서 조달해온 자금이건, 기회비용이 발생하는 돈이기 때문이다. 따라서 이와 같은 현대 비즈니스의 상황에 맞추어 유형자산(주로 제조업 및 유통업)뿐만 아니라 무형자산(M&A에 적극적인 기업, 미디어, 콘텐츠, 엔터테인먼트, 게임회사의 개발비, 제약 바이오 기업의 신약 및 복제약 등에 대한 투자, 통신회사의 주파수에 대한 투자)에 대한 성과까지 함께 평가해야만 올바른 기업평가가 될 것이다. 이를 염두에 두고 자본수익률(영업이익 ÷ 순유동자산+유형자산)을 수정하여 자본수익률2 지표(영업이익 ÷ 순유동자산+유형자산+무형자산)를 만든 다음, 마법공식 포트폴리오를 다시 구성해보았다.

그러니까 아래의 포트폴리오는 그린블라트의 마법공식 중 자본수익률에 무형자산을 추가했으며 아울러 최근 결산기에 영업이익이 감소한 기업을 제외한 다음, 매년 50개의 종목으로 만든 포트폴리오의 투자성과다.

최병철 회계사의 신마법공식에 의한 투자성과					
	조정포트수익률	투자원금 1억(조정포트)	코스피지수	코스닥지수	포트폴리오 개수	누적수익률
2012	55.7%	155,700,000	9.40%	-0.80%	50개	56%
2013	41.3%	220,004,100	-0.10%	-0.40%	50개	120%
2014	49.8%	329,566,142	-4.90%	8.10%	50개	230%
2015	13.1%	372,739,306	2.50%	25.00%	50개	273%
2016	8.6%	404,794,887	3.70%	-8%	50개	305%
2017	27.0%	514,089,506	22.40%	21.80%	50개	414%

단순 마법공식에 의한 포트폴리오의 성과보다 높다. 영업이익이 감소한 기업만 제외한 포트폴리오보다도 수익률이 근소하게 높다. 유형자산만 이용한 자본수익률 포트폴리오와 다른 점은, 무형자산 투자금액은 크지만 상대적으로 영업성과가 좋지 않은 기업들이 배제되면서 더 효율적인 포트폴리오가 되었다는 것이다.

기업을 하나하나 자세하게 분석하여 그 기업에 '올인' 했다가 주가가 오르지 않거나 오히려 떨어지면 고생은 고생대로 하고 마음은 피폐해지며 다른 주식들이 오를 때 엄청난 소외감을 느낄 수 있다.

조엘 그린블라트의 마법공식은 재무제표 특성 상 금융업종 투자가 배제된다. 유동자산과 유동부채 개념이 없으며 EV가 측정되지 않기 때문이다_저자 주

그리 많은 고생을 하지 않고, 투자금 대비 돈을 잘 버는 기업(자본수익률이 높은 기업)이 싼 값에 거래(이익수익률이 높은 기업)되고 있다면, 우선 마음 편안하게 투자대상으로 선택할 수 있다.

둘째로는 50개 정도로 분산 투자하여 위험을 감소시킴으로써 좀 더 안전함을 느낄 수 있다. 그리고 기업의 실적이 줄어들고 있는지 늘어나고 있는지만 판단해서 성과가 감소하는 기업은 배제할 수 있는 것 또한 마음이 편해지는 요소다.

개미들도 오랜 기간 시장에서 살아남아 남들보다 높은 투자성과를 꾸준히 낸다면, '슈퍼개미' 소리를 듣는 날이 반드시 오리라 생각한다. 그만큼 장기간의 복리투자 효과는 무서운 것이다.

지금까지 우리가 전략화해본 모든 포트폴리오의 투자성과는 기본적으로 실적이 발표되는 4월 1일 후 1년에 한 번 투자대상을 20~50개 선정해 분산 투자한 성과를 백테스트한 것이다. 그 어떤 정량적 분석도 없이 재무제표와 재무지표 및 외부에 알려진 자료만을 이용해 기계적으로 대상 기업을 골랐고 일정 기간 단순히 보유했다는 가정 아래 만들어진 성과다.

그러나 실제 투자자들은 자신이 투자한 기업을 좀 더 꼼꼼히 보고 싶어 한다. 특히 더 깊은 분석으로 집중 투자해 수익을 높이고 싶을 수도 있으며, 반대로 리스크가 크고 투자에 적합하지 않은 기업을 배제하고 싶은 마음도 있다.

특정 종목에 대한 분석과 강한 확신으로 집중 투자

* 2부에서는 재무제표와 재무지표를 이용한 투자철학과 기준으로 투자대상 기업을 고르는 방법, 그리고 그랬을 때 투자성과는 어땠는지를 과거 사례로 파악해보았다. 이어지는 3부에서는 위의 다양한 방법 중 나에게 맞는 전략으로 대상을 고를 때, 비중을 달리해 집중 투자하거나 반대로 손실이 날 가능성이 높은 기업을 골라 배제시켜 투자성과를 개선시키는 데 재무제표가 어떻게 활용될 수 있는지를 알아보자.

해서 성공한다면 투자성과는 당연히 더 높아질 것이다. 반대로 큰 손실이 발생할 수 있는 기업을 포트폴리오에서 제외시키는 것도 포트폴리오의 성과를 높일 수 있다.*

**개미마인드
재무제표로 주식투자하라!**

PART 3

개미들의 슬램덩크

재무제표로 투자수익률 상승

Chapter 01_로보어드바이저에게 투자금을 맡길 것이 아니면, 더 공부하라 | Chapter 02_투자수익률을 높이는 방법은 손실종목을 줄이는 것이다! | Chapter 03_현금흐름표로 기업의 상황을 파악하여 수익을 높이고, 손실을 줄이자! | Chapter 04_재고자산에 숨어 있는 기업의 미래 실적과 투자아이디어 | Chapter 05_감가상각비에 숨어 있는 기업의 미래 실적과 투자아이디어 | Chapter 06_투자 의사결정에 숨어 있는 기업의 미래 실적에 대한 신호 | Chapter 07_기업의 자금조달 의사결정에 숨어 있는 기업의 미래 실적에 대한 신호

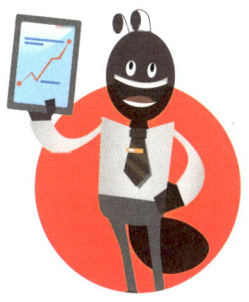

CHAPTER

01

로보어드바이저에게
투자금을 맡길 것이 아니면,
더 공부하라!

"
로보어드바이저에게
내 돈을 맡기랴?
"

다양한 투자전략을 수립하기 위해 제2부에서 재무제표와 실적 자료를 기초로 다양한 전략을 만들어보았다.

먼저 배당평가모형과 배당수익률을 통해 전략을 세워보았다. 기업가치의 정밀한 평가는 아니겠지만, 배당이 안정적으로 유지되거나 배당에 비해 주가가 상대적으로(시가배당률) 저렴해서 배당매력이 높은 기업에 적절하게 분산 투자하는 방법이었다. 그리고 과거 한국 시장에서 이 방법으로 투자해도 성과는 꽤 성공적이었다. 일단 포트폴리오를 구성한 후엔 차트나 매수–매도 타이밍을 재는 기술 등을 전혀 사용하지 않고도 말이다(종목을 고르고 차트를 통해 매수–매도 타이밍을 재고 결정하는 것을 '기술적 분석'이라고 한다).

시가배당률을 이용한 포트폴리오 구성은 매우 쉽고 간단했다. 과거의 경영성과가 유지되거나 성장하면서 기존의 배당성향대로 배당금을 유지한다는 전제하에 현재 주가와 배당금을 비교해 매력도를 따져 보는 것이었다.

그런데 만약 경영성과가 악화되어 기존의 배당금을 지급할 수 없는 상황이 된다면? 배당평가모형과 시가배당률을 이용한 투자 아이디어와 포트폴리오 구성에 문제가 생길 것이다. 경영성과의 악화는 대개 주가 하락을 가져오므로, 배당금으로 하락을 상쇄하기 어려울 뿐 아니라 배당금 자체도 줄어들 수 있기 때문이다. 결국 시가배당률을 이용하더라도 포트폴리오 내 기업들의 경영성과 및 업황을 꾸준히 파악하는 추가적인 노력이 꼭 필요하다.

두 번째로 알아본 어닝서프라이즈 모형의 투자 아이디어도 마찬가지. 애널리스트들이 기대한 경영성과(미래의 영업이익)에 따라 주가가 형성되는 법인데, 기대치를 뛰어넘는 어닝서프라이즈가 발표되면 애널리스트들과 투자자들이 기대치를 상향시키게 된다. 이렇듯 실적 발표 후 어닝서프라이즈 또는 어닝쇼크에 따라 주가가 후행적으로 드래프트를 만들어간다는 PEAD Post-Earnings Announcement Drift 라는 개념을 투자 아이디어로 활용하여 포트폴리오를 만들어봤다.

이 포트폴리오 전략도 과거에 꽤 훌륭한 수익률을 만들어주었다. 그리고 기대한 경영성과와 실제 경영성과의 차이를 이용한 것이므로, 결국 재무제표 자료를 활용한 전략이다. 물론 미래의 경영성과를 정확히 예측하거나 미리 알 수는 없다. 개미투자자라면 더욱 그렇다. 그래서 우리는 애널리스트의 예상실적 또는 추정실적과 실제 발표한 실적만 활용했다. 그럼에도 꽤 뛰어난 수익률을 달성할 수 있었다.

그런데 미래 실적의 정확한 예측은 어렵지만, 만약 매출이 늘어날까 줄어들까, 혹은 비용이 감소할까 증가할까 등이라도 예측해볼 수 있다면 어떨까? 먼 미래의 실적을 전망할 순 없지만 바로 다음 분기나 다음 연도의 성과가 어느 방향으로 흐르는지 대략 짚어볼 수 있다면 더욱 뛰어난 성과를 이룩할 수 있을 지도 모른다.

세 번째로 우리는 다양한 투자자들의 투자방법을 이용한 포트폴리오도 구성해보았다. 꾸준한 영업성과를 달성하는 우량기업−순현금기업이 순유동자산보다 낮은 시가총액으로 거래되고 있다면, 싸게 매수하여 안정적인 투자성과를 내자는 벤저민 그레이엄의 투자전략이었다. 이 경우에도 기업의 경영성과(영업이익 등)가 매우 중요했다.

피터 린치의 전략은 경영성과가 장기간 급성장하고 있고 앞으로도 그럴 것이라 예상되는 기업을 실적성장률보다 PER이 낮은 기업ᴾᴱᴳ을 매수해 높은 수익을 창출하고자 하는 전략이었다. 이 경우 역시 경영성과(영업이익 및 주당순이익)의 성장성이 중요했다.

데이빗 드레이먼의 역발상투자는 투자자들의 과도한 우려나 무관심으로 인기가 없는 소외주 중 경영성과가 개선되고 있는 저PER/저PBR 주식을 매수하여, 시장이 이성을 찾고 적절한 가격이 회복되면 투자성과를 창출하자는 것이었다. 이익이나 자산가치에 비해 주가는 저렴한데 경영성과가 개선되는 기업을 찾는 방법이었다.

마지막으로 조엘 그린블라트의 마법공식을 이용한 포트폴리오 투자성과도 꽤 좋았다. 보유한 자산을 이용하여 창출한 이익률(이익수익률)이 높으면서, 동시에 회사의 이익에 비해 주가가 싼(자본수익률) 기업들을 순서대로 나열해 포트폴리오를 구성하는 전략이었다.

앞에서 요약한 포트폴리오 구성 전략들은 모두 기업의 경영성과와 관련되어 있다. 모든 투자전략은 결국 기업 이익을 기준으로 포트폴리오를 구성하는 것이므로, 영업이익이야말로 가장 핵심적인 평가지표였다.

그런데 제2부를 읽은 개미들은 불안한 마음이 들것이다.

"도대체 뭐하는 기업인지도 모르고 미래의 업황 전망도 모르면서 소중한 내 돈을 투자하라고? 설령 투자를 한다고 하더라도 3개월, 6개월, 1년을 어떻게 기다리지? 주식시장은 매일 움직이고 있는데…"

맞는 말이다. 사실 나도 제2부에서 언급한 방법으로 투자할 기업을 찾으려고 땀 흘리고 있지만, 오로지 그것만으로 투자할 기업을 수십 개 선정해 포트폴리오를 만들고 동일한 가중치로 그 각각에 투자하진 않는다. 실적과 저평가에 대한 확신이 있다면 더 많은 금액을 투자하는 집중투자 전략도 사용하고, 과거 재무제표로는 매력적으로 보이는 기업이라도 미래 전망이 위험해 보이면 대상에서 제외하기도 한다.

제2부의 전략은 다양한 투자철학과 기준을 근거로 어떤 기업에 투자할 것인가를 찾아 본 것이다. 하지만 이대로만 투자한다면 인간이기 때문에 발생하는 어쩔 수 없는 가장 큰 문제가 있다. 바로 불안감이다. 소중한 내 돈을 너무 단순한 방법으로 투자한다면, 시장의 큰 출렁임에 간이 콩알만해지고 불안하기 짝이 없어진다. 소위 '퀀트 투자(특정 재무조건 또는 모멘텀 등 요건을 충족한 주식에 기계적으로 투자하고 매매하는 투자기법)'가 백데이터 테스트(과거 수익률 테스트)에서 놀라운 성과를 보이더라도, 특히 개미들을 포함한 대부분의 투자자들은 바로 인간의 심리와 불안감 때문에 이를 수행하지 못한다. 포트폴리오에 포함된 기업에 대해서 하나도 모른 채 조건에 맞는 기업에 기계적으로 투자했기 때문에 내 투자방식이 맞는지 늘 고민하는 것이다.

그런데 주가가 일시 하락하게 되면 불안감 때문에 하지 말아야 할 손절(손실확정)을 할 수도 있고, 반대로 투자기법 그 자체에 대한 지나친 신뢰 때문에 반드시 손절해야 할 주식을 팔아치우지 못할 수도 있다. 또 주가가 오르면 차익을 실현하고 싶은 욕구가 강해져서 익절(수익 실현)하지 말아야 할 기업을 익절할 수도 있다. *

> ＊ 퀀트투자는 로봇이 아니면 수행하기 어렵다. 인간은 심리적 동물이어서 기본적으로 불안해하고 하루에도 몇 번씩 생각이 달라질 수 있기 때문이다.

따라서 진정한 의미의 퀀트투자를 하고 싶다면, '로보 어드바이저'에게 투자금을 맡기길 권한다. 감정이 없는 로봇이라면 인간의 가장 큰 단점인 공포감, 불안감, 근거 없는 확신 따위의 개입 없이 백데이터 테스트와 확률에 근거하여 가장 성과가 좋을 것이라 예상되는 전략을 기계적으로 수행할 수 있기 때문이다.

제2부의 포트폴리오 구성전략은 본인의 철학이나 스타일에 맞추어 2,000개가 넘는 기업 중 어떤 기업에 투자할지를 찾아보는 작업이었다. 다시 말하면, 인터넷 쇼핑 과정 중 장바구니에 넣기 작업이었다. 퀀트투자는 특정 조건식을 쇼핑몰에 입력해 물건

들을 자동으로 고르고 묶어 장바구니에 넣고 결제까지 하는 전략이다. 그러나 세상의 어느 누가 그렇게 쇼핑하겠는가? 이것저것 고민하며 장바구니에 넣을 뿐 아니라, 장바구니에 들어간 물건이 가성비가 좋은지 따져보고, 꼭 필요한 것인지도 고민하며, 과일인 경우 제철이 아닌 상품은 다시 장바구니에서 삭제하기도 한다. 물건도 이렇게 고민하고 사는데 피땀 흘려 모은 내 돈이야 말해 뭐하겠는가! 장바구니에 든 종목들을 곰곰 따져보지도 않고 일괄 결제하겠는가! 이것이 바로 우리가 제3부를 이야기하는 이유다.

제2부의 포트폴리오 전략 중 하나를 이용해 장바구니에 어떤 주식을 넣든, 살지 말지에 대한 깊은 고민은 어차피 필요하다. 가까운 지인이 좋은 정보라면서 추천해준 종목이라 해도 마찬가지다.

몰빵 투자는 위험하다!

결국 기업 자체에 대한 분석이 중요하다 할 수 있겠지만 한 기업을 지나치게 자세히 공부하여 강한 확신이 든다고 해서 모든 자금을 100% 몰빵하는 것 역시 위험하다. 성공하면 대박이 날 수도 있지만, 그렇지 않은 경우는 남들 다 즐거울 때 손가락만 빨게 된다. 시장에는 좋은 기업들이 널려 있고, 또 좋은 기업이라 해서 나에게 반드시 수익을 주는 것도 아니다. 왜 분산투자를 하겠는가? 그 숱한 우량기업 중 어떤 것이 오를지, 어떤 종목이 상종가를 기록할지, 어떤 기업에 갑자기 예상치 못한 악재가 생길지, 알 수 없으니까 위험을 줄이자는 것이다.

물론 여기에서 딜레마가 생긴다. 특정 기업에 소위 몰빵하게 되면, 그 기업을 깊고 자세하게 공부할 수는 있다. 그러나 그때부터 다른 더 좋은 종목이 보이지 않게 되고, 이 종목만 사랑하게 된다. 장점만 부각되고, 단점은 잘 안 보이게 된다. 주가가 하락해도 기업에 대한 믿음은 변함이 없다. 끝내 그 확신이 성공한다면 큰 수익을 얻을 수도 있지만, 그게 나만의 확신이라면 쪽박을 찰 수도 있다. 사실 좋은 기업에 집중 투자하면 2가지 중 하나의 결과가 나타나는 경우가 많다. 우선 집중했기 때문에 기회비용이 크다. 이 종목으로 반드시 대박을 내야 하기 때문에 쉽게 팔지도 못한다. 설사 수익이 나도 적절한 타이밍에 매도하지 않아 놓친 수익을 후회하게 된다. 차트로 따지면, 고점에서 못 팔고 고점이었을 때 내 계좌잔고와 수익률을 생각하다가 못 파는 상황이다. 따라서 익절을 했음에도 불행해하고 후회한다. 인간은 고점이었을 때만을 기억하는 습성이 있기 때문이다. 왜 젊은 시절을 늘 그리워하겠는가? 가장 '잘 나갈' 때였기 때문이다.

반대로 몰빵 후에 주가가 하락하여, 꽤 오랫동안 마이너스 수익을 기록하게 되면, 나의 확신과 투자가 실패했다는 불안감에 고통스럽다. 그래도 손실을 보며 팔기는 싫어서, 원금이 회복되자마자 부리나케 매도하여 겨우 원금은 보전했나 싶었는데, 이후 그 종목이 크게 올라 불행에 빠지기도 한다.

몰빵 투자는 이랬거나 저랬거나 후회하고 불행해지는 경우가 많다. 한 종목의 주가 급등락에 지나치게 연연하니까. 결국 이런 심리를 다스리기 위해 분산투자를 하는 것이고, 말이야 바른 말이지, 나는 집중보다 분산이 개미들에게는 평균적으로 높은 투자수익률을 줄 것이라고 감히 확신한다. 분산투자는 이론적으로도 포트폴리오의 위험을 줄여주지만, 인간의 불안감과 공포와 탐욕을 조절해주는 기능도 갖고 있다고 생각한다. 따라서 개미들은 웬만하면 20개 이상의 종목에 분산 투자하기를 권한다.

다만, 포트폴리오 구성 종목이 너무 많아도 문제이긴 하다. 장바구니에 상품을 너무 많이 담으면 쇼핑이 비효율적인 것처럼. 상품 하나하나에 대해 충분히 고민하지 못하고 충동적으로 사놓고는 나중에 후회하는 모양새다.

그래서 적절한 개수의 기업에 분산 투자하되 개미의 입장에서 이용 가능한 정보를 최대한 활용하여 투자대상을 공부해야 한다. 전문가도 아니고 기업에 찾아가 이것저것 물어볼 수도 없으니, 가장 손쉽게 얻을 수 있는 정보는 재무제표와 사업보고서, 그리고 전자공시에 의한 정보일 것이다. 애널리스트들의 보고서도 있고 회사의 주식담당자에게 직접 전화해서 물어볼 수도 있겠지만 말이다.

제2부에서 주로 재무제표 숫자를 지표화해서 투자대상을 찾는(2,000개 이상의 상품 중 20~50개를 장바구니에 넣는) 작업을 했다면, 제3부에서는 장바구니(관심종목 리스트)에 넣어둔 것이나 누군가가 좋다고 추천하는 것을 하나씩 뜯어보고 고민해보도록 하겠다. 조금 더 많은 시간을 투입한다면, 단순히 구성했던 포트폴리오 전략보다 더 높은 성과를 충분히 달성할 수 있다. 그리고 불안감, 공포, 탐욕을 상대적으로 많이 잠재울 수 있다는 게 중요하다. 전혀 모르는 기업의 주식을 갖고 있는데 일시적으로 주가가 떨어지면 불안해진다. 내가 모르는 무언가가 있는 것 같고 잘못 투자한 것 같다. 투자를 망치는 지름길이다. 하지만 내가 그 기업에 대해 어느 정도 잘 알고 있고 내 투자에 확신이 있다면 어떨까? 주가 하락의 시간을 인내하고 기다리다가, 하락이 멈추거나 반등이 오거나 원하는 가격이 되었을 때 투자수익을 극대화하기 위한 노력을 할 수 있다.

투자성과가 매우 좋은 나의 친한 선배가 신뢰하는 말이 있는데, 나 역시 그 말에 동의한다. 제3부의 핵심이기도 하다.

> "잘 모르니까 불안한 것이다."

개미가 전문투자자나 내부자만큼 기업을 잘 알 수는 없겠지만, 우리가 이용할 수 있는 자료(특히 투자수익과 연결될 수 있는 내용)를 최대한 활용한다면 충분히 가치 있는 시간 투자가 될 수 있을 것이다.

CHAPTER

투자수익률을 높이는 방법은
손실종목을 줄이는 것이다!

"
포트폴리오의
수익률을 낮추는
원인은 무엇인가?
"

	연간수익률	투자원금 1억	코스피지수	코스닥지수	포트폴리오 개수
J.그린블라트 마법공식 시뮬레이션: 한국 시장 투자성과(50개 종목 포트폴리오)					
2012	20.0%	120,000,000	9.40%	-0.80%	50개
2013	17.1%	140,520,000	-0.10%	-0.40%	50개
2014	22.6%	172,277,520	-4.90%	8.10%	50개
2015	-0.6%	171,243,855	2.50%	25.00%	50개
2016	11.7%	191,279,386	3.70%	-8%	50개
2017	10.9%	212,128,839	22.40%	21.80%	50개

제시한 표는 2부에서 분석한 J. 그린블라트의 마법공식으로 한국 주식시장에서 주식을 골라(결산실적 발표 3월 31일 기준 투자), 1년을 보유하고 포트폴리오를 교체했을 때의 수익률 시뮬레이션이다.

2012년 4월 1일 기준 1억 원의 원금을 투자했을 때, 2017년 11월 30일에는 2.12억 원이 되어 5년 반 동안 원금은 2.12억 원으로 불어나 있다. 이를 연평균투자수익률_{CAGR}로 환산하면 약 15%다. 매년 꾸준히 15%씩 수익을 낸 것과 동일한 투자성과라는 뜻이다.

	조정포트수익률	투자원금 1억(조정포트)	코스피지수	코스닥지수	포트폴리오 개수	누적수익률
		영업이익이 감소한 기업만 제외한 마법공식 포트폴리오의 투자성과				
2012	57.1%	157,100,000	9.40%	-0.80%	50개	57%
2013	41.2%	221,825,200	-0.10%	-0.40%	50개	122%
2014	45.4%	322,533,841	-4.90%	8.10%	50개	233%
2015	15.6%	372,849,120	2.50%	25.00%	50개	273%
2016	8.0%	402,677,050	3.70%	-8%	50개	303%
2017	22.8%	494,487,417	22.40%	21.80%	50개	394%

위의 표도 기억하고 있다. 마법공식을 이용하되 마법공식이 기업의 실적 성장성을 고려하지 않는다는 것을 이용하여 간단한 조작을 했다. 최근 결산 실적(영업이익)이 증가하고 있는 기업만으로 포트폴리오를 재구성했더니, 더욱 놀라운 수익률을 얻을 수 있었다. 2012년 4월 1일에 투자한 원금 1억 원이 5.5년 새 4.94억 원으로(4.94배) 늘었으니, 이를 CAGR로 바꾸면 무려 매년 평균 33.7%의 투자성과를 달성한 것과 같다.

마지막으로 최근 중요해지고 있는 무형자산까지 고려해 마법공식의 자본수익률을 조정한 후 재구성한 포트폴리오의 수익률은 연평균 34.7%였다.

왜 영업이익이 감소한 기업을 제외했을 때, 오리지널 마법공식보다 성과가 크게 개선되었을까? 영업이익이 감소하면 대개 주가가 떨어지는데, 그런 기업들이 포트폴리오에서 배제되었기 때문이다. 즉, 많이 노력하고 고민해서 포트폴리오를 구성함으로써 수익률의 변동성과 위험을 줄인다 하더라도, 여전히 높은 성과를 달성하기 어려운 가장 큰 이유는 주가가 훌쩍 오른 기업에 집중하지 않았고 주가가 하락한 기업들이 남아서 전체 수익률을 갉아먹었기 때문이다. 단순히 50개 기업에 각각 2%씩 투자한다는 전제이지만, 더 많이 오른 종목에 많은 비중을 투입하지도 않았고 영업이익 때문에 주가가 하락한 기업만 배제했다는 것을 반드시 명심하자.

단순히 영업이익이 감소한 기업을 뺀 다음 순위를 매겨 50개 종목에 똑같은 금액을 투자했을 때 수익률이 크게 올라갔다는 것은 무엇보다 손실을 피하는 것이 수익률 제고의 최선의 방법이라는 얘기다.

가령 시가배당률을 이용한 투자전략에서 고배당주로 분류되지만 경영성과가 악화되고 배당을 지급할 정도의 당기순이익도 달성하지 못하고 있던 하이트진로라든지, 원자재 가격 하락으로 실적이 좋아졌다가 원자재 가격이 뛰면 다시 실적이 악화되리라 예상했던 한국전력을 포트폴리오에서 배제하면 배당주 포트폴리오의 수익률은 꽤 올라갔다. 경영성과가 좋지 않거나 악화가 예상되는 기업을 장바구니에서 삭제하는 정도의 작업만으로도 투자수익률이 크게 개선된다는 의미다. 이 정도 노력은 충분히 해볼 만하지 않을까?*

> * 미래에 대한 예상은 당연히 어렵다. 전문가인 유명 애널리스트들도 기업실적 예측에서 틀리기 일쑤다. 하물며 개미들이야 어떻겠는가? 그럼에도 불구하고 우리에겐 무기가 있다. 재무제표, 사업보고서, 공시 내용에서 주의해야 할 것들을 함께 활용하여 수익률을 높일 수 있는 방법을 연구하자.

03

현금흐름표로 기업의
상황을 파악하여
수익을 높이고, 손실을 줄이자!

"

미래의 기회와 손실예측에
현금흐름표가 도움이 된다.

"

case study

넥스턴 투자 케이스 스터디
(현금 흐름표에 숨어있는 미래 실적과 투자아이디어)

〈차트 3-1〉을 보자. 만약 당신이 꼭 이 회사에 투자해야 한다면, 언제 매수하여 언제 매도하는 것이 가장 좋을까?

그렇다, 주가가 10,000원 내외였던 2016년 8월에 매수하여, 최고점에 이르렀던 2017년 1월 말~2월 초에 매도하는 게 가장 이상적이리라. 이 회사 주가는 실제로 영업실적에 따라 움직였는데, 다음의 분기별 실적과 주가흐름을 비교해서 보자. 그 이후, 이제 2017년 분기별 실적을 차트 아래 제시된 표를 통해 확

차트 3-1　넥스턴 주가 차트

인하고 발표된 분기 실적만으로 2016년 8월에 매수하여 2017년 초에 매도할 수 있을까? 스스로에게 물어보기 바란다.

넥스턴 분기별 실적

(단위: 억 원)

	2016년 1분기	2016년 2분기	2016년 3분기	2016년 4분기	2017년 1분기
매출액	30	36.5	382.3	295	110
영업이익	0.51	-8.15	114.2	86.3	248
당기순이익	1.92	-1.61	73.6	97.8	67

아이러니하게도, 2분기 실적이 영업적자로 발표된 시점(2016년 8월 11일)부터 주가는 급격히 상승했고, 4분기 실적이 극적으로 흑자 전환되었음이 발표된 시점(2017년 2월 6일)에 주가는 고점을 찍었다. 그리고는 줄곧 내리막을 걷게 된다. 2분기 적자, 3분기 엄청난 실적 개선, 4분기 다시 매출과 영업이익 감소, 그리고 2017년 1분기에 실적이 완전히 꺾이게 된다. 주가도 그런 추세를 따라 움직였다.

이런 사례를 보면 투자자들은 의문이 생기게 된다. 실적 발표를 보고 주식을 매수했다가 다음 실적 발표를 보고 매도하면, 너무 늦는 것이 아닐까? 물론 엄청난 3분기 실적이 발표된 2016년 11월 14일에 매수(24,100원)했다가, 4분기에는 실적이 크게 감소했다는 2017년 2월 6일의 발표를 보고 매도(28,700원)했다면 약 19%의 수익을 달성하였을 수도 있다. 그러나 2분기 실적이 발표된 8월 11일에 좀 더 빨리 매수(16,540원)하여 똑같이 매도했다면 5개월 정도의 수익률은 무려 74%에 달했을 것이다. 발표 후 실적 감소를 눈으로 확인하고 팔았다고 해도 말이다.

이 회사의 2016년 2분기 재무제표는 아래와 같다.

이제 재무제표를 꼼꼼하게 분석하여 무언가가 궁금하다면 질문을 던질 수 있고, 그 질문은 훌륭한 투자성과를 낼 수 있는 아이디어로도 연결될 수 있을 것이다.

과 목	주석	제 17 기 반기		제 16 기 반기	
		3개월	누 적	3개월	누 적
Ⅰ. 수익	5	3,649,059,616	6,640,569,399	4,581,374,903	8,302,765,413
Ⅱ. 매출원가	23	(2,349,158,154)	(4,433,502,118)	(3,212,040,185)	(5,409,577,791)
Ⅲ. 매출총이익		1,299,901,462	2,207,067,281	1,369,334,718	2,893,187,622
Ⅳ. 판매비와관리비	21, 23	(2,114,458,933)	(2,970,706,856)	(741,095,908)	(1,515,400,423)
Ⅴ. 영업이익		(814,557,471)	(763,639,575)	628,238,810	1,377,787,199

위의 표는 2016년 8월 11일 발표한 손익계산서의 일부다. 2016년(17기) 2사분기(3개월) 영업이익은 적자 8.14억 원, 그리고 같은 해 상반기 전체로는 적자 7.63억 원이다.

이와는 달리 2015년(16기) 상반기엔 흑자가 약 14억 원이나 누적돼 있었다. 그러니까 회사는 2016년 들어 매출액이 줄어들면서 영업이익은 14억의 흑자에서 마이너스 7.6억으로 적자전환을 경험했다.

그런데 실적 그 자체에는 큰 관심이 없더라도 다음의 현금흐름표를 보면 고개를 갸우뚱하게 될 것이다.

과 목	주석	제 17 기 반기	제 16 기 반기
영업활동으로 인한 현금흐름		34,501,411,805	191,271,397
영업으로부터 창출된 현금흐름	27	34,391,505,803	711,683,014
법인세납부		47,540,090	(522,695,292)
이자납부		(198,272)	–
이자수취		62,564,184	2,283,675

뭔가 이상하지 않은가? 제16기 반기(6개월)의 영업이익은 약 13.77억 원이고, 법인세나 이자 등을 제외하고 순수 영업으로부터 창출된 현금흐름은 약 7.11억 원이었다. 둘 사이에 큰 차이가 없다. 그러다가 제17기로 넘어오면 영업이익은 마이너스 7.6억 원으로 적자가 났다. 그런데 수상하게도 순전히 영업만으로 창출된 현금흐름은 무려 344억 원에 달한다! 분명히 적자를 본 회사가 정작 영업활동만으로 이 어마어마한 현금을 창출하다니, 재무제표가 이상해 보이지 않는가? 다행히도 주석에서 그 이유를 설명해준다고 하니 주석을 확인해보자.

재무제표 주석 27번에 의하면 영업이익도 적자고 법인세비용 차감 전 순이익은 겨우 4,115만 원 정도였던 이 회사에서 영업활동으로 무려 344억 원의 현금이 유입된 이유는 선수금이 늘어났기 때문이다. 선수금이란 무엇일까? 제품이나 서비스에 대한 주문을 받으면서 고객으로부터 대금의 일부 혹은 전부를 미리 받아둔 현금이다. 발생주의 회계 원칙에 의해서 매출이나 영업이익에는 반영되지 않으면서 유입된 현금이다. 주석에 의하면 그런 선수금이 367억 원이나 들어왔다.

발생주의 회계 : 제품을 납품하고 아직 돈을 못 받은 상황이어도 일단 돈을 받을 권리가 발생하면 이를 바로 매출로 처리하고 아직 못 받은 돈은 외상매출금 등으로 잡아둔다. 반

대로 아직 제품이나 서비스를 공급하진 않았지만 그 대가를 미리 현금으로 받은 상황이라면, 아직은 돈 받을 권리가 발생하지 않았기 때문에 매출 및 이익으로 인식할 수 없다.

27. 영업으로부터 창출된 현금 :

가. 당반기 및 전반기 중 영업으로부터 창출된 현금의 내역은 다음과 같습니다(단위 : 천원).

구 분	당반기	전반기
법인세비용차감전순이익	41,149	1,106,194
조정:		
외화환산손실	15,000	140,907
감가상각비	80,495	134,468
무형자산상각비	7,409	19,709
판매보증수리비	8,189	6,966
유형자산처분손실	2,196	–
무형자산손상차손	–	5,000
이자비용	198	–
퇴직급여	92,428	135,149
금융보증비용	5,866	
외화환산이익	(784)	(39,908)
이자수익	(103,596)	(30,192)
유형자산처분이익	(1,090)	(7,272)
금융보증비용환입	–	(9,131)
매출채권의 증감	2,989	(594,083)
미수금의 증감	(775,497)	47,746
선급금의 증감	(122,943)	(48,750)
선급비용의 증감	1,640	2,417
재고자산의 증감	(7,811,919)	(319,916)
매입채무의 증감	6,651,994	36,850
미지급금의 증감	352,234	(20,266)
미지급비용의 증감	9,615	29,850
선수금의 증감	36,681,694	131,603
예수금의 증감	(23,215)	(248)
판매보증충당부채의 증감	(8,372)	(6,627)
퇴직금의 지급	(714,176)	(16,568)
사외적립자산의 증감	–	7,785
영업으로부터 창출된 현금	34,391,505	711,683

2016년 6월까지는 고작 66억의 매출에 적자까지 봤던 이 회사는 갑자기 어떤 거래처로부터 미래의 공급을 전제로 367억이란 현금을 선수금으로 받았다. 후일 약속대로 납품이 이루어지는 시점에 이 선수금과 남은 잔금이 비로소 매출로 인식되고 이익도 기록될 것이다. 이 회사가 받은 선수금이 주문금액의 100%가 아니라면, 조만간 367억보다 훨씬 큰 규모의 매출이 생길 것이고, 이는 앞선 6개월간의 초라했던 매출을 훌쩍 뛰어넘는 것이다.

자, 이제 이들이 누구에게 무슨 명목으로 그런 선수금을 받은 것인지 2016년 5월 31일자 첫 번째 수주공시를 들여다보자.

단일판매 · 공급계약체결		
1. 판매 · 공급계약 내용		IT기기 장비 공급계약
2. 계약내역	계약금액(원)	-
	최근 매출액(원)	16,181,652,516
	매출액 대비(%)	-
3. 계약상대방		-
-회사와의 관계		-
4. 판매 · 공급지역		-
5. 계약기간	시작일	2016-05-30
	종료일	2016-09-17

시작일, 종료일, IT기기 장비 공급이라는 점 말고는 정보가 거의 없다. 수주금액조차 알 수 없다. 계약이 9월 17일에 종료되니까 3분기(7~9월) 실적으로 인식될 거라는 정도만 파악할 수 있다. 이러한 공시를 '백지공시'라고 하여, 당사자들의 기밀 유지 약정으로 일정기간 동안 공시를 유보할 수 있다.

이어서 6월 14일, 다음과 같은 2차 공시가 나온다. 이 수주에 대해서는 209억 원이 좀 넘는 계약금액도 명시했고, 그것이 최근 매출액을 훌쩍 뛰어넘는 비즈니스였다는 것도 밝혀진다. 발주처도 알 수 있고, 매출이 일어나는 시점이 3분기 및 4분기로 나누어진다는 것도 알 수 있다. 계약금이 60%라는 중요한 정보도 드러난다.

단일판매·공급계약체결		
1. 판매·공급계약 내용		IT기기 장비 공급계약
2. 계약내역	계약금액(원)	20,935,800,000
	최근 매출액(원)	16,181,652,516
	매출액 대비(%)	129.38
3. 계약상대방		LENS Technology(Changsha)Co.,Ltd
-회사와의 관계		-
4. 판매·공급지역		중국
5. 계약기간	시작일	2016-06-13
	종료일	2016-11-15
6. 주요 계약조건		계약금 60%
		중도금 30%
		잔금 10%

　뒤이어 6월 28일 세 번째 수주 내역이 공시되었다. 역시 199억 원에 달하는 큰 금액이며, 동일한 거래처에 비슷한 기간 동안 납품하고 계약금 60%를 미리 받는 조건이다.

단일판매·공급계약체결		
1. 판매·공급계약 내용		IT기기 장비 공급계약
2. 계약내역	계약금액(원)	19,864,500,000
	최근 매출액(원)	16,181,652,516
	매출액 대비(%)	122.76
3. 계약상대방		LENS Technology(Changsha)Co.,Ltd
-회사와의 관계		-
4. 판매·공급지역		중국
5. 계약기간	시작일	2016-06-27
	종료일	2016-12-29
6. 주요 계약조건		계약금 60%
		중도금 30%
		잔금 10%

　이제 이해된다. 3건의 공급계약을 체결하고 그에 따라 60%의 선금을 받음으로써 367억 원이란 막대한 현금이 창출된 것이다. 그중 금액이 밝혀진 계약 2건이 총 408억 원이니까, 그로 인한 선수금은 60%인 245억 원, 그리고 나머지 367억−245억=122억 원이 비밀유지약정 때문에 금액이 발표되지 않은 1건에서 창출된 선수금이었다. 이 1건의 계약 규모는 거꾸로 계산해서 122억÷60%=203억 원이었음을 쉽사리 알 수 있다. 실제로 계약 종료 후 이전의 백지공시에 대한 정정공시를 통해 내용을 공개했는데 계약금액은 위의 추정과 거의 같다.

정정신고(보고)

정정일자	2016-09-13

1. 정정관련 공시서류	단일판매 공급계약체결	
2. 정정관련 공시서류제출일	2016-05-31	
3. 정정사유	계약기간 종료에 따른 계약금액 및 계약상대방 정보공개	
4. 정정사항		
정정항목	정정전	정정후
2.계약내역　계약금액(원)　　매출액 대비(%)	-	20,696,220,000 127.90
3.계약상대방	-	LENS Technology(Changsha) Co.,Ltd
4.판매 공급지역	-	중국
6.주요 계약조건	-	계약금 60% 중도금 30% 잔금　10%

-상기 계약총액은 $18,000,000입니다.
　계약금 60%는 (2016.04.15)최초고시 매매기준환율(1$=1,153.40)을 적용하여 원화로 환산한 금액임
　중도금 30%는 (2016.07.06)최초고시 매매기준환율(1$=1,153.00)을 적용하여 원화로 환산한 금액임
　잔금 10%는 (2016.08.31)최초고시 매매기준환율(1$=1,118.50)을 적용하여 원화로 환산한 금액임

　그런데 백지공시 당시엔 알 수 없었던 내용이 9월 13일에야 비로소 공개되었기 때문에, 2016년 8월 11일 발표한 반기보고서를 대했을 때는 선수금 규모

로 수주액(매출)을 추정할 수밖에 없었다.

자, 이제 투자자로서는 무엇이 궁금해질까? 7월 이후 3~4분기 중 약 611억 원 규모(209억+199억+203억)의 매출 발생은 쉬이 알 수 있다. 하지만 이 계약 3건의 이익률이 어느 정도인지는 예측하기 어렵다는 게 문제다. 그럼, 과거의 매출액과 이익률을 이용해보면 어떨까? 사업보고서를 찾아보면 이 회사는 CNC자동선반 판매액이 전체 매출의 94.37%을 점한다는 것을 알 수 있다.

2. 주요 제품 및 원재료 등
가. 주요 제품 등의 현황

(단위 :백만원,%)

사업부문	매출유형	품 목	구체적용도	주요상표등	매출액(비율)
CNC 자동선반	제품	CNC자동선반	● 자동차 부품류(엔진부품.조향장치.와이퍼.shaft류.복합형상기계부품류) ● 선박엔진 부품류 ● 의료용기기 및 임플란트 ● 통신(핸드폰.DMB).전자부품류(LCD관련.복사기.프린터등) ● 유공압부품류(솔밸브류)	(주)넥스턴	6,267(94.37)

위 3건의 계약에 의해 회사는 중국의 LENS Tech에 IT장비를 대량 납품하기로 한 것이다. 구글링을 해보면 당신도 금세 파악할 수 있겠지만, LENS라는 회사는 애플 등에 스마트폰용 커버글래스를 성형해주는 기업이다. 그런 회사에 제품공급을 하니 IT기기 공급계약인 것이다. 주석에는 아울러 가장 중요하다고 판단되는 공시가 이렇게 달려 있다.

28. 우발상황 및 약정사항:

라. 당반기말 현재 회사는 최대주주인 (주)대호테크와 3D 열성형 장비기술을 이전을 받기 위하여 기술이전계약을 제결하고 있습니다. 동 계약에 따르면 회사는 일정금액의 기술료를 지불하도록 되어 있습니다.

회사의 최대주주는 ㈜대호테크로, 넥스턴은 3D 열성형 장비기술을 이전받고 일정금액의 기술료를 지불한다고 되어 있다. 여기서 ㈜대호테크를 검색해 보라. ㈜대호테크는 3D열성형 장비기술 원천기술 특허를 보유하고 있으며, 바로 이 기술 덕분에 갤럭시 스마트폰의 '엣지' 디자인(유리성형기술)이 가능하다.

관점을 살짝 바꿔보자. 원천기술을 갖고 있는 회사가 최대주주로 되어 있는 넥스틴이 611억 원의 주문을 땄다. 대호테크가 바빠서 그랬든, 자회사를 밀어주려고 그랬든, 아무튼 그 기술을 이전하기로 하고 그런 수주를 한 것이다. 그렇다면 ㈜대호테크의 경영성과를 살짝 확인해보면서 이익률을 짐작해보도록 하자.

2015년 기준 매출액 864억 원, 영업이익 386억 원으로 영업이익률이 44.7%에 달하는 엄청난 수익성을 보유한 대호테크. 자, 이제 투자자로서 합리적인 추론을 해보자. ㈜대호테크의 기술력을 이전받아 수주한 것이라면 611억 원의 수주금액은 영업이익률이 최대 45%까지 나올 수 있는 수익성 높은 수주라고 판단할 수 있다. 단, 기술이전 대가로 지불할 기술료가 어느 정도인지 알 수는 없지만, 합리적 수준이라면 넥스틴 역시 짭짤한 마진을 남길 수 있을 것이다. 불확실성은 다소 있지만, 이 회사에 일정 금액을 분산 투자하고 3개월 후(11월 14일)에 나오는 3분기 재무제표를 기다려 보도록 하자.

	제17기 3분기		제16기 3분기	
	3개월	누적	3개월	누적
수익(매출액)	38,255,787,489	44,866,356,888	3,426,535,916	11,729,301,329
매출원가	26,070,251,787	30,503,753,905	2,382,189,873	7,791,767,664
매출총이익	12,155,535,702	14,362,602,983	1,044,346,043	3,937,533,665
판매비와관리비	733,711,928	3,704,418,784	1,035,854,134	2,551,254,557
영업이익	11,421,823,774	10,658,184,199	8,491,909	1,386,279,108

3분기 매출 382억 원, 영업이익 114억 원. 엄청난 깜짝 실적이다. 영업이익률이 무려 30%. 매출은 전년 농기 대비 10배 이상, 영업이익은 1,345배가량 증

가했다. 6개월 누적으로는 매출액이 약 4배, 영업이익은 약 7.6배 증가했다.

　　이제 당신은 이 기업이 대주주로부터 기술을 이전받아 발생시킨 신규 매출의 이익률을 대략 가늠할 수 있다. 이 회사에 계속 투자를 할 것인가? 아니면 이제 매도할 것인가? 신규 수주실적에 대한 공시가 있으면 좋으련만!

　　그러나 3분기 실적이 발표된 11월 14일까지 추가 공시는 없었다. 혹시 수주 공시는 내지 않았으나 선수금을 수령하면서 따낸 주문은 없었을까? 만약 있다면 재무제표의 어디서 확인할 수 있을까? 그렇다. 선수금 내역을 추가로 확인해봐야 할 것이다.

14. 기타유동부채

당 3분기 및 전기말 현재 기타유동부채의 내역은 다음과 같습니다.

(단위: 천원)

구 분	당 3분기말	전기말
미지급비용	92,172	75,007
선수금	15,159,294	94,868
예수금	40,162	58,353
합 계	15,291,628	228,228

　　9월 말 기준 영업이익 114억 원, 영업이익률 30%를 달성했지만, 선수금은 아래의 표에서 보듯, 6월 말에 비해 216억 원 이상 감소한 상태다.

14. 기타유동부채 :

당반기 및 전기말 현재 기타유동부채의 내역은 다음과 같습니다(단위:천원).

구 분	당반기말	전기말
미지급비용	84,622	75,007
선수금	36,776,563	94,868
예수금	35,138	58,353
합 계	36,896,323	228,228

　　이제 남은 선수금은 152억 원. 계약금 60%를 받는 조건이었으므로 중도금을 제외하고 수주잔고를 단순 계산하면 152억÷60%=253억 원 정도다. 이후 회사는 4분기 실적 발표(2017년 2월 6일)까지도 추가수주 공시를 내지 않았다. 자, 투자자들은 어떻게 했어야 할까? 실적은 지속성이 중요하다. 과거 영업이익률이 30%였다 하더라도, 매출의 지속성이 없다면 이 기업에 대한 투자는 실패할 것이다. 당신이 이 회사에 8월 11일(2분기 실적발표)에 투자했다면, 11월 14일부터 2017년 2월 6일까지는 비중을 줄이거나 수익실현을 했어야 한다. 추가수주공시도 없으며 선수금이 감소하는 것으로 보아 수주잔고도 감소하고 있던 것으로 판단되기 때문이다.

매출액 또는 손익구조 30%(대규모 법인은 15%) 이상 변동				
1. 재무제표의 종류	개별			
2. 매출액 또는 손익구조 변동내용 (단위: 원)	당해사업연도	직전사업연도	증감금액	증감비율(%)
- 매출액(재화의 판매 및 용역의 제공에 따른 수익액에 한함)	74,373,033,944	16,181,652,516	58,191,381,478	359.6
- 영업이익	19,978,173,548	1,606,616,810	18,371,556,708	1143.5
- 법인세비용차감전 계속사업이익	22,737,891,044	1,717,674,373	21,020,216,671	1223.8
- 당기순이익	17,706,185,495	1,360,343,372	16,345,842,123	1201.6

　　이제 2017년 2월 6일 발표된 실적을 위의 공시에서 보자. 연차 재무제표는 나오지 않았지만 연간 실적을 미리 발표한 것이다. 2016년 4분기 실적은 얼마인가? 4분기 실적만 따로 공시하지 않아서 다소 불편하지만, 1년 실적에서 3분기 실적을 빼면 구해볼 수 있다.

매출액 744억(1년)−449억(1~3분기)=295억

영업이익 199.8억(1년)−106.6억(1~3분기)=93.2억

4분기 역시 영업이익률 31% 이상(93.2억÷295억×100)을 달성했지만, 3분기에 비해서 매출은 23%, 영업이익은 18% 정도 떨어졌다. 지속적인 추가수주가 있었다면 둘 다 늘어날 수 있었을 것이나, 그러질 못해서 수주잔고가 감소한 것이 결국 전 분기 대비 4분기 실적 감소로 이어졌다. 그리고 2017년 3월 30일에 나온 확정 재무제표에는 선수금이 다시 5.39억 원으로 전년도 수준과 큰 차이가 없었다.

16. 기타유동부채 :

당기 및 전기말 현재 기타유동부채의 내역은 다음과 같습니다(단위:천원).

구 분	당기말	전기말
미지급비용	97,941	75,007
선수금	538,934	94,868
예수금	266,043	58,353
합 계	902,918	228,228

이제 물어보자. 투자자로서 가장 바람직한 자세는 어떤 것이었을까? 공시와 재무제표를 활용해 이런 내용을 파악하고 투자에 임했다면, 2분기 적자였던 시점에서 실적개선을 가늠하고 이 주식을 매수할 수 있었을 것이고, 영업이익률 30%에 달하는 놀라운 실적에 기쁘겠지만 선수금이 줄고 동시에 신규 수주 공시가 없어 불안할 수 있었을 것이다. 그래도 수주잔고가 4분기 매출과 이익으로 연결되는 동안 추가수주가 있다면 회사의 높은 매출성장과 이익성장은 지속될 수 있으니 기다려볼 만했을 것이다. 그러나 4분기 실적발표로 실적은 3분기에 비해 감소했고, 역시 추가수주 소식은 들리지 않았다. 실적의 지속성이 염려되는 상황. 매도하는 편이 낫겠다는 생각이 든다.

이렇게 생각했다면, 다행히 70% 이상의 수익을 단기간(약 5개월)에 낼 수 있었던 종목이다. 만약 3분기의 높은 실적과 엄청난 영업이익률만 보고 매력을 느껴 투자했다면 다소 늦은 매수시점이었을 수 있으며, 다시 실적이 급격히 떨어지는 타이밍을 놓쳐 매도하지 못했다면 수익을 못 냈거나 오히려 손실이 날 수도 있었다.

재무제표와 공시분석이 더욱 중요했던 경우로 볼 수 있다. 즉, 기업 특성에 따라 미래 실적에 대한 정보를 재무제표 및 기업공시 내용으로 확인할 수 있고 그에 따라 투자를 했다면 성공할 수 있다는 얘기다.

당신이 보고 있는 기업 실적은 발생주의 회계로 계산된 것이다. 실제 유입된 현금 기준이 아니다. 발표된 영업이익과 영업활동으로 실제 벌어들인 현금은 대체로 일치하지 않는다.

넥스턴의 경우, 2016년 2분기 영업은 적자였지만 거래처로부터 선수금을 받는 시점에 대규모 현금이 유입되었다. 그리고 그 선수금은 납품이 이루어졌을 때 비로소 매출로 인식되고 영업이익으로 연결되었다. 선수금이 존재하는 기업의 경영성과를 가늠할 때는 반드시 선수금의 추이, 현금흐름, 과거의 실적자료를 이용하여 향후 성과의 개선이나 악화를 확인해야 할 것이다. *

> * 이처럼 재무제표에 선수금이 존재할 수 있는 기업들은 꽤 많다. 조선이나 건설 같은 수주산업, 대형기자재 등 제조업, 반도체 및 디스플레이 장비 등 제조업, 교육 등 서비스업, 유통업(상품권 등 발행), 항공업 등 매우 다양하다. 그래서 재무제표에서 반드시 체크해야 할 항목이라 할 것이다.

넥스턴의 사례에서 기업이 공시한 실적은 반드시 현금흐름과 일치하지 않는다는 것을 배웠다. 오히려 이익과 현금흐름이 일치하면 이상한 노릇이다. 자, 이 회사의 2016년 2분기 영업이익 −8.14억 원을 회계이익이라 부르고, 영업활동 현금흐름 345억 원을 현금이익이라 칭하자. 그렇다면 현금은 들어왔지만 이익으로 기록될 수 없는 금액이 얼마였기에 −8.14억이라는 회계이익, 즉, 적자가 생겼을까? 현금흐름(345억)에서 회계이익을 뺀(적자를 더한) 353.14억이다. 그리고 이 금액은 가까운 미래에 매출과 이익으로 연결된다.

조선3사 케이스 스터디
(현금흐름표에 숨어있는 리스크와 투자아이디어)

그렇다면, 아래의 경우는 어떨까?

대우조선해양 영업이익, 현금흐름

(단위: 억 원)

	2011	2012	2013	2014		영업적자처리
영업이익	10,887	4,862	4,409	4,711	2015년	-21,245
영업이익누적액	10,887	15,749	20,158	24,869	2014년 이전	-0,401
영업현금흐름	23	-9,960	-11,979	-5,602	합계	-51,646
영업현금흐름누적액	23	-9,937	-21,916	-27,518		
이익-현금흐름차이	-10,864	-14,822	-16,388	-10,313		
이익-현금흐름차이누적액	-10,864	-25,686	-42,074	-52,387		

　　표에서, 대우조선해양은 2011년부터 2014년까지 지속적으로 영업이익을 흑자로 유지하고 있다. 같은 업계의 삼성중공업이나 현대중공업은 2014년에 대규모 적자를 냈지만, 대우조선해양의 실적은 그들에 비해 견실하다. 투자자로서 어떻게 판단해야 할까? "역시 믿을 것은 대우조선뿐!"일까? 아니면, "왜 대우는 경쟁사들과 다를까?"를 물어봐야 할까? 안타깝게도 전자의 생각을 한 사람이 훨씬 많았던 모양이다. 2011년~2014년까지 4년간 누적 영업이익은 약 2.5조 원에 달한다. 그런데 같은 기간 누적 영업현금흐름은 (−)2.75조 원이다. 그동안 누적 발생액을 계산해보면 회계이익 2.5조−현금이익 (−)2.75조=5.24 조 원(발생액)이 된다. 영업이익은 지속적으로 쌓여 2.5조 원이 되었는데, 현금흐름은 4년간 마이너스를 기록하며 영업활동으로 인한 현금 부족이 2.75조 원에 이르렀다는 뜻이다.

앞서 넥스턴 사례에서 우리는, 2016년 2사분기 선수금에 의한 현금흐름 발생액이 3사분기와 4사분기의 매출로 실현되고 이익으로 연결됨을 확인했다. 연차 재무제표에 나타난 영업이익과 현금흐름을 보자.

텍스턴		
과목	주석	제17기
I. 수익	6, 33	74,373,033,944
II. 매출원가	13, 26, 33	(49,737,305,931)
III. 매출총이익		24,635,728,063
IV. 판매비와관리비	24, 26	(5,343,257,882)
V. 영업이익		19,292,470,181

과목	주석	제17기	
영업활동으로 인한 현금흐름			15,257,139,610
영업으로부터 창출된 현금흐름	31	15,256,212,118	
법인세납부		(115,917,810)	
이자지급		(198,272)	
이자수취		117,043,574	

연차 영업이익은 193억 원, 현금흐름은 약 153억 원이다. 약 40억 정도 차이가 있지만(발생액) 6개월 전에 발생했던 (−)353억 원은 매출과 이익이 인식되면서 정리된다.

그렇지만 대우조선해양은 어떠한가? 매년 발생액(회계이익과 현금흐름의 차이)이 크게 늘어나기 시작한다. 발생액은 정상 영업주기 내에 생겼다가 사라지면서 현금이익과 회계이익의 차이의 갭이 줄어드는 것이 정상이다. 조선업의 영업주기가 길다는 점을 참작하더라도, 지나치게 큰 금액의 발생액이 3년간 누적되었다. 발생액은 언젠가 정리되어야 한다. 누구에게든 이렇게 물어보라. "현금이 거짓말을 할까요? 아니면 회계이익이 거짓말을 할까요?"대개는 현금이 아니라 이익이 틀렸을 거라고 답한다. 왜냐하면, 현금은 '존재'하는 실제이고, 이익은 '계산'된 것이기 때문이다.

　　실제 대우조선은 2015년 7월 분식회계를 인정하고 대규모의 손실을 발표했다. 2015년에 인식한 영업손실 총액만 5.16조 원에 달한다. 어떤가? 정확히 일치하진 않지만 회계이익과 현금이익의 차이였던 5조 원 이상의 발생액이 회계상 손실로 정리되는 것이 보일 것이다. 그러면서 누적 개념으로 보면 현금과 이익이 기적적으로 만나게 되는 장면을 볼 수 있다.

　　〈차트 3-2〉는 2012년~2016년 대우조선의 주가차트다. 처음 3년간 꾸준히 영업이익을 기록한다. 영업이익만 보고 판단했으면 몰랐을 수도 있다. 그런데 영업이익과 현금흐름을 함께 비교해가면서, 차이가 수조 원 단위로 계속 커지는 것을 파악했다면 불안하지 않았을까? 내가 어떤 가격에 투자했건, 불안하고 걱정되면 정리했을 것이다. 아무리 늦어도 2014년 재무제표가 발표된 2015년 3월에는 정리했어야 한다. 당시 조정주가 100,000원은 현재 16,500원으로 내려앉았다. 재무제표를 세심히 보면 이처럼 큰 손실은 피할 수 있다.

　　이제, 〈차트 3-2〉의 2014년까지의 대우조선해양의 영업성과와 현금흐름의 차이를 현재 시점까지 확장해보자. 아울러 우리나라의 대형조선사 3개사

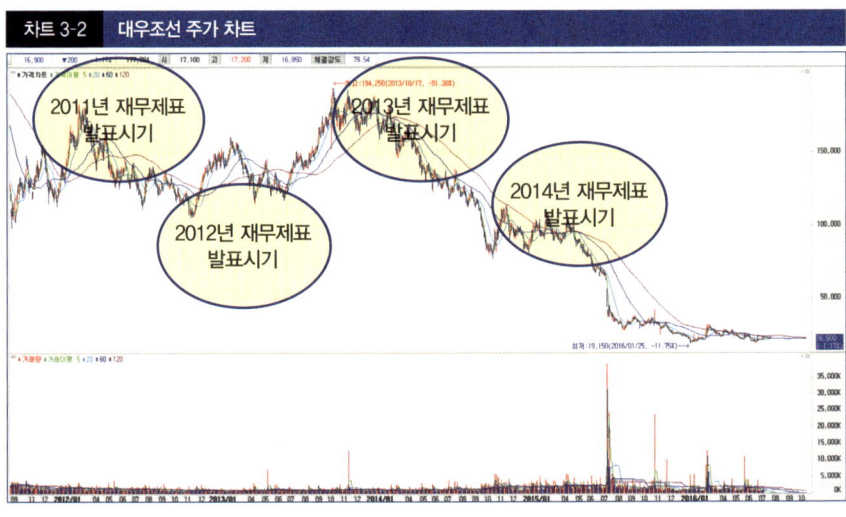

차트 3-2 　대우조선 주가 차트

의 영업이익과 현금흐름을 비교해서 함께 살펴보겠다. 3개사의 차이점은 무엇인가?

현대중공업							
							(단위: 억 원)
	2011	2012	2013	2014	2015	2016	2017. 9월말
영업이익	45610	19931	8020	-32494	-15401	16418	4087
영업현금흐름	5085	-34590	4928	15067	-5744	27667	17086
영업이익누적	45610	65541	73561	41067	25666	42084	46171
현금누적	5085	-29555	-24627	-9560	-15304	12363	29449
이익-현금 차이누적	-40575	-95096	-98188	-50627	-40970	-29721	-16722
	현대중공업이 2017년 9월 말 기준으로 대금 청구를 한 매출채권						16687

현대중공업: 2011년부터 6년 9개월간 누적 영업이익이 약 4.6조 원이다. 누적 현금흐름은 약 2.94조 원으로 그 차이(발생액)인 1.67조 원만큼 현금 유입이 부족한 상태다. 다만 2017년 9월 말 기준으로 거래처에 대금을 청구했지만 받지 못한 금액 1.67조 원이 있어, 회수기일에 예정대로 지급받기만 한다면 대충 '누적 회계이익=누적 현금이익'이 될 것이라는 것을 알 수 있다.

삼성중공업							
							(단위: 억 원)
	2011	2012	2013	2014	2015	2016	2017. 9월말
영업이익	10826	12057	9142	1808	-15020	-1472	717
영업현금흐름	14397	-11934	5902	-4575	6203	-15548	10810
영업이익누적	10826	22883	32025	33828	18808	17336	18053
현금누적	14397	2463	8365	3790	9993	-5555	5255
이익-현금 차이누적	3571	-20420	-23660	-30038	-8815	-22891	-12798
	삼성중공업이 2017년 9월 말 기준으로 대금 청구를 한 매출채권						2312

삼성중공업: 상황이 조금 다르다. 2011년부터 6년 9개월간 누적 영업이익은 1.8조 원, 누적 현금흐름은 5,255억 원이다. 그 차이인 1.28조 원만큼 현금이 적게 유입되었다. 그런데 거래처에 청구해놓은 채권 총액은 겨우 2,312억 원으로 위와 같이 커다란 차이(발생액)을 설명하기에는 턱없이 부족하다. 1조486억에 대한 추가 설명이 필요하다.

대우조선해양						
						(단위: 억 원)
	2011	2012	2013	2014	2015	2016	2017. 9월 말
영업이익	10887	-720	-10100	-5599	-21245	-15308	10840
영업현금흐름	23	-9960	-11979	-5602	-8430	-5310	-6474
영업이익누적	10887	10167	67	-5532	-26777	-42085	-31245
현금누적	23	-9937	-21916	-27518	-35948	-41258	-47732
이익-현금 차이누적	-10864	-20104	-21983	-21986	-9171	827	-16487
	대우조선해양이 2017년 9월 말 기준으로 대금 청구를 한 매출채권						3241

대우조선해양: 삼성중공업과 마찬가지. 누적 영업이익이 –3.12조 원인데, 누적 현금흐름은 –4.77조 원이다. 그 차이가 1.65조 원으로, 역시 이익에 비해 현금이 적다. 다만 2017년 9월 말 현재 거래처에 청구만 되고 회수되지 않은 채권 총액이 3,241억 원이므로, 발생액인 1.65조 원 가운데 작은 일부분만 설명해준다. 그래서 마찬가지로 추가 설명이 필요한 상황.

도대체 왜 삼성중공업과 대우조선해양은 누적 현금이익과 누적 영업이익의 차이가 충분히 설명되지 않을까? 계약조건 상 아직 대금 청구할 시기가 되지 않거나 해서 거래처에 아직 청구하지 못한 공사대금이 있기 때문이다. 이를 우리는 '미청구공사순액'이라 부를 수 있겠다. 이미 청구는 했지만 아직 수령하지 못한 금액과 대비된다. 2017년 9월 말 기준 삼성중공업의 미청구공사순액(미청구공사–초과청구공사)은 1.97조 원이다.

대우조선해양 역시 거래처에 아직 청구하지 못한 미청구공사순액이 2017년 9월 말 기준 1.68조 원이다. 수주산업 특성상 공사를 진행한 후 매출액과 영업이익으로는 처리했으나 아직 청구 조건이 충족되지 않아 청구할 때를 기다리는 금액이 있다는 뜻이다. 이렇게 되면 여전히 남아 있던 현금이익과 영업이익의 차이 1조3,246억 원이 설명된다. 아직 청구하지 못한 금액 1.68조 원이 있으니, 청구 조건만 충족되면 대금을 청구하고 문제가 없다면 회수할 것이다. 삼성중공업 역시 미청구공사순액 1.97조 원으로 아직 설명되지 않은 1조486

억 원의 수수께끼가 풀린다. 그런데 이 미청구 금액이 너무 커서 그 수수께끼를 풀어주고도 도리어 9,173억 원이나 남아돈다. 이게 미심쩍다. 정리해보자.

1. 2017년 9월 말까지 회계이익 중 1.28조 원의 현금이 아직 들어오지 않은 (결손) 상태다.

2. 거래처에 대금 청구만 해둔 채권 2,312억 원으로 위의 결손 중 일부만 설명되고, 나머지 1조486억 원에 대해선 추가 설명이 필요하다.

3. 공사는 진행했으나 조건이 충족되지 않아 아직 청구하지 못한 대금 순액 1.96조 원으로 1조 486억 원이 설명된다.

4. 그러나 그걸 설명하고도 1.96조 원 가운데 9,173억 원이 남게 된다.

2017년 12월 6일 삼성중공업은 다음과 같은 공시를 발표한다.

연결재무제표 기준 영업실적 등에 대한 전망(공정공시)

※ 동 정보는 예측정보로서 향후 실제 결과와는 다를 수 있음							
1. 연결 영업실적 전망 내용							
구분(단위 : 억원)		2017	사업연도	2018	사업연도	2019	사업연도
대상기간	시작일	2017-01-01		2018-01-01		2019-01-01	
	종료일	2017-12-31		2018-12-31		2019-12-31	
매출액		79,000		51,000		-	
영업이익		-4,900		-2,400		-	
법인세비용차감전순이익		-		-		-	
당기순이익		-		-		-	
수주(억불)		74		77		-	
2. 전망 또는 예측의 근거		- 시장전망 및 경영계획					
3. 정보제공내역	정보제공자	재무팀					
	정보제공대상자	투자자 및 언론기관					
	정보제공(예정)일시	2017년 12월 6일 공정공시 이후					
	행사명(장소)	-					
4. 연락처(관련부서/전화번호)		재무팀(자금기획): 031-5171-7900					
5. 기타 투자판단과 관련한 중요사항							
- 상기 계획은 당사의 경영목표이므로 경영환경과 상황에 따라 실제 결과와 일치하지 않을 수 있음을 양지하시기 바랍니다.							
※ 관련공시	-						

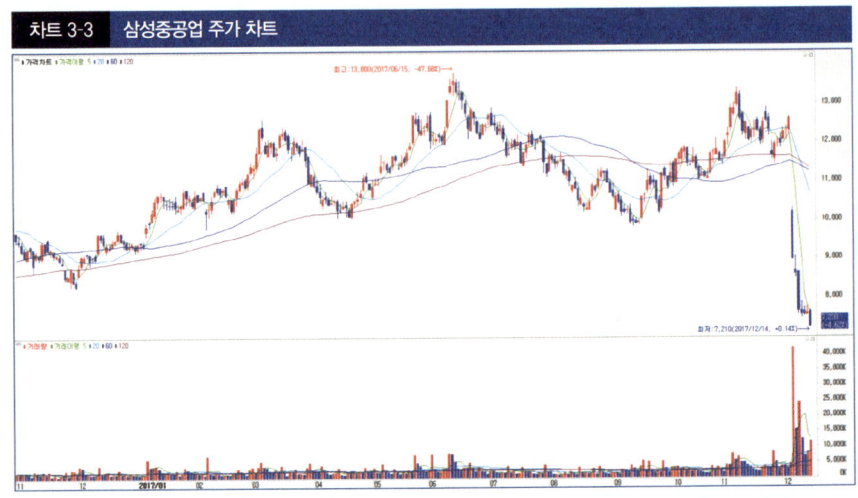

차트 3-3 | 삼성중공업 주가 차트

2017년과 2018년에 각각 4,900억과 2,400억의 영업적자를 기록할 전망이라는 공시이며, 2017년 3사분기까지 영업실적이 717억 흑자였으므로, 4분기 중 손실만 4,900억+717억=5,617억 원이라는 얘기다.

이런 발표가 있자 12월 5일 12,600원이었던 주가는 열흘 만에 7,220원으로 약 43% 폭락하게 된다.

2015년 대우조선해양도 마찬가지였다. 대규모 손실처리, 영업이익과 영업활동 현금흐름 사이의 설명되지 않은 차이가 여지없이 손실로 연결된다. 투자자 입장에서는 재무제표를 통해 회계상 영업이익과 영업활동 현금흐름의 차이가 어디서 생긴 것인지 파악했어야 하고, 설명되지 않는 부분을 공부했더라면 피해를 줄일 수 있었을 테다.

이처럼 현금흐름표는 회사가 발표한 영업성과인 '계산된' 영업이익이 현금흐름을 수반하는 이익인지, 아니면 그 둘 사이에 간극이 생겼는지를 확인해준다. 나아가 그런 차이가 왜 생겼으며, 이것이 미래의 매출 및 이익 성장과 관련

되어 있는지, 그리고 기업의 경영성과에 대한 리스크와 두려움을 안겨주는 것인지도 확인해준다.

투자자들은 반드시 기업의 영업이익만 보지 말고 그 영업성과로 인해 현금이 유입되었는지, 아니면 실제 현금흐름과는 차이가 있었는지, 그리고 그 차이가 어떤 항목에서 나온 것인지, 확인해야 할 것이다. 이것이야말로 투자손실을 줄이고 수익률을 높일 수 있는 재무제표의 첫 번째 선물이라 할 것이다.

case study

우양에이치씨 케이스 스터디
(기업이 발표한 이익이 실제 이익이 아니라면?)

내가 왜 현금흐름과 이익의 차이를 이토록 강조하는지 아는가? 위의 몇몇 사례가 아주 특이한 것일까? 그렇지 않다. 현금흐름 분석이 투자위험을 줄이는 유용한 방법이라는 것은 다양한 사례와 연구를 통해 확인할 수 있다. 끝내 부도가 나고 상장폐지가 되어 많은 투자자들을 울렸던 우양에이치씨 사례를 보면서 좀 더 공부해보자.

2014년 9월 말 재무상태와 약 3년간의 재무성과를 보고, 이 회사의 재무상황을 부정적으로 이야기할 수 있는 사람이 얼마나 될까? 회사의 연말 자본총계(순자산)는 2012년부터 877억→1299억→1530억 원으로 성장했다. 상장폐지 전인 2015년 2월 주가는 3,000원 정도였으며 시가총액은 약 510억 원이었다. PBR은 얼마일까? 이 시가총액을 순자산(자본) 1,530억 원으로 나누면 0.33 수준이다. 그럼 PER은 어떤가? 2014년은 9월까지만 실적이 나왔으니, 전년도 실적 기준 PER을 계산해보자. 2013년에 663원의 주당순이익을 기록한 기업의 주가가 약 3,000원이니 약 4.5배다.

자, 우리가 저PER-저PBR 기업을 찾아 투자하는 전략을 사용한다고 가정하자. 업종에 따라 다르지만 PBR 0.3 수준과 PER 4.5 수준은 절대적으로 낮은 수준이다. PER나 PBR이 낮은 기업은 일반적으로 시장에서 인기가 없는 종목이다. 우양에이치씨는 플랜트 기자재 업체로, 당기 플랜트를 수행하던 건설업과 조선업이 대규모 적자를 내던 2014년 즈음엔 인기가 없었다.

그래도 영업이익은 2012년 약 209억, 2013년 약 217억을 달성하며 성장하고 있었다. 게다가 2014년 상반기에는 실적이 전년 대비 다소 부진했지만, 3분기 들어 깜짝 놀랄 만한 실적을 보여주었다. 아래의 표는, 이 회사가 부도나기 직전 2014년 3분기의 실적을 전년과 비교한 수치다. 매출액과 영업이익이 모두 성장했다. 즉, 저PER-저PBR 기업이며 최근 분기 실적이 전년 동기나 직전 분기보다 성장하는 기업이었다. 데이비드 드레먼의 철학에 딱 어울리는 기업이다.

우양에이치씨의 부도 전 요약 재무정보

(단위 : 천 원)

구분	2014년 9월 말 (제19기)	2013년 (제18기)	2012년 (제17기)
[유동자산]	239,535,553	216,090,486	193,413,381
[비유동자산]	172,857,809	157,265,790	122,601,899
자산 총계	412,393,362	373,356,276	316,015,280
[유동부채]	171,228,726	166,932,098	199,339,731
[비유동부채]	88,213,374	76,483,765	28,913,832
부채총계	259,442,100	243,415,863	228,253,563
[자본금]	9,753,647	9,753,647	7,556,321
[자본잉여금]	61,268,901	61,268,901	35,221,788
[이익잉여금]	60,597,470	55,063,143	43,315,296
[기타자본]	21,331,244	3,854,722	1,668,312
자본총계	152,951,262	129,940,413	87,761,717
매출액	169,717,664	226,003,564	202,440,123
영업이익	13,125,350	21,678,273	20,934,446
당기순이익	5,199,674	11,451,225	6,738,339
수낭순이익(원)	283	663	594

(단위 : 원)

	제 19 기 3분기	제 18 기 3분기
	3개월	3개월
매출액	61,706,317,843	47,575,698,437
영업이익	5,929,468,331	3,856,239,671
당기순이익	5,651,510,006	-2,361,517,013

하지만 단기채무의 상환을 하지 못하여 끝내 부도신청을 내고 상장폐지 되었으며, 투자자들은 많은 피해를 보게 되었다. 경영악화로 인한 자본잠식(완전자본잠식), 분식회계나 횡령, 부도 등으로 상장이 폐지되는 기업이 해마다 더러 있긴 하지만, 이 회사는 일반 투자자들이 이해하기 어려운 케이스였다.

지속적으로 연간 200억 원 이상의 영업이익을 달성하고 있었으며, 2014년 상반기엔 다소 부진했지만 적자가 아니었고, 심지어 3분기에는 영업이익이 전년 동기 대비 53% 이상 늘어났기 때문이다. 게다가 상장폐지 이유가 부도라는 건 더욱 놀랍다. 통상 부도란 것은 단기에 상환해야 할 유동부채를 이익이나 유동자산으로 상환하지 못할 뿐 아니라, 은행 등을 통해 추가 자금을 조달하지 못할 때 발생하기 때문이다.

그러나 우양의 2014년 9월 말 유동자산은 약 2,400억이었고, 유동부채는 약 1,712억 정도. 그 차이인 순유동자산만도 688억 원이다. 시가총액이 약 510억 원이었으니, 벤저민 그레이엄의 투자 철학인 '순유동자산이 시가총액을 초과하는 기업'에도 해당된다. 그런데 어떻게 투자수익은커녕 부도를 내고 상장폐지가 되었을까?

단순히 재무지표만으로 대상을 골라 투자하게 되면 이런 기업을 솎아낼 수 없고, 그 대상이 포트폴리오의 작은 일부분이라 하더라도 전체 수익률을 크게 깎아먹게 된다. 2014년에 투자한 다른 종목들의 수익률이 모두 좋았다 해도, 이런 종목에 섞여 있었다면(게다가 큰 비중이었다면) 전체 투자성과는 매우 악화되었을 것이다.

(단위 : 천 원)

	제 16기	제 17 기	제 18기	제 19기 3분기
영업이익	15,579,412	20,934,444	21,678,273	5,929,468
영업활동현금흐름	23,363,365	-9,729,824	-7,632,621	1,261,127
영업이익누적	15,579,412	36,513,856	58,192,129	64,121,597
현금흐름누적	23,363,365	13,633,541	6,000,920	7,262,047
영업이익-현금흐름차이	7,783,953	-30,664,268	-29,310,894	-4,668,341
이익-현금차이누적	7,783,953	-22,880,315	-52,191,209	-56,859,550

만약 우리가 우양에이치씨에 관심을 갖기 전에 위와 같은 회계이익과 현금 흐름의 몇 년 간 추이를 유심히 살펴봤다면, 어땠을까? 이 기업에 투자할 수 있었을까?

16기부터 19기 3분기까지 3년 9개월간 누적 영업이익은 641억 원에 달한다. 그러나 실제 영업활동으로 들어온 현금흐름은 기껏 73억 원 정도다. 이 둘의 차이는 무려 569억 원! 거래처에 청구하고 아직 받지 못한 매출채권이 약 227 억 원이 있지만, 그것만으로는 설명되지 않는 부족액이 342억 원이나 된다. 현 금이익과 회계이익이 일시적으로 다를 수는 있지만, 시간이 흐르면서 그 차이 는 줄어들어야 마땅하다. 그러나 이 회사는 영업이익이 누적되는 가운데 이익 과 현금의 차이가 줄기는커녕 계속 커지고 있었다. 낮은 PER와 PBR 때문에 주 가가 싸 보이고(흔한 표현으로 '밸류에이션 매력이 높고') 최근 실적이 성장하 고 있어도 투자자로서는 망설일 수밖에 없는 대목이다.

마지막으로 유동비율을 보자. 2,400억의 유동자산에 비해 유동부채는 모두 1,712억 정도. 유동자산을 전부 현금화한다면 유동부채는 쉽게 상환할 수 있는 것으로 보인다. 그러나 재무제표를 좀 더 자세히 살펴보면 실제 상황은 다르다. 회사가 부도나기 직전 유동자산과 유동부채 항목을 꼼꼼히 살펴보면 이러하다.

(단위 : 원)

	제 19 기 3분기말
자산	
유동자산	239,535,553,304
현금및현금성자산	6,179,618,734
단기금융상품	5,436,437,791
매출채권 및 기타채권	42,917,501,181
미청구공사	167,478,996,748
재고자산	10,554,195,126
기타금융자산	288,253,959
기타유동자산	6,680,549,765
유동부채	171,228,725,633
매입채무 및 기타채무	56,255,563,748
단기금융부채	112,525,738,653
당기법인세부채	2,112,527,737
기타금융부채(유동)	269,118,687
초과청구공사	65,776,808
선수금	

　유동자산이 약 2,400억 원에 이르는 것은 맞다. 그러나 당장 현금화할 수 있는 금액은 약 62억 원의 현금 및 현금성자산과 약 54억 원의 단기금융상품뿐이어서 모두 106억 원에 불과하다. 거래처 등에서 회수해야 될 채권 약 429억, 팔아야 현금이 될 재고자산 약 106억, 그리고 거래처에 청구조차 못해서 회수하는 데 시간이 오래 걸릴(어쩌면 회수가 불능할지도 모르는) 미청구공사만 1,675억이다. 그뿐인가, 주석을 보니 다음의 표처럼 단기금융상품 중 76억 원은 지급보증의 담보로 잡혀 있어 실제로는 사용할 수 없다고 한다.

　그럼, 갚아야 할 유동부채 항목들은 어떠한가? 지급일이 단기에 도래할 외상매입금 약 563억, 금융기관에서 단기로 빌린 금액만 1125억 원에 달한다. 이 1,712억 원의 유동부채는 지급일에 피할 도리가 없이 현금으로 지급해야 할 부채다. 반대로 미래의 내출과 유동성에 도움을 주는 선수금은 '제로'다. 요약해보자. 2014년 9월 말 유동부채 1,712억 원을 현금으로 상환해야 하는데, 정작 현금 및 현금성자산과 단기금융상품을 합해봐야 106억뿐이고, 이마저도 그중 76억은 담보설정되어 사용할 수도 없다.

사용이 제한된 금융상품

(단위: 천 원)

구분	당 분기 말(2014년 9월)	전기 말	비고
단기금융상품	7,614,076	6,224,653	지급보증담보 등
장기금융상품	6,000	6,000	당좌개설보증금
계	7,620,076	6,230,653	

제3부를 시작하면서 언급했던 것처럼, 구매할 상품을 장바구니에 넣는 것은 실제 장바구니를 결제하는 것과 사뭇 다르다. 장바구니에 넣는 거야 언제든 할 수 있지만, 결제하는 순간에는 돈을 써야 한다. 따지고 고민해서 상품을 장바구니에 넣었듯이 재무제표 또한 세밀하게 살펴보기 바란다. 특히 기업의 실적에 대해 가장 많은 이야기를 해주는 현금흐름표는 투자자로서 꼭 챙겨봐야 한다.

■■왜 특히 개미는 현금흐름을 봐야 하는가?

우리는 앞에서 몇 가지 사례를 이용하여 영업이익과 현금흐름의 차이인 발생액이란 개념을 이해했다. 이것이 단순히 넥스턴을 위시한 몇몇 사례에만 국한되는 특이한 현상일까? 그렇지 않다. 이제 회계이익과 현금흐름의 차이라는 것을 일반화하도록 해보자. 통계자료에 의하면 발생액(회계이익−현금흐름)이 클수록 회계이익은 커진다. 이는 쉽게 이해될 것이다. 현금이 유입되지 않았다 하더라도 매출과 이익이 인식되면 회계이익은 인식되지만 현금흐름이 아직 발생하지 않아 현금은 이익을 아직 따라가지 못하기 때문이다.

반대로, 현금흐름이 발생하였다 하더라도, 매출과 이익으로 인식되지 않았다면, 현금흐름은 생기지만, 회계이익은 인식되지 않을 것이다.

자, 이제 정리해보자. 발표된 회계이익이 낮아서 시장은 실망했더라도 현금흐름이 크게 발생한 기업이라면 발생액이 마이너스인 것이다. 따라서 넥스턴처럼 후일 매출과 회계이익으로 실현되는 금액이 생길 수 있다. 반대로 높은 회계이익을 발표하여 시장은 열광하지만 현금흐름이 크게 모자라는 기업이라면, 발생액은 플러스가 된다. 하지만 그 원인을 추적하여 기간을 늘리면 이 발생액은 결국 0으로 수렴하게 될 것이다. 이런 아이디어에 착안하여 2016년 9월 5일자 SK증권의 퀀트 보고서("이익의 질과 주가와의 관계")는 다음과 같은 논리에 의해 포트폴리오를 구성하고 백데이터 테스트를 하였다. 보고서의 저자는 이익의 질을 다음과 같이 정의하였다.

> "현금유입을 동시에 가져다주는 이익은 질적으로 좋은 이익이며, 현금흐름을 뒷받침하지 못하는 이익은 질적으로 나쁜 이익이다."

이것은 바로 앞에서 언급한 발생액을 가리키는 것이다. 이제 이런 논리에 의해 만들어진 포트폴리오의 투자성과에 주목해보자.

1. 전체 상장기업의 발표된 회계이익 중, 영업활동현금흐름과의 차이인 발생액을 산출한다.

    발생액=(매출채권 및 재고자산, 기타유동자산의 증감)−(매입채무 및 기타 유동부채)−감가상각비

리포트 저자는 발생액을 일반적인 정의와 달리, 순운전자본의 증감과 감가상각비로써 정의한다. 이는 보통 현금흐름표를 작성할 때 당기순이익에서 현금흐름을 역산하는 간접법 형태를 띠고 있어 노이즈가 발생할 수 있어 실제 영업활동과 관련된 항목들만 직접 계산하고자 하는 것으로 판단된다.

2. 회사 규모에 따라 발생액 크기가 다를 것이기에 이를 표준화하기 위해 전년도 말 기준 자산규모로 표준화 시킨다.

   발생액의 크기 = 발생액 ÷ 전기말총자산

3. 발생액이 가장 큰 기업부터 가장 작은 기업까지 전체 기업을 10분위(10%씩 구분)로 나누고, 발생액이 가장 작은(회계이익보다 현금흐름이 큰) 기업군, 즉, 하위 10%에 투자Long Position한다.

4. 발생액이 가장 큰(현금흐름보다 회계이익이 큰) 기업군(상위 10%)은 공매도Short Position한다.

5. 리밸런싱은 1년에 1회(연차 실적 발표가 마무리 되는 4월 1), 또는 3개월에 1회(분기 실적 발표가 마무리 되는 시점) 실시한다.

발생액이 아주 큰 기업에 대한 공매도 포트폴리오를 만들어 수익을 극대화하는 전략이지만, 개미들에게 공매도란 어려운 일이다. 그럼에도 불구하고 이 전략의 결과가 개미들에게 시사해주는 바가 크기 때문에 결과를 함께 보도록 하자.

연간 회계발생액 최상하위분위 그룹의 수익률 추이

자료: Quantiwise, SK 증권

앞의 표를 보면 확인할 수 있다. 회계발생액이 가장 적은(현금흐름이 회계이익보다 큰) 상위 10% 기업군의 연평균 수익률은 10.7%였으며, 반대로 발생액이 가장 큰(회계이익이 현금흐름보다 큰) 상위 10% 기업군의 연평균 수익률은 −13.5%였다. 여기서 주목할 점은, 매수한 기업들의 연평균수익률은 10.7%로서 그리 매력적인 수익률이라고 할 수는 없지만, 공매도(주식을 빌려서 매도한 후 주가가 하락하면 낮은 금액으로 매수하여 갚아 수익을 창출하는 방법)한 기업군에서는 시장이 지속적으로 상승하는 중에도 주가는 하락하였으며, 연간 평균적으로 13.5%나 떨어졌다는 사실이다.

마지막으로 1년에 1회가 아닌 사분기별로(연 4회) 동일한 전략을 사용했다는 가정 아래 분석한 결과는 다음과 같다.

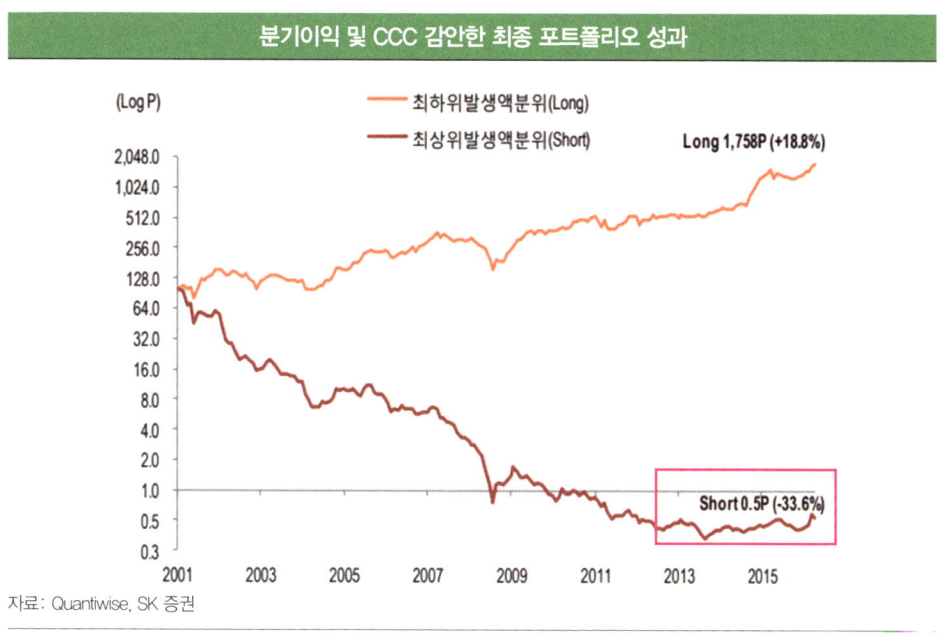

분기이익 및 CCC 감안한 최종 포트폴리오 성과

자료: Quantiwise, SK 증권

이 경우 매수한 기업군의 연평균수익률은 꽤 높은 18.8%를 달성했다는 점이 눈에 띈다. 그러나 그보다 더 의미 있는 사실은 공매도 대상 기업들의 주가가 무려 33.6%나

하락했다는 것이다. 즉, 지수가 지속적으로 올라가면서 주식시장이 상승하고 있는 중에도 다고 하더라도 하락하는 종목들이 있는데, 그중 꽤 많은 기업들이 걸려 든 것이 아닐까 싶다.

포트폴리오를 구성하여 투자할 때 수익률이 감소하는 가장 큰 이유는 떨어지는 종목들이 있기 때문이라 하였다. 그렇기에 통계적으로 15년 동안 연평균 33.6%나 하락하는 기업군을 골라낼 수 있는 방법이 바로 '현금흐름과 회계이익의 차이가 큰 기업집단' 이라는 놀라운 시사점을 가진 분석결과인 것이다.

이 보고서가 우리 개미들에게 주는 시사점은 무엇일까? 앞에서 살펴본 것처럼 공매도를 하여 투자수익을 창출하라는 것이 아니다. 일반 개미들은 일정 규모 이상의 투자금을 인증하고 전문투자자로 등록해야 하기 때문에 그럴 여력도 별로 없다.

그렇다면 위와 같이 연 1회나 4회 매수하는 롱 포트폴리오를 따라하라는 것일까? 아니, 그것도 아니다. 앞 리포트의 테스트 결과인 연평균 10.7%(연 1회) 또는 18.8%(연 4회)를 대단히 높은 투자수익률이라고 부르기도 어렵지 않겠는가?

우리는 포트폴리오에서 수익률이 마이너스가 될 종목을 줄이면, 전체 수익률은 높아질 수 있다고 이미 이야기했다. 곧 썩을 듯한 과일이나 겉보기엔 말짱해도 유행이 지났거나 속이 상한 상품을 장바구니에 넣어서야 되겠는가? 마찬가지로 포트폴리오를 구성하고 투자대상을 고를 때 반드시 '이익의 질'을 살펴봐야 한다. 현금흐름을 동반하는 이익인지, 만약 현금흐름을 일시적으로 동반하지 못했다면 언제 현금흐름이 따라올 것인지, 반드시 확인하면서 손실이 날 종목을 제외시켜야 한다.

04

재고자산에 숨어 있는
기업의 미래 실적과 투자아이디어

> **"**
> 재고자산에
> 기업의 미래가
> 숨어 있다고?
> **"**

목적을 되새겨보면, 높은 수익을 창출할 수 있는 다양한 투자전략이 있다는 것을 알면서도 우리가 쉽게 그런 방법을 선택하여 투자하지 못하는 이유가 무엇인가? 잘 모르기 때문에 불안하고, 불안해서 원칙을 지키지 못하며, 약한 인간이고 개미여서 공포를 이겨내지 못하고 탐욕을 다스리지 못하기 때문이라 했다. 투자수익률을 저해할 수 있는 기업을 제외하는 것, 반대로 당장 실적은 좋지 않지만 장차 개선될 수 있는 기업을 찾아내는 것, 그리고 그러기 위해 현금흐름표를 신중하게 연구하는 것이 중요함을 지금까지 얘기했다.

재무제표는 과거만 보여주는 것이며, 미래나 주가 움직임과는 관계없고, 따라서 투자수익과도 관련이 없을까? 그렇지 않다. 앞에서는 현금흐름표를 통해 이 주장을 보여주고자 했다면, 이제 나는 기업의 재무제표 계정과목 하나하나에서도 투자와 관련된 중요한 정보를 얻을 수 있다고 주장한다.

재무제표의 계정항목은 모두 기업의 경영활동이나 경영진의 의사결정이 투영된 집약체이다. 그들은 모두 직—간접으로, 크게 또는 작게, 특정 기업의 투자에 대한 정보를 제공한다.

더 나아가 개별 항목이 묶여 있는 재무제표 전체를 유기적으로 분석할 수 있다면 기업의 미래 실적과 관련한 정보를 더 많이 얻을 수 있다. 이런 재무제표와 더불어 기업이 영위하는 사업 및 그 업황을 이해하려는 노력(사업보고서 연구 등)을 함께 활용한다면, 더더욱 강력한 정보가 된다. 그중에서도 가장 중요한 항목들 몇 가지를 파악해보면서, 투자수익률 높이기 연습을 해보자. 예를 하나 들어보겠다.

기업의 경영성과를 역으로 거슬러 올라가보자.

1. 주주에게 돌아가는 최종 경영성과는 당기순이익.
2. 당기순이익은 매출에서 제조원가와 판매비와관리비 등의 영업비용을 제외한 영업이익으로부터 이자비용 등 영업외손익과 세금(법인세)을 뺀 최종 성과.
3. 따라서 기업의 경영성과는 본질적으로 매출에서 시작된다.
4. 무형의 서비스를 판매하는 서비스업을 제외하면, 매출은 재고자산 판매로부터 창출된다.
5. 재고자산 판매는 재고자산 제조(제조업), 재고자산 매입(유통업)에 판매활동이 결합되어 나타난 것이다.
6. 재고자산의 제조 및 매입은 과거 매출 추세와 미래의 판매 전략을 기반으로 하는 경영진의 전략적 의사결정이다.
7. 팔리지 않는 재고자산은 미래의 손실로 연결될 수 있으며, 잘 팔려 나갈 재고자산은 미래의 매출과 이익으로 연결된다.

당연한 추론이다. 결국 서비스업을 제외하고 기업의 최종 경영성과는 생산—판매

계획에 근거한 재고자산 확보, 판매활동을 결합한 매출의 창출, 그리고 각종 비용을 제외한 후 주주에게 돌려주는 당기순이익이라고 할 수 있다. 그렇다면 기업의 재고자산은 무엇을 의미할까? 과거의 판매추이와 미래의 판매계획에 근거하여 생산계획이 만들어지고, 그에 따라 원재료를 매입하고 공정에 투입해 제품을 생산하여 창고에 쌓는 것이다.

이 복잡한 경영활동의 결정체가 재무제표에서는 단 하나의 계정과목으로 표현된다. 바로 '재고자산'이다. 이제 우리는 기업의 재고자산을 허투루 봐서는 안 된다. 과거 판매실적의 근거와 시장에 대한 예측으로 판매계획을 세우고, 그에 따라 경영수행과정이 집약되어 있기 때문이다.

case study

LG생활건강 케이스 스터디
(재고자산은 왜 기업의 실적 추세와 함께 움직이는가?)

직관적으로 이해하기 위해 다음 기업을 예로 들어보자. 화장품과 생활용품을 팔고 코카콜라코리아 등을 운영해 우리에게 익숙한 소비재 기업 LG생활건강의 경영실적과 재고자산 추이다.

(단위 : 백만 원)

	2016	2015	2014	2013	2012	2011
매출액	6,094,059	5,328,492	4,677,010	4,326,255	3,896,218	3,456,072
영업이익	880,937	684,095	511,040	496,412	445,531	370,195
당기순이익	579,240	470,362	354,565	365,652	311,988	271,518
재고자산	535,886	441,258	411,299	375,625	316,733	305,919

누적매출액성장률	76%
누적재고증가율	75%
연평균매출증가율	12.0%
연평균영업이익증가율	18.9%
연평균당기순이익증가율	16.4%
연평균재고자산증가율	11.9%

LG생활건강은 매출, 영업이익, 당기순이익의 지속적인 증가로 오랫동안 주가가 꾸준히 오르던 전형적인 기업이다. 영업성과와 주가가 연동되어 있음을 쉽게 파악할 수 있다. 장기간 지속적으로 경영성과가 성장하는 기업의 주가가 올라가지 않을 수 있겠는가? 주식시장은 실적 성장에 많은 프리미엄을 주는데, 이 회사의 경우는 설령 그런 프리미엄을 못 받는다고 하더라도 마찬가

지다. 극단적으로 본업에 대한 부정적 전망으로 PER 평가 자체를 크게 낮추지 않는 한 말이다.

그런데 재미있는 사실이 있다. 2011년~2016년의 5년간 매출액 증가율(누적)이 76%인데 재고자산 증가율도 75%라는 점. 연평균으로 계산하면 매출액 성장(12%)과 가장 밀접한 관계를 갖는 지표가 재고자산 증가(11.9%)다.

여기서 재고자산은 매출 성장의 후행지표가 아니냐고 반문하는 사람도 있을 것이다. 하지만 기업의 경영프로세스를 생각해보면, 재고자산이란 매출액과 같이 갈 수밖에 없다. 매출이 성장하는 추세라 할지라도, 사업 및 경영계획과 경쟁상황을 고려할 때 매출에 타격이 생길 것으로 예상된다면, 공장가동률을 낮추고 재고자산 생산 및 원재료 구매를 낮추는 법이다. 반대로 높은 매출 성장이 예상된다면, 기존의 재고자산을 유지할 게 아니라, 목표로 삼거나 예상되는 매출 성장만큼 재고자산 생산이나 입고를 늘려야 한다. 적정 재고자산을 보유하고자 하는 노력은 반드시 해야 하기 때문이다. 매출이 늘고 있고 앞으로도 그럴 것이라 예상되는 데도 재고를 늘리지 않으면 어떻게 될까? 통상 주식시장에서 이야기하는 '쇼티지(Shortage),' 즉, 공급부족 현상이 발생하여 제품 판매기회를 포기해야 한다. 이럴 때 다른 기업의 대체재가 존재하면, 기존 및 신규 고객의 수요를 그 회사에 뺏길 수도 있다. 그렇기 때문에 소비재 기업은 '쇼티지'가 나지 않도록 주의해야 한다. 단기간에 소위 '대박'을 친 '허니버터칩'이 단적인 예다. 충분히 공급되지 않다보니 '허니'를 붙인 다양한 타사 제품이 나와 '허니버터칩'을 대체했다. 또 '순하리 처음처럼' 홈런을 친 후 공급이 원활하지 않자, '좋은데이 컬러' '자몽에이슬' 등의 경쟁사 제품으로 수요가 옮겨간 것도 같은 예다.

그럼, LG생활건강의 사례는 어떤가? 매출 성장과 함께 재고자산도 거의 비슷한 속도로 늘어난다. 매출 성장률만큼 재고의 생산−매입을 늘려 지속적으로 늘어나는 매출에 대비함으로써 안정적인 사업을 이어가고 있다.

반대로 재고가 너무 많으면 어떤 문제가 생길까? 월스트리트의 유명 투자자인 피터 린치는 항상 기업의 재고자산을 확인한다고 저서에서 이야기한다. 예컨대 제조업체나 소매업체의 재고가 매출보다 빠르게 증가하는 것은 심각한 경고신호라고 판단한다. 그의 책에는 이렇게 적혀 있다.

> 매출이 10% 증가했다고 회사가 허풍을 떨어도, 재고가 30% 증가했다면 우리는 이렇게 생각해야 한다. "잠깐, 가만있어 봐, 가격을 내려서라도 재고를 처분했어야지."

왜 재고자산의 적정성이 그토록 중요할까? 린치는 재고자산 증가가 매출 증가보다 가파르다면 회사의 높았던 과거 매출성장성이 앞으로도 유지되기 어렵다고 보았다. 그래서 매출액보다 과다하게 재고자산이 늘어나는 것을 경계했던 것. 이제 다양한 사례를 통해 투자 결정에 재고자산을 활용하는 방법을 이야기해보자.

case study

내츄럴엔도텍 케이스 스터디
(매출증가보다 훨씬 가파른 재고자산 증가)

재고자산이 급증했다고 해서 무조건 나쁘게 받아들일 일은 아니다. 매출이 성장하면 적정 재고를 확보하기 위해 당연히 재고를 늘려야 한다. 또 미래를 긍정적으로 바라보기 때문에 재고를 크게 늘린다는 뜻도 될 수 있다. 그럼에도 투자자들이 적정 재고에 대한 고민을 해야 하는 이유는, 현재의 매출액 고성장과 미래에 대한 기대감으로 과감하게 재고를 늘렸는데 예측하지 못한 상황이 발생하면 그 재고는 큰 손실로 연결되기 때문이다.

다음은 2015년 가짜 백수오 논란으로 매출이 급락하고 적자로 돌아섰던 내 츄럴엔도텍의 재무제표다.

(단위 : 천 원)

	2015	2014	2013
매출액	44,506,401	124,067,457	84,117,904
매출증가율	-64%	47%	
영업이익	-10,890,671	25,886,542	24,103,694
영업이익증가율	적자전환	7%	
당기순이익(손실)	-15,644,528	20,760,517	19,279,883
당기순이익증가율	적자전환	8%	
재고자산	5,521,299	10,925,603	4,378,662
재고자산증가율	-49%	150%	
재고자산평가손실	19,708	0	0
재고자산폐기손실	6,159,471	268,189	139,899

2014년 내츄럴엔도텍은 전년 대비 매출액이 무려 47% 증가하는 호황을 누렸다. 다만 영업이익은 7% 늘어난 데 그쳐, 매출액의 성장을 따라가지 못했다. 하지만 이를 지나친 광고선전비와 지급수수료(유통수수료) 때문이라고 판단한 투자자들은 엄청난 매출 성장에 큰 프리미엄을 부여했고, 주가는 단기간에 크게 상승했다. 2014년 재무제표에서 주의 깊게 볼 것은, 전년 대비 매출이 크게 늘어났지만 영업이익은 증가하지 못했고, 재고자산이 150% 늘어 전년 재고의 2.5배가 되었다는 점이다.

매출액 47% 증가, 재고자산 150% 증가는 무슨 의미인가? 재고자산의 증가가 매출액 성장의 3배였다는 것이다. 이는 크게 두 가지 측면으로 해석할 수 있다.

첫째, 매출이 너무 가파르게 성장하자 경영진이 미래의 재고 부족을 방지하기 위해 원재료 매입과 제품 생산을 엄청나게 늘린 것으로 볼 수 있다. 미래 성장에 대한 강한 확신에 근거한 경영 의사결정이었으리라는 얘기다. 정상적으로 매출과 이익이 동시에 성장하는 기업이라면, 이것은 긍정적인 신호로 받아들일 수 있다. 그런데 내츄럴엔도텍의 경우, 매출과 재고자산은 급격히 증가하는데 영업이익은 꿈쩍도 하지 않는다(약 7% 성장). 대개는 영업비용이 고정되어 있어 매출이 늘어나면 영업이익은 훨씬 더 큰 폭으로 성장한다. 그런데 이 회사는 매출증가율의 3배에 해당하는 재고자산 증가와 더불어 영업이익은 오히려 큰 폭으로 하락했다. 특히 내츄럴엔도텍의 제품원가율은 29%에 불과하여, 매출이 늘어나면 영업이익은 폭발적으로 성장해야 정상일 것이다.

둘째, 매출성장 전략에 근거하여 크게 늘어난 재고자산을 매출로 밀어내기 위해 단가를 낮추거나 유통업체 등에 매우 높은 수수료를 지급하고 재고를 판매함으로써, 매출은 크게 성장했지만 이익률은 낮아졌을지 모른다. 매출액 고성장과 낮은 제품원가율을 고려하면 이 둘째 해석이 더 자연스러울 수도 있다.

매출이 늘어나도 이익 성장을 기대하지 못하는 기업이라면, 우리는 좀 더 경계해야 한다. 물론 늘어난 매출과 더욱 크게 늘어나는 재고자산이 향후 매출로 연결된다면 다행이겠지만, 예상치 못한 판매 감소가 생긴다면 어떻게 될까? 팔리지 않은 재고는 손실이 될 수밖에 없다. 그것이 바로 재고자산 평가손실 또는 재고자산 폐기손실이다.

 tip

재고자산 평가손실: 재고를 아직 폐기하진 않았지만, 제품이 진부해져서 제조비용과 판

매부대비용을 합한 것보다 헐값에 처분해야 하는데 그 차액을 예상하여 미리 손실로 처리한 것이다.

재고자산 폐기손실: 불량품이거나 저가에조차 팔 수 없는 상황이라 아예 폐기해버린 재고 금액을 재무제표에서 없애면서 발생하는 손실이다.

내츄럴엔도텍은 2015년 가짜 백수오 논란으로 판매가 급감한데다, 기존에 공격적으로 늘려두었던 재고자산 약 109억(2014년 말 기준) 가운데 약 62억을 재고자산 평가 및 폐기손실로 처리하면서 2015년 대규모 적자로 전환했다.

예상치 못한 판매부진이 발생했을 때 재고자산은 회사에 대규모 손실로 부메랑이 되어 돌아올 수 있다. 따라서 적정수준의 재고를 보유하는 것은 매우 중요하며, 특히 재고자산이 증가할 때 이것이 미래의 매출-이익 증가로 연결될지, 아니면 반대로 큰 손실로 끝날 가능성이 있을지, 주의 깊게 살펴봐야 한다.

기업의 실적은 결국 매출에서 나오며, 매출은 재고자산의 판매에서 비롯됨을 명심하자. 기업은 과거의 추세와 미래를 끊임없이 고민한 끝에 생산 및 판매 계획을 세우고 이를 수행한다. 그것이 재무제표에는 원재료 매입, 공장가동률, 재공품, 그리고 완성품인 제품으로 드러난다. 단 한 줄에 불과하지만, 재고자산은 미래의 성과와 가장 깊숙이 관련된 계정과목이라 해도 과언이 아닐 것이다.

case study

무학 케이스 스터디
(회사의 재고보유량이 동종업계에 비해 크게 차이가 난다면? 숨겨진 재고와 이익이 있을 수 있다.)

그렇다면, 어느 정도가 '적정' 재고일까? 그것부터 파악한 후에 재고자산을 보면서 기업 실적을 이야기해보자.

과목	주석	
I. 매출액(주석 20, 30)		240,065,260,888
II. 매출원가(주석 20, 30)		128,969,427,270
III. 매출총이익		111,095,833,618

자, 이 숫자들을 보고 먼저 무엇을 느끼는가? 매출은 약 2,400억 원, 팔려나간 제품 등의 제조원가는 약 1,290억 원, 매출의 절반 정도(46.25%)를 마진으로 남기는 수익성이 높은 제품. 원가가 판매가의 절반 수준이므로, 이 회사의 매출이 성장하면 이익률이 높아서 이익도 당연히 크게 늘어날 것이라고 생각하리라. 그뿐인가, 제조업이라면 매출액이 늘어도 고정되어 있는 영업비용이 있으니(영업 레버리지 효과), 이익은 훨씬 더 큰 폭으로 늘어날 수 있을 거라는 기대감도 생긴다.

그러면 아래의 숫자를 보고 추가적인 정보를 얻도록 하자.

	제41기		제40기
6. 재고자산(주석 5, 29)	41,826,914,014		43,147,380,007

위 회사의 41기 말 재고자산은 약 418억, 그 전년도 말에는 약 431억 원. 꾸준히 400억 이상으로 유지되었다. 무슨 뜻일까? 1년간 팔려나간 재고자산(매출원가)이 모두 1,290억 원이다. 달에 상관없이 제품이 고르게 판매된다면, 매월 107.5억 원쯤 팔려나간 셈이다. 한 달에 재고자산 107.5억이 만들어져 팔려나가는데 연평균 425억의 재고자산(2년간 재고자산을 합한 후에 2로 나눔)을 보유하고 있다면, 이는 약 4개월 치의 출고량을 재고로 보유하고 있다는 뜻이다. 이렇게 계산한 넉 달을 '재고자산 회전기간'이라 부른다.

한 달에 100억씩 재고가 출고되는 기업이 400억의 재고를 갖고 있다면, 이
정도는 적정한 재고수준일까? 아니면 너무 많은 것일까? 이 회사는 주류를 생
산-판매하는 기업이고, 업종마다 적정 재고수준이 다를 터이니, 같은 업계 회
사들의 당시 재고자산 보유 수준을 파악해보자.

경쟁사 A		
Ⅱ.매출원가(주석18)		24,550,617,240
평균재고자산		1,869,533,877
월평균매출원가(매출원가/12)		2,045,884,770
재고자산보유량		0.91개월 분량
경쟁사 B		
Ⅱ.매출원가(주석6)		58,964,058,778
평균재고자산		3,674,947,425
월평균매출원가(매출원가/12)		4,913,671,565
재고자산보유량		0.75개월 분량

비슷한 지역에서 같은 제품을 팔고 있는 경쟁사 A와 B가 보유한 재고자산
은 모두 1달치도 안 된다. 유독 우리가 연구하고 있는 회사만 4개월 분량을 보
유하고 있는 것이다. 경쟁사들에 비해 과다해 보이는 재고자산이다. '재고자
산의 진부화로 판매되지 않거나 폐기되어 대규모 손실로 연결될 수 있지 않
을까' 하는 불안감을 안겨준다. 왜 이 회사만 재고가 이렇게 많을까? 그 이유
를 확인하기 위해 재무제표의 주석으로 가서 재고자산의 세부항목을 살펴보
게 된다.

(단위 : 천 원)

구분	당기			전기		
	평가전금액	평가충당금	장부가액	평가전금액	평가충당금	장부가액
제품	3,833,230	-14,101	3,819,129	4,028,462	-14,101	4,014,361
상품	140,737	-	140,737	177,049	-	177,049

재공품	1,515,550	-	1,515,550	556,155	-	556,155
원료	2,543,279	-234,029	2,309,250	4,561,196	-234,029	4,327,167
2차원액	2,209,816	-	2,209,816	2,446,163	-	2,446,163
용지	30,361,113	-	30,361,113	30,361,113	-	30,361,113
기타	1,471,319	-	1,471,319	1,265,372	-	1,265,372
합계	42,075,044	-248,130	41,826,914	43,395,510	-248,130	43,147,380

제시된 표에서 용지라는 항목(304억)을 제외하면, 재고자산 총액은 418억 원이 아니라 114억 원이다. 이 정도라면 월평균 재고 출고 금액인 107.5억 원과 비교했을 때 1개월 치를 조금 넘는 수준이다. 용지를 재고로 보유하고 있다는 특이점 때문에 재고가 과다해 보였을 뿐, 실제로는 경쟁사들과 비슷한 수준의 재고를 보유하고 있었던 것이다.

그렇다면, 도대체 왜 이 기업은 적정 재고를 보유하고 있으면서 재무제표에는 큰 금액으로 발표했을까? 이것이 이 회사의 숨겨진 실적이었다. 주석은 아래와 같이 회사의 숨겨진 재고자산과 미래에 창출될 숨겨진 이익을 설명하고 있다.

용지는 경상남도 진해시 제덕동 868-3번지 공유수면매립용지로 회사는 공유수면매립법 제26조에 따라 해당 공유수면 전체 매립면적 중 회사의 총사업비에 해당하는면적에 대한 소유권을 취득하였으며 정부 귀속분을 추가 매입하였습니다. 당기말과 전기말 현재 용지의 내용은 다음과 같습니다.   (단위 : 천원)

구 분	당 기			전 기		
	면적(㎡)	장부가액	공시지가	면적(㎡)	장부가액	공시지가
용 지	74,827	30,361,113	31,216,057	74,827	30,361,113	30,817,023

이게 무슨 의미일까? 본업인 주류 제조-판매용이 아닌, 약 74,827제곱미터의 땅을 304억 원에 기록해 재고자산으로 올려놓은 것이다. 땅을 사서 공장이나 본사건물을 지을 목적이면 '유형자산'으로 분류한다. 건물을 지어 임대하거나 시세차익을 낼 목적이면 '투자부동산'으로 분류한다. 그런데 이 회사가 땅을 재고자산으로 분류했다는 것은 이 토지를 그대로 팔거나 개발해서 판매하

여 수익을 창출하겠다는 뜻이다.

	2014. 1분기	2013. 1분기	전년동기대비	2014. 2분기	2013. 2분기	전년동기대비
매출액	61,397,934,117	56,329,120,110	9.0%	62,410,571,859	64,659,894,525	-3.5%
매출원가	32,338,375,978	30,774,118,074		33,341,702,854	34,066,695,402	
매출총이익	29,059,558,139	25,555,002,036	13.7%	29,068,869,005	30,593,199,123	-5.0%
판매비와관리비	13,084,077,349	12,633,263,772		14,005,796,068	12,491,671,779	
영업이익	15,975,480,790	12,921,738,264	23.6%	15,063,072,937	18,101,527,344	-16.8%
재고자산	42,515,507,838	42,128,408,616		42,070,155,118	41,474,678,684	

위의 표를 확인해보자. 2014년 1분기에 전년 동기에 비해 매출은 9%, 영업이익은 23.6% 증가했었는데, 2014년 2분기에는 매출액이 전년 동기 대비 3.5% 감소, 영업이익은 16.8% 감소했다면 주가 반응은 어땠을까? 그리 좋지 않았을 것이다. 특히 2분기의 경우 매출은 3.5% 감소했는데 재고자산은 오히려 소폭 (약 1.5%) 증가했으니, 판매 증가를 예상하고 재고를 생산했지만 오히려 매출이 떨어지면서 재고자산이 소폭 늘어났다고 판단할 수도 있다. 2014년 2분기 실적 발표 이후 주가는 실제로 소폭 하락한다.

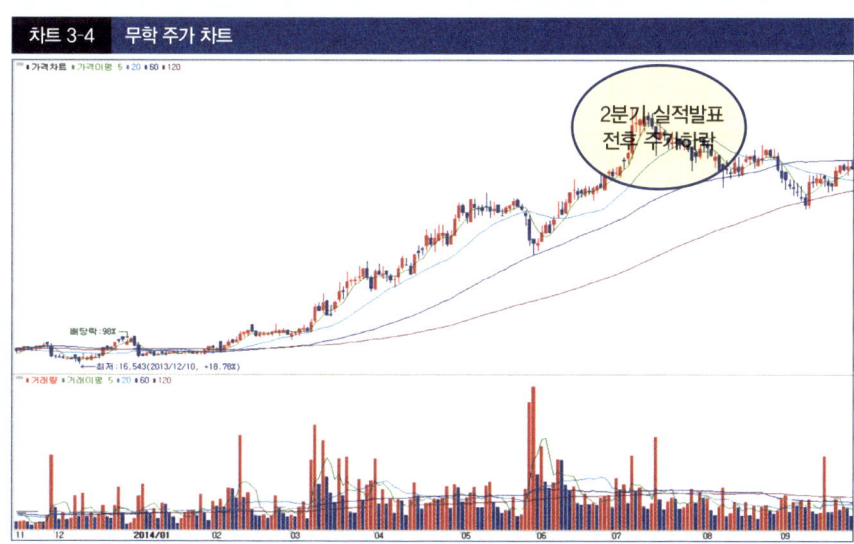

차트 3-4   무학 주가 차트

그리고 이제 3분기 실적을 본 다음, 다시 회사 실적을 판단해보자.

	2014. 3분기	2013. 3분기	전년동기대비
매출액	70,213,643,909	55,578,437,797	26.3%
매출원가	37,050,974,634	30,943,261,394	
매출총이익	33,162,669,275	24,635,176,403	34.6%
판매비와관리비	14,823,711,382	12,091,419,689	
영업이익	18,338,957,893	12,543,756,714	46.2%
재고자산	38,687,704,000	42,778,839,331	-9.58%

3분기는 매출이 전년 대비 감소했던 2분기와 확연히 달라졌다. 우선 매출이 전년대비 26.3% 증가했고, 영업이익은 무려 46.2% 증가했다. 실적이 개선되니 주가는 어떻게 될까? 당연히 3분기 실적 개선으로 오르게 된다.

그러나 눈에 밟히는 수치가 하나 있다. 매출액과 영업이익만 보면 잘 드러나지 않는 계정과목, 재고자산이다. 분기별로 1년 전부터 꾸준히 400억 이상을

차트 3-5 무학 주가 차트

유지하던 재고자산이 387억 원으로(9% 이상) 감소했다. 매출과 이익은 큰 폭으로 늘었다. 느낌이 오는가? LG생활건강 사례에서 봤듯이, 통상 매출이 늘면 재고자산도 증가한다. 그러나 이 회사는 재고자산 중 판매하려고 갖고 있던 용지를 팔면서 재고자산은 줄고 이것이 매출과 이익으로 연결된다.

자, 그럼 4분기 실적은 어떨까?

	2014. 4분기	2013. 4분기	전년동기대비
매출액	96,124,230,777	63,497,808,456	51.4%
매출원가	48,942,587,281	33,185,352,400	
매출총이익	47,181,643,496	30,312,456,056	55.7%
판매비와관리비	15,109,304,856	14,076,097,927	
영업이익	32,072,338,640	16,236,358,129	97.5%
재고자산	21,822,715,912	41,826,914,014	-47.8%

전년 대비 매출액은 51.4% 성장했고, 영업이익은 97.5%로 2배 가까이 늘었다. 그러나 재고자산은 전년 동기 대비 무려 47.8% 감소한다. 이렇게 엄청난 4분기 실적이 2015년 3월 말에 발표되자 주가는 더욱 뛰었다.

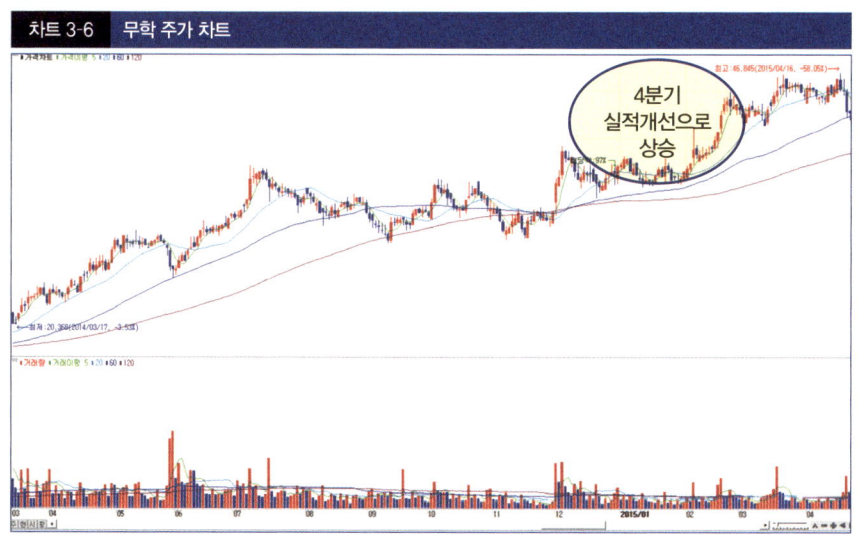

차트 3-6 무학 주가 차트

2분기 실적 발표로 하락하던 주가는 3~4분기 실적발표로 6개월간 약 50% 올랐는데, 그것은 3분기와 4분기 실적의 성장 때문이었다. 2분기만 해도 감소하던 매출-영업이익이 이 기간에 크게 증가했는데, 그 이유는 무엇인가? 놀랍게도 2013년 4분기에 약 418억 원이었던 재고자산이 1년 후 218억 원으로 감소한 것과 일맥상통한다. 가지고 있던 용지가 2013년 3분기와 4분기에 팔려 나가면서 매출과 영업이익으로 연결되어 큰 폭의 실적 성장을 가져오며 주가가 상승한 것이다.

여기서 투자자들은 어떤 고민을 해야 할까? 그렇다, 숨겨진 재고자산의 처분이 시작되며 매출과 이익을 크게 증가시킬 때는 투자를 해야 되는 시점이며, 반대로 재고자산이 많이 줄고 이익이 크게 증가한 2015년 3월경에는 매도를 고민해야 한다. 매출-이익의 성장은 필연적으로 재고자산 성장과 함께 이루어져야 한다. LG생활건강처럼 매출-이익 증가가 지속적으로 유지될 것으로 보이면 이것이 생산계획과 재고정책으로 연결되기 때문이다.

그러나 이 회사는 달랐다. 본업인 주류제조 판매와 관계가 없는 땅(용지)이 팔려나가면서 일시적으로 발생한 이익이며, 그런 이익은 지속적이지 않다. 즉, 2014년 이후 2015년부터는 땅을 팔아서 생기는 종류의 큰 이익이 없어질 것이므로, 회사가 아무리 본업을 잘해도 지속적인 성장은 쉽지 않다.

그러한 예측은 다음의 실적발표 자료를 통해서도 유추할 수 있다. 2014년 매출액은 전년 대비 20.9%, 영업이익은 36.2%, 당기순이익은 무려 50.8% 증가하여 주가도 많이 올랐다. 그러나 영업이익 증가분 216억 중 대부분(208억)은 본업인 주류 제조-판매 덕택이 아니라, 용지 판매로 발생한 것임을 말해준다.

2. 매출액 또는 손익구조 변동내용(단위:천원)	당해사업연도	직전사업연도	증감금액	증감비율(%)
- 매출액(재화의 판매 및 용역의 제공에 따른 수익 액에 한함)	290,146,381	240,065,261	50,081,120	20.9
- 영업이익	81,449,850	59,803,380	21,646,470	36.2
- 법인세비용차감전순이익	108,238,888	75,806,573	32,432,315	42.8
- 당기순이익	82,871,966	54,961,086	27,910,880	50.8
4. 매출액 또는 손익구조 변동 주요원인	- 재고자산 용지(진해시 제덕동) 매각에 따른 매출액(38,629백만원) 및 영업이익(20,798백만원) 증가 함.			

아무리 본업이 좋아진다 하더라도, 예외적으로 큰 이익이 발생한 2014년의 814억 원을 넘어서서 더 크게 성장할 수 있을까? 쉽지 않을 것이다. 이런 생각으로 2015년 실적은 전년에 비해 개선되기 어려울 것이라 판단하여 보유 주식을 팔아치우고 투자를 중지했다면 어땠을까? 이제 2015년의 실적과 주가를 보자.

2. 매출액 또는 손익구조 변동내용(단위:천원)	당해사업연도	직전사업연도	증감금액	증감비율(%)
- 매출액(재화의 판매 및 용역의 제공에 따른 수익 액에 한함)	295,760,850	290,146,381	5,614,469	1.9
- 영업이익	65,660,641	81,449,850	-15,789,209	-19.4
- 법인세비용차감전계속사 업이익	43,333,550	108,238,888	-64,905,338	-60.0
- 당기순이익	28,812,839	82,871,966	-54,059,127	-65.2

먼저 실적 변화부터 파악해보자. 매출액은 2014년 대비 1.9% 증가했지만, 영업이익은 19.4%, 당기순이익은 65.2% 감소했다. 왜 이익이 급감했을까? 회사의 설명은 이렇다.

	- (매출액) 재고자산 용지(진해 재덕동) 매각에 따른 기타매출액 감소(-22,775백만원)에도 불구하고, 좋은데이 및 컬러주 판매 호조에 따른 주류매출액 증가(18,008백만원) 및 종속회사 매출액 증가로 매출액 증가

4. 매출액 또는 손익구조 변동 주요원인	- (영업이익) 주류매출액 증가로 주류부문 영업이익은 증가하였으나, 공유수면매립 용지 매각(기타매출)으로 인한 2015년도 양도차익(3,378백만원)이 직전연도 양도차익(2014년도 20,798백만원)보다 17,420백만원 감소하여 영업이익이 감소한 것으로 나타남.

2015년 영업이익에는 토지매각 이익이 겨우 34억 원 포함되었지만 2014년에는 무려 208억 원이었기에, 본업이 아닌 토지매각 때문에 일시적으로 174억 원의 영업이익 감소 효과가 있었다는 설명이다. 무슨 뜻일까? 토지매각의 효과로 영업이익이 174억 원 줄어들 상황이었지만, 실제 영업이익 감소폭은 158억 원이었으니까, 사실 2015년의 본업에서 생긴 영업이익은 158억 원 감소가 아니라 16억 원 증가라고 보아야 한다.

매출도 마찬가지다. 토지매각 요소가 없어져서 매출이 228억 정도 줄어야 마땅한데 실제 매출액은 1.9%인 56억만큼 증가했으니, 본업으로 창출한 매출은 그저 56억 원 증가가 아니라 284억 원 증가한 것이라는 설명이다.

그러나 주가는 그러한 설명에 아랑곳하지 않고 아래의 가격차트처럼 내리막을 걷는다. 지속적 성장을 기대했던 기업실적이 감소하면, 기대감은 실망으

차트 3-7　무학 주가 차트

로 바뀌면서 주가를 많이 끌어내리기 때문이다. 더구나 2016년 후에도 매출이 감소하면서 주가는 더욱 하락한 것이라 판단된다.

기업의 재무제표와 실적을 잘 살펴보면, 앞으로 발생할 숨겨진 이익을 찾아낼 수도 있고, 반대로 그러한 숨겨진 일회성 이익 때문에 발표 실적이 언제 감소할지도 알 수 있다.

2014년 최종실적이 발표된 2015년 초에 사실상 이 회사 실적은 최고조에 달했으며, 그때가 수익을 실현해야 할 시점이었다. 우리는 재무제표를 통해 그런 사실을 유추하고 투자 의사결정에 반영할 수 있다. 재무제표의 힘이다.

case study

손오공 케이스 스터디
(One Item Risk, 특정 단일 제품 성공으로 대한 기업의 투자는 보수적으로 보자.)

터닝메카드라는 장난감과 만화를 히트시키면서, 그 유통 회사 '손오공'의 2015년 실적은 그야말로 드라마틱하게 성장하고 주가도 단박에 급등했다.

매출액은 전년 대비 136%(2.36배) 증가하고, 매출원가도 131%(2.31배) 증가한다. 따라서 이익도 매출액 성장률 수준에서 많이 늘어났다.

	2015년(19기)	2014년(18기)	증감율
매출액	125,089,089,431	53,055,084,107	136%
매출원가	94,008,919,438	40,675,829,567	131%
매출총이익	31,080,169,993	12,379,254,540	151%
판매비와관리비	20,683,951,037	15,878,628,685	30%
영업이익 (손실)	10,396,218,956	-3,499,374,145	흑자전환
재고자산	13,861,290,309	13,830,662,807	0.2%

살펴보면, 이 회사는 제품을 100% 외주 생산하고 있거나, 다른 기업에서 완제품 형태로 매입하고 있다는 것을 유추할 수 있다. 매출과 원가의 증가율이 거의 같은 변동비성 구조란 뜻이다. 만약 자체 생산하는 경우라면 고정비용으로 인해 원가가 매출증가만큼 따라 올라가지 않는 경우가 많기 때문이다.

어쨌거나 폭발적인 매출—이익 증가가 실현된 것은 사실이다. 또 하나 특이한 사실은 매출이 2.3배 이상 늘어나고 있는데 재고자산은 거의 제자리걸음이다. 재고가 빨리 팔려나가 충분한 수준의 재고를 확보하지 못한 것으로 보일 지경이다. 매출은 증가하는데 재고가 동반상승하지 못하고 있다. 그러나 바로 다음 해인 2016년 상반기 상황을 보면, 이상 징후가 파악되기 시작한다.

	2016년 2분기	2015년 2분기	증감율
매출액	31,014,061,210	28,554,565,490	9%
매출원가	24,494,079,037	21,480,869,624	14%
매출총이익	6,519,982,173	7,073,695,866	-8%
판매비와관리비	5,338,352,224	4,277,470,629	25%
영업이익 (손실)	1,181,629,949	2,796,225,237	-58%
재고자산	30,131,940,271	19,600,484,850	54%

매출액은 9% 늘었지만, 원가는 더 많이 늘어나고 영업이익은 58% 감소하며 재고자산은 54%나 늘어나게 된다.

전기의 판매 호조로 재고자산은 크게 증가하였으나 매출증가는 동반상승하지 못하고, 오히려 판매단가가 하락했거나 매입단가가 높아져 이익이 크게 감소하고 있다. 중요한 것은, 급격히 늘어난 재고가 매출로 이어지지 못하면 앞서 언급한 것처럼 막대한 재고자산 평가손실 또는 폐기손실로 끝날 소지가 있다는 점이다.

실제로 이후 회사의 매출과 이익은 감소된다. 최종적으로 2017년 3분기까지의 실석은 다음과 같다.

	2017년 3분기 누적	2016년 3분기 누적	증감율
매출액	70,578,479,878	96,863,793,704	-27%
매출원가	64,138,386,665	76,409,710,391	-16%
매출총이익	6,440,093,213	20,454,083,313	-69%
판매비와관리비	16,463,144,162	15,979,217,513	3%
영업이익 (손실)	-10,023,050,949	4,474,865,800	적자전환
재고자산	25,913,665,283	31,626,765,555	-18%

2017년의 전년 대비 매출 부진, 할인 판매, 매입단가 상승으로 쌓아둔 재고자산을 처분하거나 재고자산을 평가손실 처리하면서, 9개월간 누적 100억 원의 영업적자를 기록하며 적자로 전환하게 된다.

기업의 재고자산은 이처럼 '양날의 검'이라고 생각해야 한다. 특히 우리가 지금까지 살펴본 기업들은 소비재를 판매하는 기업이었다. 소비재는 먼저 판매계획과 목표치를 근거 삼아 사전적으로 제품 생산계획 및 적정 재고수준이 결정된다. 이후 매출이 성장하면서 적정재고를 유지하기 위해 생산계획이 수립되고, 반대로 판매가 부진해 재고가 남으면 생산을 줄이면서 적정재고를 유지한다. 그러나 앞의 두 사례처럼 큰 성장을 예상하고 재고를 많이 적체했지만 판매에 문제가 발생하면 재고자산은 큰 손실로 변할 수 있다. 따라서 소비재를 제조-판매하거나 유통업을 영위하는 기업의 재고자산은 회사의 판매계획과 생산계획을 가늠하는 척도인 동시에, 계획대로 재고가 소진되지 않으면 손실로 연결될 수 있는 '양날의 검'이므로 꾸준하게 판매실적 등을 확인해야 한다. *

* 특히 어떤 단일 제품에 매출의 대부분을 의존하는 회사는 그 제품의 인기가 지속되지 못할 경우 매출과 실적에 큰 손해를 입을 수 있다. 특정 단일 제품의 성공이 꾸준히 인기를 얻는 스테디셀러가 될 것인가? 후속 제품이 지속적으로 성공할 수 있을까? 흔히 말하는 '단일 제품 리스크(One item risk)'는 투자자로서 반드시 조심해야 할 부분이 아닐까 한다.

프로텍 케이스 스터디
(재고자산이 보내는 미래실적 개선신호, 반드시 캐치하여 투자 의사결정에 반영하자.)

매출-이익이 성장하는 기업은 재고자산도 따라서 증가하지만, 판매에 갑자기 문제가 생기거나 시장이 예상처럼 흘러가지 않는 경우 쌓아둔 재고자산이 오히려 독이 될 수 있다는 이야기를 먼저 했다. 그러나 모든 업종이 우선적으로 재고를 생산해 쌓아두고 팔아가면서 소진할까? 그렇지 않다. 특히 B2B^{Business} to Business 기업들은 거래처의 요구와 어느 정도 확실한 매출계획을 바탕으로 재고를 생산-판매하므로, 재고자산이란 것은 미래 실적 예측에 중요한 정보가 된다.

반도체 조립용 디스펜서 장비 등을 제조-판매하는 프로텍의 사례를 보자. 아래의 표는 프로텍의 과거 실적과 주요 재무제표 정보다.

(단위 : 백만 원)

	2016년	2015년	2014년	2013년
매출액	94,840	75,100	92,547	66,122
매출원가	65,944	50,449	63,245	44,996
매출총이익	28,896	24,650	29,302	21,126
매출총이익률	30%	33%	32%	32%
판매비와관리비	13,899	12,333	12,651	11,837
영업이익	14,997	12,317	16,651	9,288
영업이익률	16%	16%	18%	14%
당기순이익	12,307	10,723	14,900	7,409
재고자산	13,104	13,501	9,442	11,575

매출액은 661억→925억→751억→948억 원으로 오르내리면서도 꾸준히 성장했다. 영업이익도 매출과 같은 방향으로 움직였는데, 특이점은 재고자산 수

준이 다음 해 매출액과 연동되고 있다.

2013년 말 약 116억 원의 재고를 보유했던 회사는 2014년에 약 925억 원의 매출을 일으키며 매출과 이익의 성장을 이룩했다. 그러나 다시 재고자산이 94억 원 수준으로 감소하자 다음 해 매출은 751억 원으로 줄어들었다. 2015년 말엔 다시 135억 원의 재고자산을 보유했고, 이 금액은 2016년 948억 원이란 사상 최대 매출액을 달성하게 된다. 2016년 말 재고자산 수준은 전년도 말의 135억과 큰 차이가 없다.

매출액 변동에 따라 제품마진율이라 할 수 있는 매출총이익률의 변화가 크지 않고, 판매비와관리비 역시 매출 변화에 따라 큰 폭으로 움직이지 않는데, 바로 이 점에 주목할 필요가 있다. 제품의 이익률이 어느 정도 안정적인 동시에, B2C가 아닌 B2B 기업으로 광고선전비와 지급수수료 등의 비중이 크지 않아 판매비와관리비가 상대적으로 안정되어 있다는 느낌이 든다. 그러면 2017년 분기별 실적과 재무제표를 확인해보자.

(단위 : 원)

	2017년 1분기	2016년 1분기	증감률
매출액	29,235,095,207	20,337,227,925	44%
매출원가	19,961,909,676	15,440,592,498	29%
매출총이익	9,273,185,531	4,896,635,427	89%
매출총이익률	32%	24%	
판매비와관리비	3,683,638,120	3,400,643,913	8%
영업이익	5,589,547,411	1,495,991,514	274%
영업이익률	19%	7%	
재고자산	20,445,910,481	11,882,940,381	72%

매출은 전년 동기 대비 44% 증가하지만, 원가는 29%밖에 증가하지 않아, 제품마진이 무려 89% 증가했다. 또한 B2B 기업인지라 판매비-관리비는 상대직으로 안정직이어서 매출이 크게 늘었음에도 판매비와관리비는 거의 늘어나

지 않아 영업이익은 전년 동기 대비 3.74배(274%) 성장한다. 일단 매력적인 실적 개선이다. 투자대상으로 고려해볼 만하다. 그러나 중요한 것은 "이런 실적성장이 지속적일 것이냐?"이다. 물론 회사의 본업, 거래처, 제품의 지속적 판매 증가 가능성 등을 다각도로 알아보는 것이 가장 도움이 되겠지만 사실 가장 눈에 띄는 부분은 재고자산이 크게 증가하였다.

이 회사는 해마다 많게는 130억, 적게는 94억 정도의 재고자산을 보유해왔다. 그러다가 2017년 1분기에 재고자산이 200억 원을 넘어 크게 증가한 것을 어떻게 해석할까? 이 회사가 만약 B2C 기업이라면, 매출이 지속적으로 늘어나리라는 전제하에 재고자산을 크게 늘렸을 수 있다. 예상대로 매출이 증가하면 이익도 계속해서 개선되겠지만, 위에서 살펴본 손오공이나 내츄럴엔도텍의 경우처럼 매출에 문제가 발생한다면 어떨까? 쌓아둔 재고자산은 손실로 연결될 가능성이 클 것이다.

그러나 이 회사는 반도체 장비 제조사로, 거래처의 주문이 들어와야 비로소 제품을 만들고 거래처 생산라인에 적용함으로써 매출과 이익을 달성하는 기업이다. 이러한 내용은 사업보고서에도 잘 나와 있다.

(2) 판매경로
1)제품개발(주문생산 방식)
①Customer 요구사항 ⇒ ②제안서 및 견적서 제출 ⇒ ③계약서 및 수주 ⇒ ④설계, 가공,조립,TEST ⇒ ⑤납품 SET UP ⇒ ⑥양산Line에 적용후 문제점 보완 ⇒ ⑦계산서 발행 및 대금수금

2)제품 생산(시제품 개발 완료)
①Customer 요구 ⇒ ②사양서 접수 ⇒ ③견적서 제출 및 계약 ⇒ ④제품생산 ⇒ ⑤수요처,납품Setup ⇒ ⑥생산 Line에 적용 ⇒ ⑦세금계산서 발행 및 대금수금

판매경로는 크게 제품의 '개발'과 '생산' 2가지로 나뉜다. 전자인 주문생산 방식의 경우, 요구사항을 받아 제안서를 제출하고 계약이 이루어지면 제품을

만들어 납품한 후 계산서를 발행하여 대금을 수금한다. 이에 비해 후자의 경우, 즉, 시제품개발이 완료된 일반 제품의 경우엔, 역시 계약 후 납품하고 생산라인에 적용한 다음 세금계산서를 발행하고 대금을 수금한다.

결과적으로 2017년 크게 늘어난 회사의 재고자산은 거래처의 주문을 받고 생산 중이라 아직 거래처 납품이 이루어지지 않았다든지, 이미 납품은 이루어졌지만 세금계산서가 발행되지 않아 매출이 생기지 않은 금액일 수 있다.

장기적인 회사의 매출 예측은 어려울지라도, 재무제표 작성일 현재 거래처의 주문을 받고 생산 중이거나 거래처의 생산라인에 적용 중에 있는 재고자산이 증가한다는 것은 적어도 재고자산의 진부화 및 평가손실의 위험이 크지 않으며 미래 매출의 증가와 관련되어 있음을 쉽게 파악할 수 있다. 이제 재고자산이 크게 늘어난 이후인 2017년 2분기 실적은 어떨까?

(단위 : 원)

	2017년 2분기	2016년 2분기	증감률
매출액	27,679,562,475	23,584,455,185	17%
매출원가	19,295,953,612	16,756,930,403	15%
매출총이익	8,383,608,863	6,827,524,782	23%
매출총이익률	30%	29%	
판매비와관리비	2,936,309,428	3,248,019,407	-10%
영업이익	5,447,299,435	3,579,505,375	52%
영업이익률	20%	15%	
재고자산	37,607,268,899	15,687,790,311	140%

전년 동기 대비 매출액은 17%, 영업이익은 52% 증가하게 된다. 판매비와관리비가 절감되면서 영업이익률은 20%에 이르고 재고자산은 전년 동기에 비해 2.4배 많은(140% 증가) 상황이다. 1분기 말 재고자산 약 205억과 비교해도 3개월 만에 또 한 번 크게 증가하였다.

1분기 매출액 292억 원에 비해 2분기 매출은 다소 줄었으나, 재고자산이 크게 증가한 것으로 보아 아직 매출과 이익이 인식되지 않은 재고가 늘어난 것이라고 판단할 수 있다. 3분기 실적을 기다려볼 이유는 충분하다고 생각된다. 아니나 다를까, 다음 표와 같이 3분기 실적 역시 지속 성장이다.

(단위 : 원)

	2017년 3분기	2016년 3분기	증감률
매출액	43,504,565,600	23,816,319,942	83%
매출원가	30,525,305,684	16,422,795,829	86%
매출총이익	12,979,259,916	7,393,524,113	76%
매출총이익률	30%	31%	
판매비와관리비	3,715,220,774	3,524,452,581	5%
영업이익	9,264,039,142	3,869,071,532	139%
영업이익률	21%	16%	
재고자산	43,881,343,734	13,740,519,309	219%

2017년 3분기 매출액은 435억 원으로 전년 대비 83% 증가하였을 뿐 아니라, 2017년 1~2분기에 비해서도 큰 폭으로 성장했다. 영업이익 역시 93억 원으로 전년 대비 2.39배 증가했고(139% 성장) 2017년 1~2분기와 비교해도 성장했다.

아울러 이 회사의 미래 실적 예측에 있어 가장 중요하다고 판단되는 재고자산도 지속적으로 증가하는 모습이다. 만약 2017년 3분기 말의 재고자산 439억 원이 모두 4분기에 매출로 인식되면 어떻게 될까? 재무제표를 통해 역산해보자.

어떤 해의 매출액은 그 전 해에 회사가 보유하고 있던 재고자산과 밀접하게 연계되어 있다. 기억할 것이다. 그렇다면 2016년의 경우, 몇 달 치의 매출액을 재고자산으로 보유하고 있는지 확인해보자.

재고자산이 제품으로 연결되면서 매출원가로 처리된 금액은 다음과 같이 632억 원 정도다. 연간 고르게 매출이 발생했다고 가정한다면, 한 달 평균 재고자산 출고금액은 52.7억(632억/12개월) 정도다. 그리고 회사가 보유한 재고자산 총액은 다음에서 보듯 133억 원 정도. 그러면 이 규모의 재고자산은 과거 제무제표 기준으로 평균 몇 달 치의 매출액이라고 할 수 있을까? 133억÷52.7억 =2.523개월 치로 계산된다. 이를 재고자산회전기간이라고 한다.

과목	주석	제 18(당) 기
매출액	3, 19	92,547,432,885
매출원가	19, 20	63,245,138,724
매출총이익		29,302,294,161
판매비와관리비	19, 20	12,650,954,989
영업이익	3	16,651,339,172
재고자산(평균)		13,302,517,400

　이 회사는 과거에도 평균적으로 대략 2.5개월 치의 재고자산을 보유했다. 따라서 이 수치는 그 평균에서 그리 크게 벗어나지 않는다. 왜냐하면 프로텍의 사업보고서에는 회사의 생산 방식을 아래와 같이 공시하고 있기 때문이다.

6. 수주상황

당사의 제품은 발주자의 주문생산 방식이며, 통상 8주에서 12주 이전에 생산제품 주문을 접수하는 단기발주 형식으로 이루어지고 있어 수주 현황은 작성하지 아니하고 있습니다.

　이 사업보고서 내용으로도 생산 방식은 주문생산이며, 8주~12주 이전에 접수된 주문을 생산해 납품하므로 실제로도 두어 달이라는 재고자산화 기간이 존재함을 알 수 있다. 만약 프로텍이 과거 이익률을 유지한다면, 2017년 3분기 말 재고자산 439억 원은 어느 정도의 매출로 연결될까? 이 회사의 가장 최근 분기(2017년 3분기) 매출총이익률은 약 30%다. 따라서 재고자산 439억 원이 30%의 이익률을 창출하려면 매출액은 627억 원 정도라야(439억÷70%=627억) 한다. 매출원가를 먼저 439억 원으로 상정하고, 다음과 같이 2017년 4분기 이후 실적을 추정해보자. 번호 순으로 추정한 것이다.

매출액	627	2. 매출총이익률 30%를 가정하여 역산
매출원가	438.9	1. 2017. 3분기 재고자산이 4분기에 모두 출고된다면
매출총이익	188.1	3. 매출총이익률 30%
판매비와관리비	37	4. 매출변화와 무관하게 판매비와관리비는 일정함
영업이익	151.1	5. 영업이익 추정액

위의 표를 해석해보자.

1. 2017년 3분기 기준 재고자산 439억 원이 모두 매출로 연결된다면, 그 재고는 매출원가로 처리된다.

2. 과거 매출총이익률 30%를 유지한다는 전제 아래 역산하면 627억 원의 매출이 발생해야 한다.

3. 매출총이익은 가정한 대로 30%다.

4. 분기별 판매비와관리비는 매출 변화와 관계없이 일정하였으므로, 2016년 4분기 수치가 일정하게 유지된다고 가정한다.

5. 영업이익은 약 150억 원 정도로 산출된다.

위의 단순한 추산대로라면, 그리고 모든 가정이 충족된다면, 2017년 4분기에 이 회사는 무려 150억 원의 영업이익을 달성도 가능하다는 이야기다.

영업이익이 2017년 1분기 56억, 2분기 54억, 3분기 93억 원을 기록했는데, 4분기에 150억 내외를 기록할 수 있다면 실적이 지속적으로 성장하고 있다는 것이므로, 주가가 과다하게 고평가되지만 않았다면 수익을 기대해볼 만한 상황이다. 물론 2017년 4분기에 보유한 재고가 모두 매출로 연결되지 않고 그 다음 1~2분기로 이연될 가능성도 있으니까, 보수적인 관점에서 기대치를 설정해야 할 것이다. 어쨌거나 내가 보기엔 충분히 기대해볼 만하다. 설령 재고자산이 4분기에 모두 출고되지 않고 2018년으로 이월된 재고는 별다른 문제가 없다면 2018년 매출과 이익으로 연결된 것이기 때문이다. 이월된다 하더라도 3분기(93억) 이상의 영업이익만 나오면, 놀라운 실적의 성장 기업이라는 신호를 시장에 보낼 수 있다고 생각한다.

회사가 주문을 받아 생산하고 납품하는 경우라도, 모든 재고자산이 안정적으로 가까운 미래에 매출과 이익으로 이어질 거라고 판단하긴 섣부르다. 그러나 제품의 경쟁력과 수익성, 전방산업의 지속적 성장 등을 추가적으로 고려하면, 보유한 재고자산이 장차 매출 및 영업이익으로 이어진다는 것에 이의를 제기하긴 어려울 것이다. 특히 프로텍의 경우, 매출액이 크게 늘어도 판매비와 관리비가 큰 폭으로 증가하지 않는 추세인지라, 늘어난 매출총이익은 판매비 관리비 증가를 수반하지 않고도 영업이익으로 쌓일 수 있어 레버리지효과 또한 큰 것으로 판단된다.

이렇게 재고자산이 미래의 매출을 대변하는 경우, 재고자산의 추적은 회사에 투자하는 시점을 결정할 뿐 아니라 투자 종료 시점을 결정하는 데도 큰 도움이 된다. 이런 내용을 고려해 2017년 초부터 이 회사에 투자했다면, 어느 정도의 수익률을 달성할 수 있었을까? 〈차트 3-8〉을 보며 생각해보자.

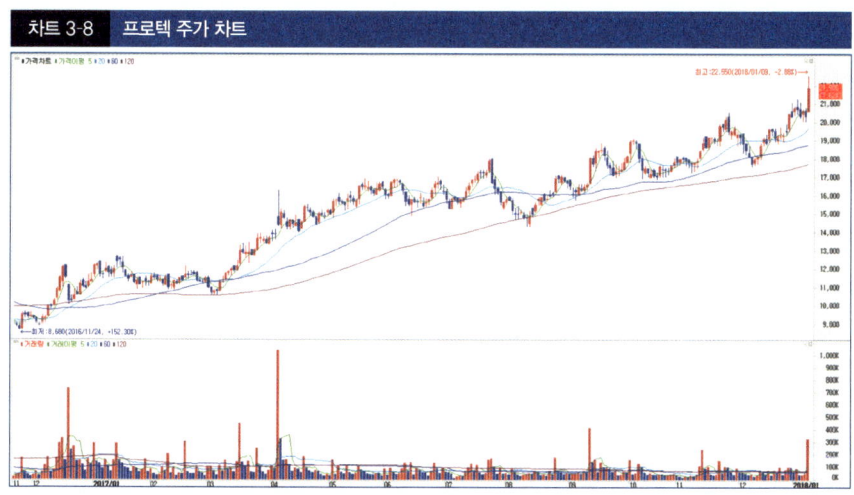

차트 3-8 프로텍 주가 차트

앞의 재고자산 등을 고려한다면 어느 시점에 차익을 실현할 수도 있겠지만, 한편으로는 더욱 증가할 미래 매출—이익을 기대하여 더 장기로 투자하겠다고 결정할 수도 있다. 그 이후는 투자자들의 선택하기 나름일 것이다.

기억하자, 재고자산은 기업의 실물자산이며 매출로 직결되는 가장 중요한 의사결정 사항에 속한다. 단순한 의사결정이 아니라, 회사의 과거 실적 및 현재의 성장추이와 미래의 매출계획을 근거로 한 생산계획에 따라 만들어진 숫자다. 소비재 기업이라면, 적절한 재고자산을 보유하면서 재고부족 없이 매출 성장과 함께 재고가 움직이는지, 아니면 통 크고 과감한 투자로 재고를 큰 폭으로 늘려 매출 증대를 꾀하고 있는지, 파악할 수 있다. 그리고 그 결과가 큰 손실이나 이익으로 돌아올 수 있는 '양날의 검'이라는 것을 인지하고, 촉각을 곤두세워서 투자 의사결정에 반영해야 할 것이다.

다만, 프로젝처럼 매출처가 확정되고 주문을 받아 생산하는 B2B 기업인 경우, 재고자산이 오히려 증가해가고 있는지를 살펴보면서 미래의 매출 성장과 이익으로 연결되는 것을 투자자로서 즐길 수도 있다. 또는 반대로 감소가 예상된다면, 주식을 매도하거나 그 비중을 줄이는 등, 투자전략 수정에도 재무제표는 큰 도움이 될 것이다.

감가상각비에 숨어 있는
기업의 미래 실적과 투자아이디어

> **"**
> 감가상각비에
> 기업의 미래가
> 숨어 있다?
> **"**

선주문을 받아 제조하고 납품하여 매출을 발생시키는 장비업체든, 과거 판매추이나 판매계획 등에 따라 미리 제조해놓고 판매활동을 통해 매출을 만들어내든 소비재업체든, 실적의 근간인 매출과 대응하는 재무제표 항목을 재고자산이라고 했다. 그렇다면 매출 창출의 핵심인 재고자산(제조업 기준)은 어떻게 만들어질까?

제품은 그냥 만들어지는 것이 아니라 ❶ 원－부재료 등을 구매하여 제조공정에 투입하고 ❷ 투입된 원－부재료가 회사의 기술력이 집약된 생산설비 및 인력에 의해 가공되고 ❸ 회사의 브랜드를 입고 완제품으로 전환하여 창고에 적체되어 있다가 거래처로 출고되면서 매출이 이루어진다.

이러한 원칙 아래 우리는 기업의 가장 중요한 자산 중 하나인 원－부재료의 가공 과정에서 발생하는 생산 공정 인력에 대한 비용과 공정 자체에서 발생하는 다양한 비용에 대해 고민해야 한다.

SK하이닉스 케이스 스터디
(제조기업의 실적에 가장 큰 영향을 미치는 비용은 설비투자에 대한 감가상각비)

2017년 엄청난 실적을 달성한 SK하이닉스가 이번 케이스 스터디 대상이다.

(단위 : 백만 원)

과 목	2016년(제69기)	2015년(제68기)	증감율
Ⅰ. 매출액	17,197,975	18,797,998	-9%
Ⅱ. 매출원가	10,787,139	10,515,353	3%
Ⅲ. 매출총이익	6,410,836	8,282,645	-23%
판매비와 관리비	3,134,090	2,946,545	6%
Ⅳ. 영업이익	3,276,746	5,336,100	-39%

2016년 SK하이닉스는 약 17.2조 원의 매출과 약 3.28조 원의 영업이익을 달성했다. 전년에 비해 매출액은 9% 감소했으나, 매출원가 및 판매비와관리비는 늘어났다. 따라서 영업이익은 전년 대비 39% 감소한 상황. 반도체업종 호황(특히 SK하이닉스의 주력제품인 DRAM가격의 엄청난 급등)이 오기 전인 2016년 이 회사의 실적은 전년에 비해 다소 초라한 상황이었다. 왜 2016년 매출액은 9%밖에 줄지 않았는데, 영업이익은 39%나 감소했을까?

2017년은 그 반대였다. 다음 표와 같이 3분기까지 매출은 78% 늘어난 데 비해 영업이익은 432%(5.32배) 증가한 것이다. 가장 큰 이유는 매출액이 그렇게 증가했음에도 매출원가 및 판매비와관리비가 별로 늘어나지 않았기 때문이다. 늘어난 매출이 거의 대부분 이익증가로 이어졌다.

case study

(단위: 백만 원)

과목	2017년 3분기	2016년 3분기	증감율
	누적	누적	누적
Ⅰ. 매출액	21,081,881	11,840,289	78%
Ⅱ. 매출원가	9,241,783	7,819,077	18%
Ⅲ. 매출총이익	11,840,098	4,021,212	194%
판매비와 관리비	2,584,606	2,280,605	13%
Ⅳ. 영업이익	9,255,492	1,740,607	432%

사실 2016년 영업이익이 전년 대비 39% 하락했던 것이나, 반대로 2017년 영업이익이 전년 대비 무려 432% 증가한 것이나, 모두 고정되어 있는 비용이 많아서 '영업레버리지 효과'가 발생했기 때문이다. 따라서 실적을 올바르게 해석하여 투자 의사결정에 반영하기 위해서는 원가구조와 레버리지 효과를 파악하는 것이 매우 중요하다. 원가구조 파악을 위해서 다음의 표를 통해 SK하이닉스가 2016년과 2015년에 지출한 영업비용(매출원가+판매비와관리비)이 각각 어떻게 구성되어 있었는지 확인해보자.

27. 비용의 성격별 분류

당기와 전기 중 발생한 비용의 성격별 분류는 다음과 같습니다.

(단위: 백만 원)

구 분	당기	전기(*2)	증감율	증감액
원재료 및 소모품 사용	3,386,007	3,503,378	-3%	-117,371
종업원급여	2,333,622	2,562,340	-9%	-228,718
감가상각 및 무형자산상각	4,396,478	3,887,900	13%	508,578
기술료	229,422	210,902	9%	18,520
지급수수료	985,869	895,991	10%	89,878
동력 및 수도광열비	840,129	742,000	13%	98,129
수선비	605,682	614,342	-1%	-8,660
외주가공비	785,755	982,457	-20%	-196,702
기 타	418,680	353,492	18%	65,188

| 합 계(*1) | 13,921,229 | 13,461,898 | 3% | 459,331 |

(*1) 연결포괄손익계산서상의 매출원가와 판매비와관리비를 합산한 금액입니다

2016년 SK하이닉스의 매출은 전년에 비해 9% 감소했다. 이에 따라 원재료 및 소모품 사용액도 소폭(3%) 감소한 것으로 판단된다. 영업이익이 줄면서 급여도 약 9% 감소했다.

성과급 등도 감소했을 가능성이 높다. 그 외의 여러 가지 항목도 증가하거나 감소했는데, 전체 비용 가운데 가장 큰 비중을 차지하면서 또한 가장 많이 증가한 금액은 바로 '감가상각 및 무형자산상각'이다. 이 항목은 전년 대비 13% 증가했고 금액으로는 약 5,086억 원 늘었다. 전체 비용 증가액이 4,593억 원인데 그중 가장 많은 부분을 감가상각 및 무형자산상각비(5,086억 원 증가)가 설명해주고 있다.

요컨대 SK하이닉스가 매출을 창출했을 때 비용으로 차감되는 항목 중 가장 큰 것이 감가상각 및 무형자산상각 비용으로 약 4.4조 원에 이른다. 그 다음이 재료비(원재료, 소모품 등) 약 3.39조 원이며, 세 번째가 인건비 2.33조 원이다.

그런데 원재료 등의 사용액은 제품생산 증가(수량 Q)에 따라 움직이고, 동시에 그 원재료 등의 매입가격(단가 P)에 따라 움직인다. 하지만 종업원 급여는 시간당 노임으로 일한 시간만큼 주지 않는 한 대체로 고정적이다. 실적에 따라 성과급이 더 나가거나 줄어드는 정도의 변화는 있지만 근본적으로 크게 변하지 않는다.

마지막으로 감가상각비와 무형자산상각비는 제품 생산량에 따라 움직이는 비용이 아니다. 과거 투자 의사결정의 결과로 그냥 '계산되는' 숫자다. 따라서 우리는 이 감가상각비의 개념을 먼저 이해해야 회사의 경영성과인 영업이익을 제대로 해석할 수 있다.

간단한 예를 들어보자.

당신이 주식투자를 위해 데스크탑이 필요해서 고성능 세트 200만 원짜리를 구입했다고 가정하자. 또 그 데스크탑은 통상 4년 정도 사용하며, 4년 후엔 중고나라에서도 값을 받지 못할 가능성이 높아 폐기처분한다고 가정하자. 그렇다면, 당신의 주식투자 장부에는 다음과 같은 비용이 발생한다.

(단위: 원)

	현재	1년 후	2년 후	3년 후	4년 후	5년 후
주식투자수익		100만	100만	100만	100만	100만
현금유출	-200만	0	0	0	0	0
현금이익	-200만	+100만	+100만	+100만	+100만	+100만
감가상각비		50만	50만	50만	50만	0
주식투자이익	0	+50만	+50만	+50만	+50만	+100만

지금 당장 현금 200만 원이 지출됐지만, 이 컴퓨터는 4년간 주식투자에 활용되며 당신의 주식투자 수익창출에 기여할 것이다.

자, 이제 당신이 1년간 주식투자로 100만 원을 벌었다면, 정말 100만 원을 번 것인가? 아니다. 100만 원의 투자수익이 현금으로 들어왔다 해도, 당신은 50만 원만 벌었다. 주식투자를 위해 구입한 컴퓨터가 4년간 사용되어, 여기서 매년 50만 원(200만÷4년)의 비용이 발생하기 때문이다.

안타깝게도 당신이 보고 있는 기업의 실적(영업이익)은 현금으로 남은 이익이 아니라, 그저 계산된 이익이다. 특히 감가상각비라는 가장 중요한 비용을 차감한 항목이다.

그런데 컴퓨터가 쌩쌩히게 잘 돌이기서 4년 후에도 폐기치분할 필요 없고 새 컴퓨터를 사지 않아도 된다고 가정하자. 그리고 5년 후에도 똑같이 100만 원을 벌었다면, 현금이익은 고스란히 100만 원이다. 그러나 회계이익 역시 100만 원이다. 더 이상 감가상각 처리할 컴퓨터가 없기 때문이다.

이것을 기업의 설비투자와 연결시켜보자. 제품을 생산하기 위한 설비투자는, 투자시점에 현금이 나가도 비용으로 기록되지 않는다. 사용하는 기간(통상 건물은 20년~40년, 기계장치는 4년~5년)에 걸쳐 감가상각되면서, 창출된 매출과 대응된다.

당신이 매년 벌어들인 수익이 똑같이 100만 원이라 하더라도, 감가상각이 끝난 5년차부터는 투자이익이 전년 대비 2배(50만→100만)로 늘어날 수 있다. 실제로 벌어들인 돈은 같은데도 말이다. 4년 뒤 새 컴퓨터를 또 산다면 모를까.

따라서 기업의 투자 사이클을 반드시 고민해야 한다. SK하이닉스나 삼성전자처럼 매년 수조 원을 투자해야 하는 기업은 어떨까? 이들은 매년 감가상각 비용만큼의 혹은 그 이상의 재투자를 매년 실행한다. 감가상각이 완료되어 갑자기 비용이 급격히 감소되는 시점이 쉽게 오겠는가? 아니다.

그런데 만약 공장을 짓는 데 투자하는 경우 4년만 지나면 감가상각은 끝나지만, 실제론 20년간 사용할 수 있다고 생각해보자. 감가상각비는 4년 동안만 발생하고 5년차부터는 감가상각비가 없어지면서 나머지 16년간은 똑같은 매출이 나왔다 하더라도 이익이 크게 늘어날 수 있는 상황이 된다.

주식시장이 가장 중요하게 여기는 것은 결국 이익, 그중에서도 본업에서 창출한 영업이익이다. 그리고 그 영업이익은 여러 항목들이 복합적으로 작용하여 계산되는데, 그중에서도 가장 중요한 비용 가운데 하나가 감가상각비다. 그래서 이 비용이 기업의 경영성과 해석에 아주 중요한 역할을 한다.

다음의 표는 2017년 3분기까지 SK하이닉스의 영업성과다. DRAM과 NAND 제품 가격의 급등으로 매출은 78% 늘었으나, 대부분의 비용이 매출액만큼 늘어나지 않아서 이익은 무려 432%(5.32배) 증가하게 된다.

(단위: 백만 원)

과목	2017년 3분기	2016년 3분기	증감율	증감액
	누적	누적	누적	누적
Ⅰ. 매출액	21,081,881	11,840,289	78%	9,241,592
Ⅱ. 매출원가	9,241,783	7,819,077	18%	1,422,706
Ⅲ. 매출총이익	11,840,098	4,021,212	194%	7,818,886
판매비와 관리비	2,584,606	2,280,605	13%	304,001
Ⅳ. 영업이익	9,255,492	1,740,607	432%	7,514,885

　　이것이 바로 영업레버리지 효과의 파워다. 감가상각비 등 고정비용은 매출 증가에 따라 늘어나지 않아, 매출액 성장의 상당 부분이 이익으로 잡혀 이익을 폭발적으로 증가시킨 것이다. 이제 SK하이닉스가 판매하는 DRAM과 NAND 수요가 지속적으로 늘면서 판매가격도 계속 인상되면 어떻게 될까? 분기별 실적을 보면서 따라가보자. 폭발적 이익 증가가 나타나게 된다.

　　다음은 하이닉스 분기별 실적이다.

하이닉스 분기별 실적						
IFRS(연결)	2016/12	2017/03	2017/06	2017/09	전년동기	전년동기(%)
매출액	53,577	62,895	66,923	81,001	42,436	90.9
매출원가	29,681	29,848	28,588	33,982	27,923	21.7
매출총이익	23,896	33,047	38,335	47,019	14,514	224.0
판매비와관리비	8,535	8,371	7,828	9,647	7,254	33.0
영업이익	15,361	24,676	30,507	37,372	7,260	414.8

　　매출액이 매분기 늘어나는데, 그 매출증가액이 거의 고스란히 영업이익 증가액으로 변하고 있어서 특이하다. 분기별 비용이 거의 고정되어 있기 때문에, 제품가격의 인상으로 매출이 늘어나면 그만큼 오롯이 이익증가로 이어진다는 것을 확인힐 수 있다. 영업레버리지 효과의 '끝판왕'을 보고 있는 셈이다. 그러나 거꾸로 보면 더 중요한 점이 드러난다. 만약 회사가 판매하는 제품 가격이 하락하기 시작한다면? 영업레버리지 효과가 클수록(고정비 비중이 클수

록), 판매가 하락 등으로 매출이 떨어지면 그 감소분만큼 이익이 급격히 줄어들 수 있다. 말하자면, 이익이 증가하든 감소하든 화끈하게 오르내린다는 얘기다. 업황과 제품가격, 매출전망에 따라 이익과 주가도 급격히 출렁일 수 있음을 명심하자! 영업레버리지 효과가 큰 기업에 투자할 때는, 그만큼 더 업황과 회사 전망을 심오하게 체크해야 한다.

case study

동진쎄미켐 케이스 스터디
(감가상각비에 숨겨진 회사가 벌어들인 진짜 현금)

감가상각비와 그로부터 발생하는 영업레버리지 효과를 충분히 이해했을 것이다. 이제, 감가상각비 등에 숨어 있는 회사의 이익을 파악하여 투자성과를 창출하는 방법을 이야기해보자.

과목	2016년 1분기	2015년 1분기	증감률	증감액
I. 수익	190,607,921,614	164,549,185,251	16%	26,058,736,363
II. 매출원가	155,930,434,086	138,356,243,350	13%	17,574,190,736
III. 매출총이익	34,677,487,528	26,192,941,901	32%	8,484,545,627
IV. 판매비와관리비	18,020,469,554	16,143,890,906	12%	1,876,578,648
IV. 영업이익	16,657,017,974	10,049,050,995	66%	6,607,966,979

이런 실적을 발표한 기업은 어떻게 보이는가? 전년에 비해 매출액은 16% 늘었고, 영업이익은 무려 66% 증가하였다. 적정가치가 얼마인가는 차치하고라도, 일단 매출액과 영업이익이 성장하고 있는 기업이니 긍정적으로 보인다. 그러나 우리는 실적을 꼼꼼하게 체크하는 개미들이니까 성장한 실적부터 해석해보자. 매출액이 260억 정도 증가했고, 영업이익이 66억 정도 늘었다면, 비

용은 모두 200억이 조금 안 되게 증가한 것이다. 그 비용 가운데 매출원가는 약 176억, 판매비와관리비는 약 19억 정도이니, 대부분의 비용은 매출원가(제조원가 등)에서 증가한 것이라 하겠다. 따라서 매출이 16% 늘어나면서 매출원가는 그보다 조금 적은 13% 증가하고, 그 차이는 이익으로 인식되었을 것이다. 이제 다음 단계로 회사의 원가구조를 파악하여, 매출이 늘어나면서 어떤 비용이 늘었는지 다음의 표에서 좀 더 세세히 살펴보자.

18. 비용의 성격별 분류

당 분기 및 전 분기 중 발생한 비용의 성격별 분류는 다음과 같습니다.

(단위 : 천 원)

구 분	당 분기	전 분기	증감율	증감액
제품과 재공품의 변동	-14,874,911	-10,624,530		
원재료와 저장품의 사용액	101,812,639	96,680,493	5%	5,132,146
상품의 판매	27,441,794	20,683,128	33%	6,758,666
기타원가	158,387	73,875	114%	84,512
종업원급여	19,369,168	18,283,932	6%	1,085,236
감가상각, 대손상각 및 손상차손	18,510,454	9,430,468	96%	9,079,986
물류비	5,033,860	3,603,314	40%	1,430,546
광고비 및 판매촉진비	121,361	79,893	52%	41,468
운용리스료 및 임차료	374,508	335,999	11%	38,509
경상연구개발비	3,104,436	3,137,267	-1%	-32,831
기타	12,899,208	12,816,295	1%	82,913
매출원가 및 영업비용의 합계(주)	173,950,904	154,500,134	13%	19,450,770

(주) 영업비용은 연결포괄손익계산서 상 물류비, 판매관리비 및 연구개발비의 합계액입니다.

표를 확인해보니 매출원가와 판매비-관리비 모두를 합쳐 증가한 비용 총액은 약 195억 원이다. 그런데 원재료 비용은 약 5%인 51억 원밖에 늘지 않았고, 전체 비용 증가액 195억 중 가장 많은 부분은 원재료 비용 증가가 아니라 '감가상각, 대손상각 및 손상차손' 증가로서 전년 대비 96% 뛰었고, 금액으로는 약 91억 원 증가한 것으로 확인된다. 즉, 회사의 매출액은 약 260억 증가했는데, 함께 늘어난 원재료는 약 51억이며 가장 큰 비용 증가는 감가상각비 등에서 발생했다는 얘기다.

앞에서 공부한 바이지만, 감가상각비는 어떻게 해야 증가하는가? 설비에 투자하고 그 설비가 사용되는 기간 동안 발생하는 것이 감가상각비다. 감가상각비가 큰 폭으로 늘어나려면 반드시 대규모의 설비투자가 선행되어야 한다. 그런데 이 회사의 유형자산(설비투자 금액이 집계되는 계정과목)에서는 대규모 설비투자 증가가 눈에 띄지 않는다. 앞으로 감가상각의 대상이 될 자산 금액인 순장부금액은 전년 동기와 별 차이가 없으며 대규모 설비 증설도 없었다.

다음 표를 보자. 감가상각 대상이 될 수 있는 유형자산의 기초 순장부금액은 3,410억에서 3,341억으로 줄었으며, 2016년 1분기 중 추가 취득한 약 188억 원이 있지만, 감가상각비가 엄청 늘어날 요인은 아니라고 판단된다.

당 분기 및 전 분기 유형자산 장부금액의 변동 내역

(단위 : 천 원)

구분	당 분기	전 분기
기초 순장부금액	334,117,000	341,010,287
일반취득 및 자본적지출	18,776,293	7,148,412
처분 및 폐기	-39,381	-61,114
감가상각비	-17,436,109	-7,629,752
손상환입(차손)	-	-501,424
기타	-1,463,812	167,556
분기말 순장부금액	333,953,991	340,133,965

대규모의 설비투자가 없었음에도 설비자산 감가상각비는 전년 동기 76억에서 174억으로 크게 증가한 것을 확인할 수 있다. 그리고 회사는 이와 같은

사실을 아래와 같이 주석에다 기재해두었다. 이제 당신의 궁금증도 풀릴 것이다.

> 4) 당 분기 중 연결실체는 경제적 실질을 반영하기 위하여 기계장치의 내용연수에 대한 회계추정을 8년~15년에서 4년~15년으로 변경했습니다. 이러한 회계추정 변경의 영향으로 당분기의 감가상각비는 9,891,221천 원 증가했습니다.

그러니까 대규모 설비증설이 있었기에 감가상각비가 늘어난 게 아니라, 8년간 감가상각해오던 기계장치의 내용연수(회계 상 사용기간)를 4년으로 줄이면서 99억 원 정도의 상각비용 증가효과가 발생했다. 예컨대 200만 원에 산 노트북을 8년간 쓰기로 마음먹고 매년 25만 원씩 마음속으로 상각처리해왔는데, 마음이 바뀌어 4년 만 쓰겠다고 결정하면서 매년 50만 원씩 상각하게 된 것이다. 이것을 '회계추정의 변경'이라고 한다.

그렇다면 회사는 실제로 4년만 기계장치를 쓰고 새것으로 교체할까? 그건 모를 일이다. 20년을 쓸 수도 있고, 2년도 안 되어 교체할 수도 있다. 그러나 장부상으로는 사용기간을 정해두어야 비용으로 반영할 수 있다. 이렇게 우리는 회계 상 내용연수가 실제 사용기간과는 다르다는 것을 알아야 한다.

하나 더 명심해두자. 노트북을 8년 사용하건, 4년 사용하건, 200만 원에 산 노트북 1개가 존재하고 있다는 사실에는 변함이 없다. 8년간 쓰려던 마음이 변해 4년만 쓰고 바꾸겠다고 변했더라도, 이 노트북을 샀다는 사실과 지금 중고 노트북 1대가 남아있다는 데도 변함이 없다. 나는 이를 두고 어느 영화 대사를 인용해 이렇게 표현한다. **"흔들린 것은 촛불이 아니라 네 마음이다."**

왜 내용연수 변경에 의한 감가상각비 증가액의 해석이 이토록 중요한 것일까?

첫째, 절대액수가 너무 크기 때문이다. 166억 원의 영업이익이 발생한 기업에게 있어 어떤 비용이 100억 증가했다면 그 중요성은 엄청나지 않겠는가.

둘째, 실적을 비교할 때는 동일한 기준으로 산출된 실적을 비교해야 옳기 때문이다. 가령 2015년 1분기 영업이익 100억은 기계장치를 8년에 걸쳐 상각시킬 때의 이익이다. 그런데 그 다음 분기 영업이익 166억은 그 상각기간을 4년으로 했을 때의 이익이다. 서로 다른 계산의 결과다. 실적을 올바르게 해석하려면 계산방법부터 일치시켜야 비교할 수 있지 않겠는가?

만약 내용연수를 변경하지 않고 8년으로 유지했다면 어떻게 되었을까? 영업이익은 감가상각비 증가 99억이 발생하지 않았을 것이므로 265억 원으로 올라갔을 것이다. 그랬더라면 영업이익은 100억에서 166억으로 66% 증가한 게 아니라, 265억으로 165%(2.65배) 성장한 결과가 나타났을 것이다. 능히 어닝서프라이즈라고 부를 만한 실적이었을 터이다.

영업이익 66% 증가와 166% 증가는 차원이 다르다. 감가상각 내용연도 변경이 없었다면 매출증가 260억 원에 비용 증가 95억 원으로서 영업이익은 165억 늘어난 것이라는 얘기가 된다. 회사의 본업은 반도체 및 디스플레이 소재 사업으로서 전방산업에 대한 전망도 밝았다. 투자하지 않을 이유도 없지만, 중요한 것은 이미 그러한 전망과 이익증가가 주가에 반영되었다면 한발 늦었을 수도 있다는 판단이다. 그러나 이 회사가 이런 실적을 발표한 때는 아래 주가차트에 네모 박스를 친 시점이다. 6,000원에도 못 미쳤던 주가가 단기간에 12,500원으로 2배 상승하는 것이 보일 것이다.

차트 3-9 동진쎄미켐 주가 차트

'중소형주'로 불리는 기업에 대해서는 증권사 애널리스트들의 분석 리포트가 없거나 한두 개에 불과하다. 일반투자자들은 그런 보고서와 예상 실적, 목표가, 투자의견 등이 제시되어 있지 않은 기업에 대해 갖고 있는 정보가 시원찮다.

내가 좋아하는 대상은 바로 이런 기업이다. 애널리스트들도 주목하지 않고 사람들이 잘 모르고 있어서, 우리 같은 개미들이 재무제표와 실적 성장만 보고 투자를 시작해도 늦지 않은 기업. 게다가 엄청난 이익 성장을 이루었지만 재무제표에는 그런 이익이 숨겨진 기업. 당신도 이런 기업을 발견하면 숨겨진 보물을 발견한 느낌일 것이다.

이제 감가상각비의 본질을 다시 생각해보자. 200만 원에 컴퓨터를 사서 8년간 사용하려고 마음먹었다면, 매년 25만 원씩 감가상각비가 발생한다. 그런데 8년에서 4년으로 상각기간을 줄여버렸다면? 4년간 연 50만 원의 감가상각비가 발생하고 그 후엔 발생하지 않게 된다. 자, 이제 2가지를 투자 의사결정에 반영해보자.

1. 감가상각 내용연수를 줄여서 늘어난 감가상각비와 상관없이 실제로 벌어들인 돈은 얼마인가?

2. 감가상각 내용연수가 줄어들어서, 벌어들이는 돈이 같아도 감가상각비가 더 이상 발생하지 않는 것은 어느 시점부터인가?

첫 번째 질문. 이 회사의 2016년 1분기 영업이익은 166억으로 전년 동기의 100억에 비해 66억 늘었다. 그럼, 실제로 이 회사가 벌어들인 돈이 66억 늘었던 것일까? 그렇지 않다.

과목	2016년 1분기	2015년 1분기	증감률	증감액
감가상각비	17,436,108,853	7,629,751,664	129%	9,806,357,189
IV. 영업이익	16,657,017,974	10,049,050,995	66%	6,607,966,979
감가상각비차감전영업이익	34,093,126,827	17,678,802,659	93%	16,414,324,168

표를 보면 영업이익은 66% 증가했지만, 감가상각비 계산법이 바뀌면서 감가상각비는 무려 129% 증가했다. 그러나 이는 과거의 투자를 비용으로 처리하는 과정일 뿐, 실제로 현재 영업활동을 위해 현금이 유출된 것은 아니다. 우리는 감가상각비 효과를 빼고 실제 영업활동으로 얼마나 현금을 벌어들일 수 있는지를 파악하고 싶다. 바로 그것을 위해 영업이익에 감가상각비를 더하는 방법을 사용한다. 이를 EBITDA(유무형자산상각비 차감전영업이익)라고 한다.

case study

tip

EBITDA Earnings Before Interest, Taxes, Depreciation and Amortization : '이자, 세금, 감가상각비 등을 차감하기 전의 영업이익'을 의미한다. 감가상각의 방법이나 규모에 상관없이 회사가 실제 영업활동으로써 얼마나 현금을 벌어들일 수 있는지를 가늠하는 지표다.

앞에서 제시한 회사를 다시 살펴보자. 감가상각비를 고려하지 않으면, 2015년 1분기에 177억을 벌어들이다가 이듬해 1분기에 341억을 벌어들이는 기업이 되었다. EBITDA 증가율 93%다. 그런데 이런 실적이 발표되기까지 주가는 오랫동안 4,000~5,000원 사이를 움직이고 있었다. 회사가 재무제표를 통해 전년 대비 2배나 되는 돈을 벌어들였다고 발표하기 전까지, 시장에서는 모르고 있었던 사실이다. 이제 투자해도 늦지 않다는 판단이 든다.

여러분이 이 회사에 투자하고 있다면 실제로 벌어들이는 돈이 더 많음에도 불구하고 장부에 이익이 적게 인식되는 것을 보면 즐거움을 느낄 것이다.

왜? 감가상각 기간이 짧아짐으로 인해, 멀지 않은 시점에 감가상각이 끝나버리면 장부에 계산되는 감가상각비가 줄어들면서 영업이익이 획기적으로 증가하게 될 것이니까. 그때까지 분기별 실적을 체크하면서 즐기면 되지 않을까? 다음의 표는 2분기 실적이다.

과목	2016년 2분기	2015년 2분기	증감률	증감액
I . 수익	188,779,530,547	174,084,695,831	8%	14,694,834,716
II . 매출원가	160,097,392,336	143,427,243,124	12%	16,670,149,212
III . 매출총이익	28,682,138,211	30,657,452,707	-6%	-1,975,314,496
판매비와관리비	18,637,514,427	17,280,867,431	8%	1,356,646,996
IV . 영업손익	10,044,623,784	13,376,585,276	-25%	-3,331,961,492
감가상각비	17,586,677,403	7,664,719,738	129%	9,921,957,665
EBITDA	27,631,301,187	21,041,305,014	31%	6,589,996,173

전년 대비 영업이익은 분명 25% 감소한 것으로 보이지만, 감가상각 방식이 바뀐 효과를 제외하면(즉, EBITDA로는) 여전히 전년보다 31% 더 많은 돈을 벌어들인 것으로 판단할 수 있다.

그렇게, 이 회사의 1년간 손익을 정리한 것이 다음의 표와 같다. 영업이익은 전년대비 22% 감소한 것으로 나타났지만, 감가상각비 효과(약 386억)를 제외하고 나면, EBITDA로는 83%나 증가했던 것으로 판단할 수 있다.

과목	2016년	2015년	증감률	증감액
Ⅰ. 수익	764,955,940,617	709,287,907,069	8%	55,668,033,548
Ⅱ. 매출원가	641,628,964,347	580,733,288,487	10%	60,895,675,860
Ⅲ. 매출총이익	123,326,976,270	128,554,618,582	-4%	-5,227,642,312
판매비와관리비	77,922,973,221	70,102,656,004	11%	7,820,317,217
Ⅳ. 영업손익	45,404,003,049	58,451,962,578	-22%	-13,047,959,529
감가상각비	70,299,031,098	31,658,564,715	122%	38,640,466,383
EBITDA	115,703,034,147	63,317,129,430	83%	52,385,904,717

이제, 이 회사의 실적에 대한 두 번째 질문에 답해야 할 때다. 회사는 기계장치에 대한 8년이라는 상각기간을 2016년 1분기부터 4년으로 줄였다고 한다. 그렇다면, 실제 상각기간을 줄임으로써 갑자기 늘어난 감가상각이 완료되는 시점은 언제일까? 그걸 알 수 있다면, 발표되는 영업이익이 크게 늘어나는 시점도 예상할 수 있다. 역시 재무제표를 찾아봐야만 얻을 수 있는 아이디어다.

다음의 표는 이 회사의 재무제표 주석에서 과거 기계장치 투자금액을 찾아, 감가상각 스케줄을 엑셀로 간단히 계산해본 것이다.

기계장치에 대한 투자는 매년 연말에 완료했다는 가정이며, 건설 중인 자산은 제외하고 기계장치로 대체된 금액 기준으로 계산하였다.

case study

감가상각 스케줄

(단위: 천 원)

투자금액	기계장치	2010	2011	2012	2013	2014	2015	2016	2017	2018	2019
2016	27,942,456								6,985,614	6,985,614	6,985,614
2015	23,839,272							5,959,818	5,959,818	5,959,818	5,959,818
2014	26,809,926						3,351,241	7,819,562	7,819,562	7,819,562	
2013	29,539,335					3,692,417	3,692,417	11,077,251	11,077,251		
2012	33,701,429				4,212,679	4,212,679	4,212,679	21,063,393			
2011	12,012,259			1,501,532	1,501,532	1,501,532	1,501,532	6,006,130			
2010	6,657,320		832,165	832,165	832,165	832,165	832,165	2,496,495			
2009	6,681,845	835,231	835,231	835,231	835,231	835,231	835,231	1,670,461			
합계								56,093,109	31,842,244	20,764,994	12,945,432

표를 보면, 2016년부터 감가상각내용연수를 8년에서 4년으로 줄여서 큰 금액의 감가상각비가 잡힌 것을 알 수 있다. 2016년 기준으로 볼 때, 2012년 이전의 투자금액은 이미 4년이 지나버렸기 때문에 그해에 모두 상각처리해야 한다.

그리고 2017년부터는 2013년 말 이후 투자한(2014년부터 감가상각 처리된) 금액만 남아, 2016년에 비해 감가상각비는 크게 줄어든 금액으로 계상된다.

물론 2017년 이후 투자금액도 고려해야 하겠지만, 아직 금액을 확인할 수 없으므로 이 표를 기준으로 생각해보자. 늦어도 2017년 1분기 실적 발표 때부터는 전년도와 동일한 매출을 창출하고 비용을 사용했다 하더라도 이익이 증가해야 하지 않을까? 왜냐하면 2017년부터 감가상각비만도 전년 대비 240억 이상 감소(561억→318억)하고, 분기별로는 60억 이상의 상각비용 감소 효과가 발생해야 하기 때문이다. 즉, 실제 경영활동으로 동일한 이익을 냈다 해도, 감가상각비가 줄면서 영업이익이 개선되는 원리이다

아직 이 회사 주식에 투자하지 못한 상황이었더라도, 2017년 1분기 실적 발표 전후에 이런 아이디어를 이용해 투자했다면 성과는 나쁘지 않았을 것이다.

이제 실제 실적과 주가흐름을 확인해보자. 다음의 표는 2017년 1,2,3분기 영업성과다.

(단위 : 억 원)

과목	16년 4분기	17년 1분기	17년 2분기	17년 3분기	16년 3분기
매출액	1,930	1,952	1,955	2,081	1,926
매출원가	1,628	1,610	1,597	1,683	1,628
매출총이익	301	342	358	398	298
판매비와관리비	205	182	179	188	207
영업이익	96	160	180	210	91
감가상각비	180	103	100	96	176
EBITDA	276	263	280	306	267

어떤가? 2016년 4분기 이후 2017년 3분기까지 영업이익이 줄곧 성장하고 있다. 보이는가?

EBITDA 수치는 분기별로 큰 차이가 없지만, 영업이익은 지속적으로 늘어났다. 2017년 3분기와 2016년 3분기(전년 동기)를 비교해보면, 영업이익은 91억 원에서 210억 원으로 2배 이상 늘어나게 된다. 그러나 정작 EBITDA의 증가는 14.6%에 불과하다. 감가상각 완료 자산이 많아지면서 감가상각비가 급격

차트 3-10 동진쎄미켐 주가 차트

약 10,000원

2018년 1분기
실적발표(감가상
각비 감소 예상)
시점

히 감소하게 되고 영업이익이 급격히 증가한 경우다.

〈차트 3-10〉을 통해 이 회사의 2017년 1분기 실적 발표 후 주가흐름을 확인해보자. 1분기 영업실적이 발표된 5월 15일, 10,000원에 불과했던 주가는 이후 6개월간 2배 이상 상승했다.

이 투자사례를 통해 우리가 확인할 수 있는 것은 뭘까?

첫째, 일단 기업의 성과를 올바르게 해석할 수 있어야 한다. 단순히 매출, 영업이익, 당기순이익 정도만 파악하고 넘어간다면, 실제 경영성과가 획기적으로 개선되고 있다는 사실이나 발표되는 영업이익이 급격히 개선되기 시작하는 시점 등의 정보를 얻기 어려울 것이다.

둘째, 실적 개선이 눈에 보이고 시장에 알려지기 시작하면, 주가는 자연스럽게 따라갈 것이라는 믿음이 필요하다.

이러한 약간의 수고만 감당할 수 있다면 기업분석을 통한 강한 확신으로 집중투자를 시도해볼 만하다. 먼저 설비에 투자한 다음 매출과 이익이 따라오는 기업은 그 설비투자의 감가상각이 완료되는 시점에 이익이 극대화된다는 점을 반드시 명심하자. 특히 대규모 설비투자가 필요한 장치산업에서는 중요한 투자아이디어가 될 것이다.

case study

LG디스플레이 케이스 스터디
(매출증기와 비용 감소, 두 마리 토끼를 한꺼번에 잡을 수 있다면?)

대표적인 장치산업 중 하나인 LG디스플레이의 사례다. 다음의 표로 LG디스플레이의 2016년-2015년 실적을 약식으로 비교해보자.

과목	2016년 제32[당] 기	2015년 제31[전] 기	증감률	증감액
매출[주19,20,21]	26,504,074	28,383,884	-7%	-1,879,810
매출원가[주9,19]	22,754,270	24,069,572	-5%	-1,315,302
매출총이익	3,749,804	4,314,312	-13%	-564,508
판매비[주23]	693,937	878,300	-21%	-184,363
관리비[주23]	610,479	592,517	3%	17,962
연구개발비	1,133,972	1,217,929	-7%	-83,957
영업이익	1,311,416	1,625,566	-19%	-314,150

2016년에는 전년도에 비해 매출이 7%, 영업이익이 19% 감소했다. 제조업에 속한 이 회사는 대규모 투자가 필요하며, 재료비와 설비투자에 대한 감가상각비가 가장 중요한 비용임을 짐작할 수 있다.

다음의 '비용의 성격별 분류'를 통해 회사의 원가구조를 파악해보자.

(단위: 백만 원)

구분	당기	전기	증감률	증감액
재료비 등	14,308,826	15,108,186	-5%	-799,360
감가상각 및 무형자산상각	3,021,571	3,375,856	-10%	-354,285
외주가공비	819,742	1,011,084	-19%	-191,342
인건비	3,022,607	3,104,043	-3%	-81,436
소모품비 등	1,053,245	1,062,820	-1%	-9,575
수도광열비	840,664	836,600	0%	4,064
지급수수료	638,732	580,235	10%	58,497
운반비	224,742	231,830	-3%	-7,088
광고선전비	67,636	265,755	-75%	-198,119
A/S비	166,691	146,829	14%	19,862
여비교통비	73,807	71,457	3%	2,350
세금과공과	74,506	76,640	-3%	-2,134
기타비용	927,218	1,036,131	-11%	-108,913
합 계(*)	25,239,987	26,907,466	-6%	-1,667,479

매출이 7% 감소하면서 재료비 등의 투입은 5% 정도 감소했다. 매출이 감소하다보니 전반적인 비용 감소도 확인되는데, 그중 눈에 띄는 것은 전년 대비 약 10% 줄어든 감가상각비이며, 금액으로는 3,543억 원 감소했다.

감가상각비는 매출과 연동되지 않고 과거 및 현재의 설비투자에 좌우된다. 따라서 고정되어 있기 십상인데, LG디스플레이의 경우 뉴스를 찾아보면 2016년에는 P9공장의 감가상각이 완료되면서 감가상각비가 확 줄어든 것을 확인할 수 있다.

그리고 2016년 이 회사의 신규투자를 재무제표에서 확인해보면, 기계장치 투자가 약 2.462조, 건물 및 구축물로 3,134억, 비품으로 525억, 기타 유형자산으로 약 187억을 투자한 것으로 나온다.

11. 유형자산							
(1) 당기 중 유형자산의 변동 내역은 다음과 같습니다.							
							(단위: 백만원)
구분	토지	건물 및 구축물	기계장치	비품	건설중인 자산(*1)	기타	합계
기타증감(*3)	-	313,404	2,461,635	52,471	-2,846,180	18,670	-

[*1] 당기 말 현재 건설 중인 자산은 주로 공장 건설과 관련한 금액입니다.
[*3] 기타 증감은 주로 건설 중인 자산으로부터 이전된 금액입니다.

2016년 LG디스플레이의 감가상각비는 총 3.02조 원이었으며, 2016년 중 투자되어 미래에 상각비용이 생길 자산(기계장치 등) 총액은 약 2.846조 원이다. 정확하게 계산할 순 없지만, 적어도 연간 발생한 감가상각비보다 신규 설비 투자금액이 더 크진 않으므로, 2017년 이후 감가상각비가 크게 늘어나리라고 생각하긴 어렵다. 그렇다면 결국 실적을 결정할 주된 요소는 회사가 제조-판매하는 LCD 패널 등의 가격일 것이다. 그리고 회사의 분기별 사업보고서를 살펴보면 다음과 같이 LCD 패널의 평균 판매금액이 공시된다. 분기마다 조금씩 다르지만 전년 동기 대비 판가는 계속 올라갔다. 평균 12.5% 인상되었나고 사업보고서는 말하고 있다.

2017년				
				(단위 : USD)
품목	제33기 3분기	제33기 2분기	제33기 1분기	평균가격
Display 패널	600	574	608	594
전년 동기 대비 가격인상률(%)	8.1%	13.9%	15.8%	12.5%

2016년				
				(단위 : USD)
품목	제32기 3분기	제32기 2분기	제32기 1분기	평균가격
Display 패널	555	504	525	528

이제 LG디스플레이의 2017년 3분기까지 실적을 살펴보자.

LG디스플레이(연결)				
				(단위 : 백만 원)
	2017. 3분기	2016. 3분기	증감률	증감액
매출(주16,17,27)	20,664,143	18,568,118	11%	2,096,025
매출원가	-16,175,486	-16,391,890	-1%	-216,404
매출총이익	4,488,657	2,176,228	106%	2,312,429
판매비(주19)	-678,546	-491,349	38%	187,197
관리비(주19)	-511,032	-451,529	13%	59,503
연구개발비	-881,937	-826,275	7%	55,662
영업이익	2,417,142	407,075	494%	2,010,067

　　계산된 패널가격 평균상승률은 약 12.5%였으나, 실제 매출은 11% 정도 올라 약간의 차이가 있다. 그러나 중요한 것은 매출이 11% 증가할 때 매출원가는 오히려 소폭(1%) 감소하여 매출증가뿐 아니라 비용 감소분도 모두 이익으로 쌓였다는 점이다. 그 결과 매출총이익은 2배 이상, 영업이익은 전년 동기 대비 무려 494%의 상승을 기록한다.

case study

비용의 성격별 분류

18. 비용의 성격별 분류

연결실체의 비용의 성격별 분류는 다음과 같습니다.

(단위: 백만 원)

	당기 3분기	전기 3분기	증감률	증감액
원재료 등 투입 등	9,755,752	10,065,595	-3%	-309,843
감가상각 및 무형자산상각	2,329,103	2,301,625	1%	27,478
외주가공비	559,830	596,196	-6%	-36,366
인건비	2,318,758	2,298,548	1%	20,210
소모품비 등	887,204	733,883	21%	153,321
수도광열비	636,247	629,540	1%	6,707
지급수수료	507,608	467,642	9%	39,966
운반비	183,161	159,282	15%	23,879
광고선전비	140,858	44,519	216%	96,339
A/S비	164,110	109,258	50%	54,852
세금과공과	69,059	56,422	22%	12,637
여비교통비	65,274	54,061	21%	11,213
기타비용	655,465	691,021	-5%	-35,556
합계(*)	18,272,429	18,207,592	0%	64,837

엄청난 실적 증가의 이유는 ❶ 패널가격 인상으로 매출이 11%나 증가했으나 대규모 설비증설이 없어서 감가상각비는 거의 변하지 않았고, ❷ 원재료 등의 투입비용도 소폭(3%) 감소했기 때문이다. 결국 판매가 인상으로 인한 매출 증가는 비용 증가 없이 고스란히 이익에 기여하며 큰 이익 성장을 달성할 수 있었다.

재무제표를 근거로 회사의 실적이 무엇에 의해 영향을 받는지 파악해야 한다. 그리고 실적에 큰 영향을 미치는 설비투자의 비용화 과정, 즉, 감가상각비의 추이와 그 변화 과정을 파악하여 정교한 투자를 하도록 연습해야 할 것이다.

"아는 만큼 보인다."

"잘 모르기 때문에 불안한 것이다."

지금까지의 사례들을 통해서 이 두 가지 말을 곰곰 생각해보자.

우리가 다룬 감가상각의 개념과 실적연동성은 전문투자자들도 소홀히 하거나 잘 모르는 경우가 많다. 개미들도 조금만 더 노력한다면 전문투자자 못지않은 지식과 분석력을 가질 수 있고, 주식시장의 들러리가 아닌 주체가 될 수 있다.

case study

종합사례: 인터플렉스 케이스 스터디
(종합 사례: 현금흐름, 흑자전환, 재고자산)

■■ 인터플렉스는 왜 영업적자 상황에서 현금흐름은 흑자였을까?

앞서 기업의 경영성과에 대한 여러 가지 개념을 배웠다. 특히 경영성과(영업이익)와 현금흐름의 차이인 '발생액'의 개념을 이해했다. 현금흐름표를 단순히 위험관리에 활용하는 수준을 넘어 투자전략으로 활용해볼 수 있었다.

또한 경영성과와 현금흐름이 일치하지 않는 가장 중요한 2가지 이유를 알았다. 운전자본의 변동(재고자산 및 매출채권)과 감가상각비 및 무형자산 상각비였다.

또 하나의 사례를 이용하여 지금까지 배운 내용을 종합적으로 적용하는 연습을 해보자. 다음의 표는 FPCB를 제조하는 인터플렉스라는 회사의 2016년 및 2017년 3분기까지의 경영성과와 영업활동 현금흐름을 비교한 것이다.

(단위 : 천 원)

사업연도	(2017.1.1 ~ 2017. 9.30)	(2016.1.1 ~ 2016.12.31)
1. 매출액	509,935,698	575,646,205
2. 영업이익	42,597,464	-51,563,873
3. 영업활동현금흐름	-41,299,125	6,428,473
4. 유무형자산상각비	12,389,137	30,010,312
5. EBITDA	54,986,601	-21,553,561
6. 더(덜) 들어온 현금	-96,285,726	27,982,034
7. 선수금 증감	-10,741,191	23,874,939
8. 매출채권 회수	-85,364,846	112,361,737
9. 외상매입 대금결제 및 재고생산 비용 등	-5,041,630	-109,019,930
10. 합계(7+8+9)	-101,147,667	27,216,746

　　인터플렉스는 2016년도에 516억 원의 영업 손실을 봤던 적자기업이었다. 그러나 영업활동 현금흐름(표의 3. 영업활동현금흐름 참조)은 64억 원의 흑자를 기록한다. 516억이라는 큰 손실을 낸 기업이 실제 영업활동으로 돈을 벌어서 쓰고도 현금은 남았다니, 특이한 경우다. 이제 대규모 적자만큼 현금 결손이 생기지 않은 첫째 이유를 당신 스스로 찾아보라.

　　첫 번째 이유는 바로 유무형자산상각비 300억 원. 이미 언급했듯이 영업이익을 계산할 때는 과거 설비투자에 대한 감가상각비를 차감한다. 그러나 이 비용은 실제 현금으로 지출되지 않는다. 장부상으로만 과거 투자금액을 내용연수에 따라 비용 처리하는 것이다.

　　투자 당시에 이미 지출된 현금이지, 이번 연도의 경영활동으로 나간 현금이 아니다. 그러나 영업이익을 계산할 때는 반드시 유무형자산의 감가상각비를 차감한다. 이래서 영업이익과 현금흐름 사이에 괴리가 발생하고, 이 둘을 조정하기 위해 실제 영업활동에서 창출된 현금흐름을 측정하는 지표로 EBITDA(영업이익+유무형자산상각비)를 사용한다고 했다. 그렇다면 2016

년 EBITDA는 얼마인가? 표 5.에 적힌 대로 약 −216억 원이다. −516억 원의 적자가 났지만, 유무형자산상각비를 더해주면 −216억 원의 EBITDA가 나오는 것. 그런데 이것만으로는 현금흐름 흑자를 설명하지 못한다. 영업활동 현금흐름이 64억인데, EBITDA는 약 −216억이다. 표의 6.처럼 280억 '더 들어온 현금'이 있지만, 여전히 설명되지 않고 있는 것이다.

두 번째 이유를 찾아보자. 표의 7.에서 보듯이 선수금으로 무려 239억의 현금이 들어온다. 거래처로부터 차후에 제품을 공급하기로 약속하고 일부 대금을 미리 받는 것이며, 아직 매출로 인식되지 않는다. 즉, 2016년 매출 자체로는 현금이 216억 정도 적자지만, 아직 매출로 처리되지 않은 채 거래처로부터 받은 239억의 선수금이 실제 영업활동으로 인한 현금흐름을 흑자로 만들었다. 인터플렉스의 핵심 거래처가 아이폰을 판매하는 애플인 것을 고려하면, 미래에 출시될 신제품 '아이폰x'에 들어갈 부품을 공급하기 위해 선수금 형태로 받은 것이라고 판단할 수 있다.

거기에 추가로 과거에 외상으로 판매했다가 2016년에 회수한 매출채권이 약 1,124억 원(표 8.)이었으며, 그중에 다시 재고생산과 외상매입금 결제로 1,090억을 사용(표 9.)한 것까지 고려하면, EBITDA보다 더 들어온 현금 280억이 거의 대부분 설명된다(표 10.).

결국 인터플렉스는 2016년에 비록 516억 원이나 영업 적자를 냈지만, 대규모 감가상각비가 영업이익을 크게 갉아먹어 실제 현금적자는 215억 정도였으며, 거래처로부터 받은 선수금 등 약 280억의 현금까지 포함하면 영업활동으로 인한 현금은 플러스로 전환된 것이다.

당신이라면 수 년 동안 적자를 내던 기업을 거들떠보겠는가? 이 회사도 몇 년간 줄곧 큰 금액의 적자를 보던 기업이다. 다음 표를 보면서 회사 실적과 주가 흐름을 연결시켜보자.

case study

	2013	2014	2015	2016
매출액	991,096,621	642,764,474	529,454,378	575,646,205
매출원가	966,974,909	698,040,649	586,593,708	600,070,308
판매비와관리비	24,071,017	36,424,641	27,626,810	27,139,770
영업이익	50,695	-91,700,816	-84,766,140	-51,563,873
유형자산감가상각비	74,807,351	83,036,860	68,930,612	29,418,258
EBITDA	74,858,046	-8,663,956	-15,835,528	-22,145,615

회사는 2013년에 소폭의 흑자(약 5천만 원)를 낸 후, 2014년~2016년 사이 지속적인 영업적자를 기록한다. 그리고 다음의 가격차트와 같이 주가도 2013년 이후 2016년까지 계속 하락하면서 시장과 투자자들의 외면을 받았다.

인터플렉스의 특이한 점은 대규모 적자를 내고는 있지만 그 영업적자의 가장 큰 이유가 대규모 감가상각비 때문이라는 사실이다. 매출이 감소하고 적자가 나는 상황에서도 회사는 설비(특히 기계장치)투자를 지속적으로 하고, 이를 감가상각비로 처리해왔음을 알 수 있다. 매년 수백억의 적자 속에서도 묵묵

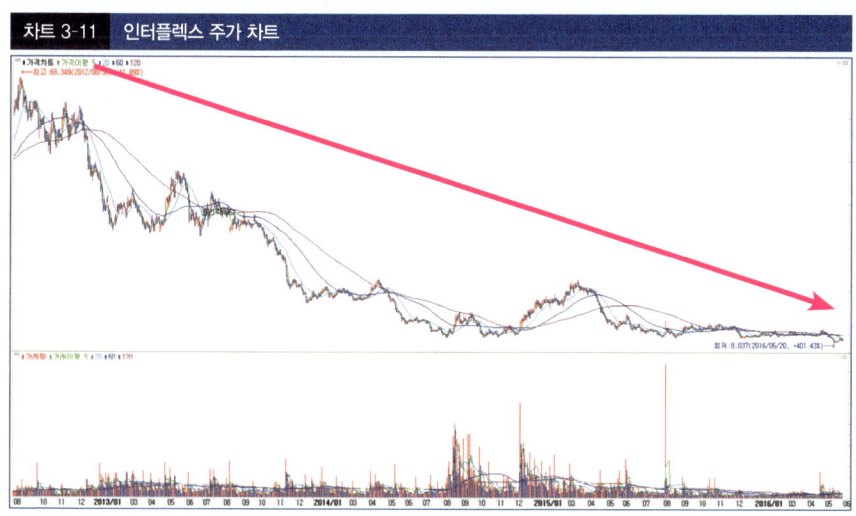

차트 3-11   인터플렉스 주가 차트

히 매년 수백억의 투자를 해왔던 것인데, 어떻게 보면 굉장히 위험한 투자 의사결정이었을 수도 있다.

그리고 가장 신중하게 체크할 점은 2014년 이후 영업이익 계산에서 차감되는 유형자산감가상각비가 분명히 줄어들고 있다는 것이다. 2014년부터 해마다 830억, 689억, 294억으로 계속하여 감가상각비가 줄어들고 있다. 감가상각비가 크게 줄어도 매출액이 성장하거나 최소한 감소하지 않으면 경영성과는 급격히 개선된다고 말하지 않았던가? 자, 이제부터 재무제표를 보며 인터플렉스의 투자금액을 파악하고, 언제부터 감가상각비가 크게 감소하면서 경영성과가 개선될지 확인해보자.

■■ 인터플렉스는 언제부터 실적이 급격히 개선되면서 흑자전환하게 될까?

다음 표는 재무제표 주석에 나오는 인터플렉스의 설비투자자산 감가상각 정책이다. 가장 큰 부분인 기계장치의 상각기간은 3년이다.

구분	내용연수	구분	내용연수
건물	30년	사무용기기	4년
구축물	15년	임차건물	10년
기계장치	3년	임차구축물	10년
집기비품	5년	임차기계	4년
차량운반구	4년		

그 다음 최근 연도 기준 3개년의 투자금액을 확인하자. 모든 기간의 투자금액을 다 확인할 필요는 없다. 회사의 기계장치 상각기간이 3년이니, 2013년의 투자금액은 그해 말에 투자 완료되었다 하더라도 2016년 말까진 모두 상각처

리될 것이다. 즉, 2017년부터는 감가상각으로 발생하던 비용이 크게 줄어들 거란 얘기다.

따라서 2017년 이후 감가상각되는 기계장치 투자금액은 2015년 이후 투자한 금액뿐이라고 할 수 있다. 이제 2015년~2017년 3분기까지 기계장치 투자액을 확인하여 그로 인해 발생할 감가상각비를 대략 계산해보자.

정확한 투자 시기는 알 수 없으므로 보수적인 관점에서 모든 투자가 연초에 완료되었다고 가정하고, 2017년 3분기까지 기계장치로 인해 발생할 감가상각비를 계산하자. 재무제표만 있으면 누구나 할 수 있는 간단한 작업이다. 인터플렉스의 감가상각비 중 가장 큰 비중을 차지하는 기계장치에 대해 2017년에 발생할 상각비용은 겨우 107억 원 내외다. 이 정도라면, 2017년 3분기까지 발생할 금액은 107억×3분기÷4분기=80.5억 원쯤이라고 추정할 수 있을 것이다.

모든 투자가 연초 완료되었다는 가정		감가상각비		
연도	투자총액	2017	2018	2019
2017	26,105,753	8,701,918	8,701,918	8,701,918
2016	5,290,323	1,763,441	1,763,441	
2015	787,823	262,608		
	합계	10,727,966	10,465,359	8,701,918

이제 어떤 일이 발생할까? 2017년부터 제품 생산을 위해 사용하는 기계장치의 감가상각비는 거의 발생하지 않는다. 위의 표로 추정컨대, 모든 투자가 연초에 있었다 하더라도 발생할 감가상각비는 약 80.5억에 불과하다. 그렇다면, 과거의 매출액만 유지해도 감가상각비 감소만큼 영업이익 개선효과가 나타날 것이다! 우리가 앞서 집중적으로 언급했던 감가상각비 감소로 인한 영업이익 개선 효과다. 2017년부터는 실적이 좋아질 거라는 첫 번째 확신이 생긴다.

또 우리는 2016년에 이 회사 영업이익이 마이너스임에도 불구하고, 현금흐름은 흑자였던 것을 기억하고 있다. 가장 큰 이유는 선수금의 유입이었으며, 그 금액은 주 거래처인 애플로부터 공급 이전에 미리 받은 돈으로 판단했다. 우리는 넥스턴의 사례를 보면서 선수금을 받는 기업의 특성을 이야기했다. 어떻게 보면 '을'이라고 할 수 있는 부품 제조회사가 전 세계를 주무르는 애플에게 대규모 선수금을 받고 영업활동에 필요한 자금으로 사용하는 상황이었던 것이다.

2016년 이전에는 선수금이 거의 없었기 때문에, 이 선수금은 아이폰x에 들어갈 부품 FPCB에 대한 대량 주문을 받았기 때문임을 간접적으로 유추할 수 있다.

우리가 그때 이야기했던 선수금 수령과 바로 이어 논의했던 투자금액의 비용화 마무리(감가상각 완료) – 이 2가지를 결합하면 어떤 그림이 그려지는가? 미래의 매출은 늘어날 것인데 비해, 과거에 대규모 적자를 내면서 투자했던 설비의 감가상각은 대부분 완료되었다. 급격한 이익의 개선이 예상된다. 매출이 늘어나는 시점은 받아놓은 선수금이 생산 및 납품으로 이어지는 2017년이며, 감가상각비가 크게 감소하는 시점도 앞의 표에서 계산된 것처럼 2017년이다.

또 재무제표에 의하면 인터플렉스가 애플로부터 대규모 선수금을 받은 시점은 2016년 2분기다. 그리고 이 정보는 재무제표에 담겨 2016년 8월 10일에 공시되었다. 2016년 이후부터 감가상각비는 이미 빠르게 감소하고 있었다. 2017년에 발생할 기계장치 감가상각비는 107억 정도에 불과할 것이라고 추정할 수 있었다.

만약 이 회사에 투자한다면 적절한 매입 타이밍은 언제였을까? 영업이익은 적자를 내고 있지만, EBITDA(감가상각비까지 고려한 현금흐름 창출 능력) 기준으로 흑자가 나기 시작한 것은 다음의 표와 같이 2016년 3분기부터다. 이때 누적 기준으로 영업이익은 −182억을 기록했는데, 전체 유형자산의 감가상각비는 약 248억으로, 투자금액의 비용화 과정인 감가상각을 빼고 영업활동으로 인한 현금흐름 창출 능력 기준 66억이라는 소폭의 흑자를 달성하게 된다.

	2013	2014	2015	2016
총 감가상각비	74,807,351	83,036,860	68,930,612	29,418,258
기계장치 감가상각비	69,405,784	76,916,532	63,079,418	23,390,539
매출액	991,096,621	642,764,474	529,454,378	575,646,205
매출원가	966,974,909	698,040,649	586,593,708	600,070,308
판매비와관리비	24,071,017	36,424,641	27,626,810	27,139,770
영업이익	50,695	-91,700,816	-84,766,140	-51,563,873
EBITDA	74,858,046	-8,663,956	-15,835,528	-22,145,615

	'17 3분기	'16 3분기	증감률	증감액
총 감가상각비	11,823,675	24,822,625	-52%	-12,998,950
기계장치 감가상각비	7,028,192	20,404,108	-66%	-13,375,916
매출액	509,935,698	451,167,842	13%	58,767,856
매출원가	448,346,874	453,483,808	-1%	-5,136,934
판매비와관리비	18,991,360	15,900,071	19%	3,091,289
영업이익	42,597,464	-18,216,037	흑자전환	60,813,501
EBITDA	54,421,139	6,606,588	724%	47,814,551

이 내용들을 조합하여 2016년 8월 10일(2016년 2분기 재무제표 공시), 또는 2016년 11월 29일(3분기 재무제표 공시)부터 인터플렉스에 투자했으면 어떻게 되었을까?

두 시점 모두 주가는 15,000원 내외였다. 이에 비해 2017년 3분기 실적이 발표된 2017년 10월 경 주가는 6만~7만 원 정도였다. 위와 같이 고민하고 타이밍을 잘 노려 투자했다면, 2017년 최대 주가 상승주 중 하나에 투자한 셈이 되었을 것이다. 매출과 이익이 늘어나기 전(2016년 2분기나 3분기 실적 발표 직후)에 투자한다면, 매출-이익이 늘어났음이 실제로 나타난 시점(2017년 3분기 실적 발표 후)에는 엄청난 과실을 획득할 수 있었던 사례다.

자, 이제 앞의 표로 돌아가서 2017년 3분기 실적을 해석해보자. 매출은 전

차트 3-12　인터플렉스 주가 차트

약 15,000원

2분기 공시　3분기 공시

년 동기 대비 약 13%(금액으로 588억) 증가하게 된다. 영업이익은 흑자로 돌아섰고, 그 증가액은 약 608억 원이다.

　놀라운 점은 매출액 증가액보다 영업이익 증가액이 더 크다는 사실. 왜일까? 앞에서 얘기한 것처럼 거래처로부터 대규모 선수금을 받고 아이폰x 출시에 맞추어 제품을 생산해 공급하면서 매출은 13%나 늘었다. 그러나 우리가 추정한 것처럼 과거 수년 전에 투자했던 설비의 감가상각비는 2016년 이후 크게 감소하고, 2017년에는 더욱 줄어들면서 매출원가는 오히려 감소(1%)하게 된다.

　이것이 매출보다 이익의 증가폭이 더 크다는 놀라운 결과의 이유다. 모르고 보면 신기하지만, 회사의 재무제표를 보며 곰곰이 따져보면, 당연히 나타났어야 할 실적개선 효과였다. 물론 재무제표가 만능은 아니지만, 하나하나 사례를 이용하여 곰곰 따져보면 분명 실적 개선 전에는 그 신호를 포착할 수 있고, 오히려 다른 투자자들과는 달리 여유롭게 수익을 달성할 수 있는 기회가 여럿 존재하게 된다.

재고자산을 파악하자.

마지막으로 기업의 미래 실적에 대한 또 하나의 신호인 재고자산 항목을 통해 인터플렉스의 상황을 살펴보자.

IFRS(연결)	2014/12	2015/12	2016/12	2017/09
자산	5,807	4,793	4,311	6,084
유동자산계산에 참여한 계정 감추기	2,977	2,659	2,319	3,710
재고자산	475	760	929	1,190
재공품	234	280	399	898
원재료	20	121	184	143
제품	109	117	108	15

위의 표는 2014년~2017년 9월 말까지 인터플렉스의 재고자산 추이를 보여준다. 475억→760억→929억→1,190억으로 재고자산이 계속 늘어났다. 특히 출고되지 못하고 창고에 쌓인 재고자산이 증가하는 게 아니라, 제품 생산을 위한 준비 단계인 원재료와 아직 완성되지 못하고 공정 안에 있는 재공품이 크게 늘어나고 있다. 무슨 뜻일까?

이 회사는 자신들의 기술이 집약된 FPCB를 거래처 수요에 맞추어 생산-납품하여 돈을 번다. 미리 대량생산을 해놓고 마케팅을 통해 판매하는 소비재가 아니다. 팔리지 않은 '제품'이 적체되어 재고자산이 증가할 회사가 아니다. 특히 2017년 9월 100억 내외였던 제품 금액은 오히려 15억까지 감소한 상태다.

그 대신 거래처의 수요와 주문이 증가해 원재료 확보와 공정 내에 들어가 있는 재공품이 크게 늘고 있다. 앞으로도 지속적으로 매출이 성장할 것이라 판단할 수 있는 대목이다.

여기서 체크해야 할 것이 하나 더 있다. 2014년부터 2017년까지 제조원가 중에서 가장 큰 비중을 차지하는 기계장치 감가상각비가 크게 줄어들고 있다는 점. 재고자산에는 제품 생산을 위해 투입한 원-부재료비, 인건비, 그리고 공장에서 생기는 제조경비들이 모두 포함되어 있다. 그리고 제조경비 중 가장 비중이 큰 것은 감가상각비다.

그렇다면, 감가상각비가 2014년~2017년까지 크게 감소하고 있음에도 불구하고 재고자산이 매년 수백억씩 증가한 이유는 무엇일까? 이 회사는 소비재 기업이 아니라, 거래처 수요에 맞추어 제품을 생산하는 기업이라 했다. 거래처의 요구에 따라 장래 매출에 대비하여 생산을 늘리는 상황이며, 특히 감가상각비가 줄어드는데도 재고자산은 늘었으니 생산하고 있는 재고자산의 수량은 금액 증가율보다 훨씬 더 많이 증가한 것이다. 제조원가로 집계된 감가상각비는 크게 감소하고 있는데, 재고자산 총액이 크게 늘어나고 있으니, 누가 봐도 Q(재고생산수량)가 크게 증가하고 있는 것 아닐까? 장래의 매출-이익이 증가하리라는 기대감은 더 커질 수밖에 없었던 것이다.

왜 우리가 종합사례로 인터플렉스를 이야기했을까? 앞서 기업 실적에 대한 분석과 예측에 가장 중요하다고 지목했던 현금흐름표 분석(3부 3장 & case study), 재고자산(3부 4장 & case study), 설비투자의 감가상각(3부 5장 & case study)까지를 모두 종합해서 고려하고 고민하고 추론했다면 재무제표만으로도 많은 정보를 얻을 수 있었던 기업이기 때문이며, 그런 분석으로 엄청난 결실(재무제표 공시부터 1년간 4배 이상 주가 상승)을 얻을 수 있었던 사례였기 때문이다. 공시와 재무제표를 조금만 더 열심히 보고 시간을 투자해 고민하고 추론한다면, 우리 개미들에게도 이런 투자기회가 찾아오지 않을까? 나 역시 '오직 준비된 자에게만 기회가 올 수 있음'을 늘 다짐하고, 아는 만큼 보인다는 걸 믿으며, 미리미리 공부하고 부지런히 찾아보려고 노력하고 있다.

CHAPTER

06

투자 의사결정에
숨어 있는 기업의
미래 실적에 대한 신호

66
기업의 의사결정에
숨어있는 미래 실적 신호를
파악하라!
99

지금까지 기업이 돈을 버는 과정을 재무제표에서 하나씩 따져가며 살펴봤다. 돈을 벌었다고 하는데, 정말 현금이 유입된 이익인가? 반대로 적자가 났다고 하지만, 알고 보면 장차 큰 매출과 이익으로 연결되는 것 아닌가? 이런 것도 현금흐름표를 연구하면서 투자기회와 리스크의 징후를 모두 찾을 수 있다고 했다. 또한 재고자산과 각종 손익계산서 항목을 통하여 회사의 미래 실적에 대한 신호도 찾을 수 있다고 했다. 그리고 매출의 핵심인 제품 생산을 위해 필수적이면서 가장 비중이 큰 설비투자가 비용으로 변하는 감가상각비를 통해서도 기업 실적에 대한 신호를 찾을 수 있었다.

이제 조금 더 근본적인 질문을 해볼까? 여기서는 '기업이 자신의 미래를 어떻게 바라보는가?' 이다. 서비스업과 유통업을 제외한 일반 기업들은 대개 제조업을 영위한다. 그래서 제품 등을 생산하기 위한 설비를 보유하고 있다. 소비새 기업처럼 미리 제품을 만들어놓고 영업활동을 통해 판매하고 이윤을 창출하든, 아니면 주문을 받고서야 제조를 시작해서 완성되면 고객에게 넘겨주어 돈을 벌든, 중요한 것은 기업이 일정 기간에 만들 수 있는 제품의 수는 무한하지 않다는 점이다. 즉 회사가 보유한 생산설비엔 최대 생산 가능치가 있고, 그 능력을 넘어가면 주문이 들어와도 즉시 제조에 착수하여 빠른 시간 내에 매출을 발생시키기 어렵다.

6장은 기업의 설비투자를 다룰 것이고 케이스 스터디 대상으로는 롯데칠성, 에스티아이, 삼양식품 등이다.

case study

롯데칠성 케이스 스터디
(신제품 성공과 증설 의사결정, 반드시 두 가지 질문에 대한 고민을 하라.)

대표적인 사례로 2014년 말, 롯데칠성은 '순하리 처음처럼'이라는 제품을 히트시켰다. 유자향 첨가물을 넣어 만든 소주인데, 도수가 낮고 달달한 맛에 큰 인기를 끌었다. 당시 롯데칠성 주류사업부의 생산능력은 어느 정도였을까? 2015년 롯데칠성의 사업보고서에는 '사업의 내용' 부분이 있고 그 안에 다양한 정보가 있는데, 그중 회사의 1년 치 최대 생산능력과 생산실적을 이렇게 적어놓고 있다.

> **[주류부문]** 당사는 국내(강릉, 군산, 경산, 부평, 충주 공장)에 주류부문을 운영하고 있으며, 제49기 4/4분기 생산능력은 ==443,563㎘==입니다. * 생산능력의 산출: 1일 21시간 작업, 주 5일 기준으로 월 22일 생산, 생산월수 12개월 기준으로 각 생산 라인의 캐퍼CAPA를 반영하여 산출했습니다.
> 한편 제49기 4/4분기 주류부문 누적 생산실적은 ==417,191㎘==입니다. 공장의 평균가동률(제조원가/생산능력금액)은 ==94.1%==로 집계되었습니다.

차트 3-13 롯데칠성 주가 차트

신제품 성공으로 인한 주가상승

순하리 출시시기

롯데칠성은 이미 최대 생산능력의 대부분을 동원하여 가동률이 94.1%나 되었다. 부평공장은 위스키나 맛술 등을 생산하는 것으로 알려져 있고, 충주공장은 맥주 생산을 위해 몇 년 전 추가로 만들어진 공장이며, 소주공장은 강릉, 군산, 경산 등에 있다. 2014년에 이미 주류부문의 가동률이 98%였는데, '순하리' 제품을 출시하여 소위 '대박'이 나고, 품귀 현상까지 겪으면서 150만 원 내외였던 주가는 단기간에 300만 원까지 급등하게 된다.

자, 어떤 판단을 해야 할까? 신제품이 성공했다. 큰 기대감에 주가도 재빨리 단기 저점 대비 2배가 되었다. 고민을 해야 한다. 현재 주류부문의 공장 가동률은 2014년 기준 이미 94%다. 또 순하리 처음처럼 출시 전인 2015년 1분기 공장 가동률은 다음과 같이 104.1%다. 무슨 의미일까? 신제품의 대박으로 주가가 폭등했지만, 아직 소주공장 증설을 하고 있지 않으며 기존 공장에서는

100% 내외의 공장가동률로 이미 포화 상태란 뜻이다.

[주류부문] 당사는 국내(강릉, 군산, 경산, 부평, 충주 공장)에 주류부문을 운영하고 있으며, 제49기 1/4분기 생산능력은 94,058㎘입니다. * 생산능력의 산출: 1일 12/24시간 작업, 주 5일 기준으로 월 22일 생산, 1/4분기 생산월수 3개월 기준으로 각 생산 라인의 캐퍼를 반영하여 산출했습니다.

한편 제49기 1/4분기 주류부문 누적 생산실적은 97,909㎘입니다. 공장의 평균가동률(제조원가/생산능력금액)은 104.1%로 집계되었습니다.

당신이 이 회사에 관심 있는 투자자이거나 이미 주주라면 2가지 질문을 해야 한다.

1. 성공한 '순하리 처음처럼'의 주문을 모두 받아내고, 경쟁사에게 '과일소주' 시장을 내주지 않으면서 온전히 매출과 이익으로 연결시킬 수 있는 생산능력을 가지고 있는가?

2. 신제품 출시와 성공으로 인한 매출증가는 당연하다. 그러나 신제품 출시에 필연적으로 따라오는 광고선전비와 판매촉진비 등의 증가 때문에 일시적으로 이익이 악화될 수도 있다. 하지만 제품이 시장에 성공적으로 안착하면 매출이 지속적으로 성장하고 증가했던 광고선전비와 판매촉진비도 줄어들어 자연스럽게 이익을 증대시켜줄 수 있을 정도로 지속성이 있는 제품인가? 아니면, 일시적인 인기에 불과할 것인가?

안타깝지만 롯데칠성의 경우, 2가지 질문에 모두 선뜻 'YES'라고 답하기 힘든 상황이다. 2015년 가동률은 신제품의 성공 덕분에 100%를 넘나들었다. 생산능력 내에서 제품생산을 위해 넘칠 정도로 돌아갔다는 뜻이다. 그러나 제품의 품귀현상이 시작되고, 경쟁사들의 다른 과일소주가 출시되어 시장을 나누게 된다. 생산능력이 부족해 경쟁사와 신제품 시장을 나누어 가졌다면, 투자자 입장에선 참 안타깝다.

그래서 회사는 2016년에 소주공장 증설에 돌입한다. 증설을 하면 설비투자로 인한 감가상각비와 공장 가동에 필요한 각종 경비에다, 특히 추가 인력 채용으로 인건비도 증가하게 된다.

물론 그렇게 투자한 공장이 열심히 돌아가 늘어난 비용을 상쇄할 매출이 발생하면 투자성과가 있었다고 할 것이다. 그러나 과일소주의 인기는 그리 오래가지 않았고, 롯데칠성 주류부문의 2016년 생산능력과 생산실적은 다음과 같이 공시된다.

> **[주류부문]** 당사는 국내(강릉, 군산, 경산, 부평, 청주, 충주 공장)에 주류부문을 운영하고 있으며, 제50기 생산능력은 590,187㎘입니다. 한편 당사 제50기 주류부문 누적 생산실적은 401,387㎘입니다. 공장의 평균가동률(제조원가/생산능력금액)은 68.0%로 집계되었습니다.

청주공장 증설로 인해 생산능력은 44만에서 59만㎘로 33%나 증가했지만, 생산실적은 41만7천㎘에서 40만1천㎘로 오히려 4% 가까이 감소했다. 과일소주의 인기가 빨리 식은 것으로 판단된다. 신제품의 인기가 미리 반영되어 주가는 2배 뛰었으나, 그 인기를 타고 매출과 이익도 지속적으로 늘 것이란 판단은 위험해 보인다.

생산능력이 포화상태라, 신제품 주문을 받아도 원활하게 출고시키지 못해 매출로 연결시키지 못하고 경쟁사 제품이 팔려나가는 상황이 되었으며, 때늦게 증설을 하여 생산능력을 33% 높였지만 신제품의 인기가 단명하여 오히려 전년 대비 생산이 감소한 것이다. 증설 이후인 2016년 주류부문의 영업실적을 확인해보면 이렇다.

주류사업부문		
구분	당기	
	2016년	2015년
매출액	873,971	1,025,728
내부매출액	-79,566	-204,964
순매출액	794,405	820,764
보고부문영업이익	27,361	45,181
감가상각비 및 무형자산상각비	61,027	54,452

　　증설이 이루어졌기 때문에 설비투자에 대한 감가상각비는 약 545억에서 610억으로 65억 이상 증가했다. 그러나 순 매출액은 8,207억에서 7,944억으로 감소하게 된다. 증설을 통해 비용은 늘지만, 신제품의 인기가 시들해지면서 매출이 줄어들고 영업실적도 함께 악화된 것으로 보인다. 결과적으로 전년 대비 저조한 2016년 실적 때문에 단기간 2배 올랐던 주가는 아래 차트와 같이 하락세를 걷는다.

　　제품이 인기를 끌어 매출을 성장시키는 기대감이 발생하는 것도 물론 중요하지만, 그 인기가 오래 지속될 수 있는지, 그 인기를 감당할 생산능력은 충분

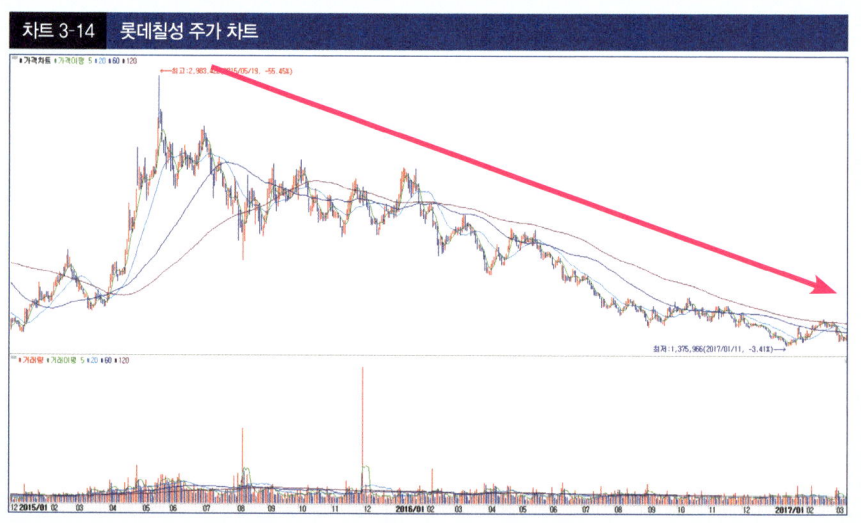

차트 3-14　롯데칠성 주가 차트

한지, 그리고 그렇지 못하다면 빠르게 증설하여 늘어나는 인기를 매출과 이익으로 연결시킬 수 있는지, 정확하게 파악하는 것이 주식투자에는 필수불가결이다.

case study

에스티아이 케이스 스터디
(지속적 신규수주와 증설, 그리고 그에 따른 실적개선을 따라가면서 즐겨라.)

다음 사례를 보도록 하자. 만약 어느 기업의 아래와 같은 생산실적과 가동률을 봤다면, 당신은 어떤가? 가슴 설레고 관심을 기울일 만한 회사를 마침내 찾았다는 생각이 들까?

(1) 생산실적

[단위 : 천 원]

사업부문	품목	사업소	제21기 1분기	제20기	제19기
제조	C.C.S.S	안성	43,066,216	120,311,886	88,517,669
	소 계		43,066,216	120,311,886	88,517,669
	Wet System	안성	7,708,918	27,586,769	14,235,854
	소 계		7,708,918	27,586,769	14,235,854
합 계			50,775,134	147,898,655	102,753,523

※ 한국채택국제회계기준(K-IFRS) 별도 재무제표 기준

(1) 평균 가동시간

[단위 : 시간, %]

1일 평균 가동시간	월 평균 가동일수	연간 가동일수	연간 가동시간
8	22일	66일(22일×3개월)	528 시간

(2) 당해 사업연도의 가동률

사업소(사업부문)	가동가능시간	실제 가동시간	평균 가동률
안성	528	1,324	250.74%

주) 실제 가공시간은 공장 가동시간입니다.

이 회사는 월간 22일 정도 하루 8시간씩 공장을 가동하면 총 528시간 돌릴 수 있다. 이 528시간이 정상 가동시간인데, 회사는 제21기(2017년) 1분기 동안 실제 1,324시간 공장을 가동함으로써 정상 가동시간보다 무려 2.5배 이상 생산을 했다. 월간 22일씩 공장을 돌렸다면 하루 8시간이 아니라 20시간 동안 가동했다는 얘기다.

수주량이 워낙 많고 일감이 많다보니, 정상적으로 가동되는 시간을 훌쩍 초과하여 작업한 것이라 볼 수 있다. 그렇게 열심히 돌아간 공장은 다음과 같은 실적을 냈다.

	제 21 기 1분기	제 20 기 1분기	증감률	증감액
매출액	61,656,033,078	26,222,701,998	135%	35,433,331,080
매출원가	50,465,776,043	20,960,612,471	141%	29,505,163,572
매출총이익	11,190,257,035	5,262,089,527	113%	5,928,167,508
매출총이익률	18%	20%		
판매비와 관리비	3,266,090,289	2,953,673,192	11%	312,417,097
영업이익	7,924,166,746	2,308,416,335	243%	5,615,750,411
영업이익률	13%	9%		

매출액은 전년 동기 대비 135% 증가, 영업이익은 243% 늘어난 엄청난 실적개선을 보여준다. 여기서 주목할 숫자는 약 505억이란 매출원가다. 이 회사가 3개월간 생산실적으로 보고한 약 508억 원과 약간의 차이는 있으나, 이는 연결실적과 별도실적의 간격으로 중요하지 않으니 일치한다고 가정하자. 약 505억의 원가를 투입하여 제품을 생산하여 납품했고, 그로 인해 약 617억의 매출이 달성되었다. 판매비-관리비를 제외하고 영업이익이 약 79억에 이르러 영업이익률은 13% 정도 된다. 그리고 1분기 보고서는 다음과 같이 향후 추가로 납품하여 받게 될 미래 매출(수주잔고)이 약 798억 원 남아 있다고 공시하고 있다.

10. 수주상황								
			수주총액		기납품액		수주잔고	
품목	수주일자	납기	수량	금액	수량	금액	수량	금액
LCD/반도체 등 제조장비	전기이월~2017.03.31	[주]	-	368,877,492	-	289,064,689	-	79,812,803

(단위 : 천 원)

매출총이익률이 18%이므로, 수주잔고 798억은 1분기와 이익률이 동일하다는 가정 하에 798억*(1−18%)=654억 정도의 추가 생산이 남아 있다는 의미다. 1분기에 508억 정도 생산실적을 달성했으니, 2분기와 3분기에 약간 더 진행하면 매출과 이익이 실현될 수 있는 정도의 수주잔고다. 그러나 회사는 아래 공시처럼 2016년 12월 말 신규 설비투자를 실행한다. 기존의 토지에 공장만 신축하는 것이라 금액은 67억 원 정도로 그리 크지 않다. 물론 생산능력을 늘리는 것이 투자 이유다. 아래의 신규 시설투자 공시 중 가장 중요한 점은 무엇일까? 신규 투자 종료일이 2017년 4월 10일이라는 것이다.

신규 시설투자 등		
1. 투자구분		안성공장 신축공사
2. 투자내역	투자금액(원)	6,710,000,000
	자기자본(원)	50,125,534,984
	자기자본대비(%)	13.4
	대규모법인여부	코스닥상장법인
3. 투자목적		생산시설 확충
4. 투자기간	시작일	2016-10-01
	종료일	2017-04-10
5. 이사회결의일(결정일)		2016-12-29

2017년 1분기와 달리 2분기부터는 생산능력이 늘어난다는 뜻이다. 왜 생산능력을 더 늘리고 있을까? 1분기 말 수주잔고 798억은 2~3분기에 약간만 생산하면 모두 납품할 수 있는 상황. 가동률이 250%지만, 어쨌거나 현재 상황으로

납기를 맞추기는 그리 어렵지 않을 것으로 보이는데 증설을 하는 이유는? 아마도 앞으로 더욱 수주가 많아져 일감이 크게 늘어나고, 현재의 생산능력으로는 증가분을 쉬이 감당할 수 없다고 보기 때문 아닐까? 기업의 증설 의사결정은 투자자들에게 이런 신호를 보낸다.

"우리 회사는 현재 생산능력으로는 앞으로의 일감을 감당할 수 없어서 증설을 합니다."

게다가 증설규모가 어느 정도인지는 아직(다음 분기 사업보고서가 나올 때까지) 확인할 수 없지만, 투자규모가 67억 수준이면 그리 크지 않아서 사용기간 동안의 감가상각비 부담도 크지 않을 것 같아 부담이 느껴지지 않는 공시다.

이어서 2분기에는 다음과 같은 생산실적이 보고된다. 반기 총 생산실적이 약 1,058억이니까 1분기 실적 508억을 빼면 2분기 실적은 540억 정도다.

생산실적 및 가동률 (1) 생산실적					
					[단위 : 천 원]
사업부문	품목	사업소	제21기 반기	제20기	제19기
제조	C.C.S.S	안성	87,520,835	120,311,886	88,517,669
	소 계		87,520,835	120,311,886	88,517,669
	Wet System	안성	18,245,418	27,586,769	14,235,854
	소 계		18,245,418	27,586,769	14,235,854
합 계			105,766,254	147,898,655	102,753,523

※ 한국 채택 국제회계기준(K-IFRS) 별도재무제표 기준

1분기와 그리 차이가 큰 생산실적은 아니다. 아마 1분기 말에 남아 있었던 수주잔고를 납품하기 위한 정도의 생산을 했던 것 같다. 이 회사의 2분기 실적을 보자.

	제 21기 2분기	제 21기 1분기	증감률	제 20기 2분기	증감률
Ⅰ.매출액	67,147,809,090	61,656,033,078	9%	31,483,912,542	113%
Ⅱ.매출원가	54,383,336,642	50,465,776,043	8%	25,832,690,656	111%
Ⅲ.매출총이익	12,764,472,448	11,190,257,035	14%	5,651,221,886	126%
매출총이익률	19%	18%		18%	
판매비와 관리비	3,271,004,553	3,266,090,289	0%	2,865,336,753	14%
Ⅳ.영업이익	9,493,467,895	7,924,166,746	20%	2,785,885,133	241%
영업이익률	14%	13%		9%	

전년 동기 대비 매출은 113%, 영업이익은 241% 증가하게 되고, 바로 직전 1분기 실적보다도 매출액은 9%, 영업이익은 20% 늘어났다. 생산실적은 약 544억 정도로 사업보고서 공시 금액과 비슷하다.

그렇다면 이 회사는 1분기 말의 수주잔고 798억 중 671억 정도를 2분기 매출로 반영했다. 그 후로 신규 수주가 없었다면 수주잔고는 127억(798억−671억) 정도일 것이다. 그러나 6월 말 반기보고서에는 회사의 수주잔고가 크게 늘어나 있다.

10. 수주상황

(단위 : 천 원)

품목	수주일자	납기	수주총액		기납품액		수주잔고	
			수량	금액	수량	금액	수량	금액
LCD/반도체 등 제조장비	전기이월~ 2017.06.30	[주]	-	483,867,180	-	382,587,394	-	101,279,786

2017년 2분기 말 기준으로, 장차 매출로 실현될 추가수주잔고가 약 1,013억 원으로 늘어나 있다. 또한 2017년 4월 기준 설비증설이 완료되었으므로 늘어난 수주잔고는 3~4분기에 수행하여 충분히 매출로 실현될 수 있을 것이다. 게다가 매출이 늘어나면서 영업이익률과 매출총이익률이 계속 올라가는 것이 확인된다. 투자해놓고 느긋하게 실적을 기다려볼 만한 기업이라 할 것이다.

이제 2017년 3분기 생산능력, 생산실적, 영업성과를 확인해보자. 먼저 아래의 생산능력을 보면, 2017년 3분기까지 원가 기준 최대 1,395억의 생산능력을 갖추게 된다.

19~20기에는 1년간 정상적으로(하루 8시간 월 22일) 공장을 운영하면 810억 수준의 생산을 할 수 있는데, 증설 완료 후 21기 9월까지 1,395억의 생산능력을 갖추게 되었다. Wet System은 연 단위로 환산하면 생산능력이 전년과 같다. 그러나 C.C.S.S.(중앙화학약품처리장치)라는 장비 제조능력은 증설로 인해 전년의 450억에 비해 3.3배 늘어난다(3분기 수치를 1년으로 환산하면 1,500억 원).

이제 회사는 정상 운영만으로 주 제품 C.C.S.S.를 연간 1,500억 규모까지 생산할 수 있으며, 가동률을 100% 이상으로 올리면 더 많은 생산도 가능할 것이다.

(1) 생산능력

[단위 : 천 원]

사업부문	품목	사업소	제21기 3분기 (9개월)	제20기 연간	제19기 연간
제조	C.C.S.S	안성	112,500,000	45,000,000	45,000,000
	소 계		112,500,000	45,000,000	45,000,000
	Wet System	안성	27,000,000	36,000,000	36,000,000
	소 계		27,000,000	36,000,000	36,000,000
합 계			139,500,000	81,000,000	81,000,000

2017년 3분기 생산실적을 다음의 표에서 살펴보자. 총 생산은 9개월간 1,753억이고, 6개월간 실적은 위에서 살펴 본 대로 약 1,058억이었으니, 3분기 생산실적은 695억으로 계산된다.

이 실적은 회사의 매출로 연결되었을 것이다.

(1) 생산실적

[단위 : 천 원]

사업부문	품목	사업소	제21기3분기	제20기	제19기
제조	C.C.S.S	안성	144,967,328	120,311,886	88,517,669
	소 계		144,967,328	120,311,886	88,517,669
	Wet System	안성	30,321,944	27,586,769	14,235,854
	소 계		30,321,944	27,586,769	14,235,854
합 계			175,289,272	147,898,655	102,753,523

※ 한국채택국제회계기준(K-IFRS) 별도재무제표 기준

　2017년 3분기 실적을 보자. 방금 앞에서 계산한 생산실적 695억은 3분기 매출원가로 연결되었고, 이는 895억의 매출을 창출하였다. 영업이익은 약 125억으로 전년 동기 대비 130% 성장, 전 분기 대비 32% 성장했다. 특이한 점은 판매비와관리비가 전년 동기(50%)나 전 분기(32%) 대비 크게 증가한 것인데, 그것은 회사가 그 동안 비용으로 처리하지 않았던 경상연구개발비가 약 36억 원 발생했기 때문으로 보인다. 만약 R&D비용 추가 지출이 없었다면, 영업이익 성장은 더욱 대단했을 것이며, 미래 성장을 위한 R&D투자는 비용이긴 하지만 나쁘게만 볼 수 없으리라. 어찌 되었던 경영성과의 지속적 개선이 놀라워 보인다.

	제 21기 3분기	제 21기 2분기	증감률(전 분기)	제 20기 3분기	증감률(전년동기)
수익(매출액)	89,498,025,037	67,147,809,090	33%	56,728,658,432	58%
매출원가	69,735,462,811	54,383,336,642	28%	45,250,683,095	54%
매출총이익	19,762,562,226	12,764,472,448	55%	11,477,975,337	72%
매출총이익률	22%	19%		20%	
판매비와 관리비	7,275,176,638	3,271,004,553	122%	3,163,149,753	130%
영업이익(손실)	12,487,385,588	9,493,467,895	32%	8,314,825,584	50%
영업이익률	14%	14%		15%	

　게다가 2017년 3분기 말 수주잔고는 다음의 표처럼 여전히 1,017억을 유지

하고 있고, 소폭이지만 2분기 말보다 늘어났다.

			수주총액		기납품액		수주잔고	
품목	수주일자	납기	수량	금액	수량	금액	수량	금액
LCD/반도체 등 제조장비	전기이월~2017.09.30	[주]	-	587,046,229	-	485,307,398	-	101,738,831

수주상황

(단위 : 천 원)

이렇게 이 회사의 2017년 실적, 생산능력, 생산설비의 증설, 수주잔고의 증가를 확인해가면서 꾸준히 그 주식에 투자했다면 어떤 성과를 거두었을까?

아래 차트에서 보듯이, 설비투자 공시 시점 11,550원이었던 주가는 지속적으로 상승하여 실적발표 및 수주잔고 공시와 함께 꾸준히 상승하여 1년간 최대 29,300원까지 상승했으니, 매우 수익률이 좋았던 종목이다.

이제 C.C.S.S.는 증설로 인해 정상가동만으로도 1년에 원가 기준 1500억 원

차트 3-15 에스티아이 주가 차트

의 생산이 가능하게 된 것을 확인했다. 앞으로 수주만 지속적으로 늘어난다면 생산능력은 충분하니 더욱 매출과 이익이 꾸준히 성장할 것으로 기대된다.

기업의 설비증설은 매우 중요하고도 큰돈이 들어가는 투자다. 대규모 투자의 경우는 회사의 존망을 결정할 수도 있다. 그처럼 중요한 의사결정과 공시를 통해 회사의 미래 실적에 대한 신호를 얻어 투자대상을 찾아내고 그 투자성과와 실적발표를 분기별로 체크해가면서 투자에 임한다면, 개미들도 훌륭한 성과를 충분히 낼 수 있으리라 믿는다.

case study

삼양식품 케이스 스터디
(설비투자 그 자체가 투자자들에게 보내는 신호, 그리고 그에 대한 투자자들의 응답)

설비투자 공시 자체가 투자자들에게 긍정적인 신호를 보냈던 최근 사례 하나만 더 보자. 아래는 삼양식품의 2014년~2016년까지의 간략한 실적이다. 2015년까지 매출액과 영업이익이 감소하고 있던 회사가 2016년에는 매출액과 영업이익이 크게 증가하고 있는 것을 확인할 수 있다.

IFRS(연결)	2014/12	2015/12	2016/12
매출액	3,146	2,909	3,593
매출원가	2,373	2,192	2,674
매출총이익	773	717	920
판매비와 관리비계산에 참여한 계정 펼치기	676	645	667
인건비	275	265	265
유무형자산상각비	20	20	19
연구개발비			
광고선전비	55	40	47
판매비	203	191	213
관리비	70	78	77

기타원가성비용			
기타	53	50	46
영업이익	97	71	253

또 2017년에도 분기별로 매출액과 영업이익이 꾸준히 성장하고 있다.

IFRS(연결)	2016/12	2017/03	2017/06	2017/09	전년동기 (2016/예)
매출액	1,047	1,168	1,016	1,120	962
매출원가	766	861	763	829	720
매출총이익	281	307	254	292	242
판매비와 관리비계산에 참여한 계정 펼치기	183	176	180	183	169
인건비	265				
유무형자산상각비	19				
연구개발비					
광고선전비	47				
판매비	213				
관리비	77				
기타원가성비용					
기타	-438	176	180	183	169
영업이익	98	131	73	109	73

특히 사업보고서에서 매출액이 증가한 이유를 찾아보면, 내수 매출의 증가는 거의 없지만 라면의 수출 증가가 결국 전체 매출과 영업이익 증가로 연결됨을 확인할 수 있다.

(단위 : 백만 원)

사업부문	매출유형	품 목		제56기	제55기	제54기
식품의 제조 및 판매	제품	면	수출	91,673	29,415	21,678
			내수	220,154	207,189	231,303
			합계	311,827	236,604	252,981
		스낵	수출	611	476	557
			내수	13,382	12,609	12,060
			합계	13,993	13,085	12,617
		유제품	수출	388	697	153
			내수	17,277	21,246	28,937
			합계	17,665	21,943	29,090
		조미소재	수출	-	-	-
			내수	6,372	5,453	6,113
			합계	6,372	5,453	6,113
		기타	수출	-	15	-
			내수	4,823	6,610	7,967
			합계	4,823	6,625	7,967
	상품	유제품	수출	41	6	-
			내수	11,726	14,864	17,228
			합계	11,767	14,870	17,228
		기타	수출	365	110	-
			내수	1,331	1,289	348
			합계	1,696	1,399	348
용역	용역	후레이크 선별 외	수출	-	-	-
			내수	730	650	755
			합계	730	650	755
기 타			수출	-	-	-
			내수	615	683	551
			합계	615	683	551
매출 에누리 등			수출	-	-	-
			내수	△10,167	△10,457	△13,018
			합계	△10,167	△10,457	△13,018
합 계			수출	93,078	30,719	22,388
			내수	266,243	260,136	292,244
			합계	359,321	290,855	314,632

(단위 : 백만 원)

사업부문	매출유형	품목		57기 3분기	56기 3분기	56기	55기
식품의 제조 및 판매	제품	면	수출	138,571	54,039	91,673	29,415
			내수	156,360	164,479	220,154	207,189
			합계	294,931	218,518	311,827	236,604
		스낵	수출	525	409	611	476
			내수	11,871	9,796	13,382	12,609
			합계	12,396	10,205	13,993	13,085
		유제품	수출	172	302	388	697
			내수	10,605	13,606	17,277	21,246
			합계	10,777	13,908	17,665	21,943
		조미소재	수출	-	-	-	-
			내수	5,302	4,560	6,372	5,453
			합계	5,302	4,560	6,372	5,453
		기타	수출	-	-	-	15
			내수	3,417	3,744	4,823	6,610
			합계	3,417	3,744	4,823	6,625
	상품	유제품	수출	-	37	41	6
			내수	7,698	9,011	11,726	14,864
			합계	7,698	9,048	11,767	14,870
		기타	수출	377	286	365	110
			내수	933	884	1,331	1,289
			합계	1,310	1,170	1,696	1,399
용역	용역	후레이크 선별 외	수출	-	-	-	-
			내수	481	517	730	650
			합계	481	517	730	650
기 타			수출	-	-	-	-
			내수	399	470	615	683
			합계	399	470	615	683
매출 에누리 등			수출	-	-	-	-
			내수	△6,291	△7,523	△10,167	△10,457
			합계	△6,291	△7,523	△10,167	△10,457
합 계			수출	139,645	55,073	93,078	30,719
			내수	190,775	199,544	266,243	260,136
			합계	330,420	254,617	359,321	290,855

이처럼 꾸준한 매출(수출) 증대로 매출과 이익이 늘어나고 있는 상황에서 회사가 다음의 공시를 발표했다고 하자. 당신이 이 회사에 관심을 둔 투자자라면 어떻게 해석할 것인가?

신규 시설투자 등		
1. 투자구분		신규시설투자
- 투자대상		신축공장 투자
2. 투자내역	투자금액(원)	65,992,650,000
	자기자본(원)	177,542,160,275
	자기자본대비(%)	37.17
	대규모법인 여부	미 해당
3. 투자목적		생산효율 및 원가절감
4. 투자기간	시작일	2018-01-01
	종료일	2018-12-31
5. 이사회결의일(결정일)		2017-11-23
- 사외이사 참석 여부	참석(명)	1
	불참(명)	-
- 감사(사외이사가 아닌 감사위원) 참석 여부		참석
6. 공시유보 관련내용	유보사유	-
	유보기한	-
7. 기타 투자판단과 관련한 중요사항		1. 신축공장 투자 관련 내용 - 투자대상 : 신규 생산 4라인 및 건축공사 등 - 목적 : 생산효율, 원가절감 기대 - 소재지 : 강원도 원주시 삼양식품 원주공장 부지 내 2. 상기자기자본은 2016년 12월 31일 기준입니다. 3. 상기 투자금액 및 투자기간은 실 집행과정에서 경영 환경 및 변화에 따라서 변동될 수 있습니다.
	※ 관련공시	-

자기자본이 약 1,775억 원인 삼양식품이 그 37%에 해당하는 660억 원을 투자하여 원주공장 부지 내에 새 공장을 짓는다는 발표다. 투자기간은 2018년 말까지이며, 그 후에는 새로운 생산라인이 가동되어 라면 등 제품을 생산할 수 있는 능력이 훨씬 더 커질 것이다. 이 공시와 함께 시장에서 삼양식품의 주가는 다음 〈차트 3-16〉와 같이 상승하기 시작한다. 박스 부분이 회사가 설비증

차트 3-16　삼양식품 주가 차트

최고:99,600(2017/12/26, -2.81%)→

설비투자공시　　약 6만 원

설 공시를 한 시점이다.

　　아직 설비투자는 시작되지도 않았고 증설이 마무리되려면 1년이라는 시간
이 남았다. 그럼에도 시장에서 6만 원 정도였던 주식이 단기간에 9만 원 이상
으로 50% 이상 뛰었다. 시장은 이를 어떻게 받아들이는 것일까? 회사의 수출
증대를 바탕으로 매출─이익 성장이 지속될 테니까 증설을 발표했다고 판단했

다. 미래에 대한 긍정적인 신호로 받아들인 것이다. 일단 그런 긍정적인 신호를 받아들여 투자에 임하되, 수출−이익의 증가가 지속되는지 분기별로 확인해가면서 투자성과를 달성하기 위해 노력해야 할 것이다.

물론 기업의 설비투자가 진짜 매출과 이익을 증대시킬 계기인가, 하는 고민은 반드시 필요하다. 그러나 일단 증설 공시 그 자체만으로도 충분히 관심을 가져볼 만한 사건이 아닐까? "매출증가에 대비하려면 현재 보유한 설비로는 부족하다." 회사의 미래를 위한 긍정적 신호가 아니겠는가?

CHAPTER
07

기업의 자금조달 의사결정에
숨어 있는 기업의
미래 실적에 대한 신호

"
자금조달에 숨겨져 있는
미래 실적 신호를 파악하라.
"

사업을 하다보면 외부에서 자금을 조달해야 하는 경우도 흔하다. 이익이 나는 기업이라도 거래처로부터 받아야 할 대금을 제때 회수하지 못할 수 있다. 앞으로 매출을 창출하려면 재고자산 생산 등을 위해 미리 돈을 써야 할 때도 있다. 설비를 늘리기 위해 대규모 투자자금이 필요하기도 하다. 이런 경우, 회사가 필요한 자금을 자체적으로 조달해서 사용한다면 투자자들은 별로 고민하지 않는다.

그러나 필요한 자금을 영업에서 벌어들인 돈으로 충당하는 게 아니라 외부에서 조달해야 한다면, 그때부터 투자자들은 긴장하게 된다. 외부에서 자금을 조달하게 되면 많은 사람들이 관심을 쏟게 되므로, 그 자금을 어디서 어떤 방식으로 조달하느냐, 그 자금을 어디에 사용할 것이냐, 그 자금으로 인해 회사의 장래 손익이 어떤 영향을 받을 것이냐, 등등이 주가를 움직일 수 있기 때문이다.

대학의 경영학과에서는 '조달순서이론Pecking Order Theory'이라는 것을 가르친다. 영입

게미들이 술 래잡기

이나 투자활동에 자금이 필요하면, 맨 먼저 회사 내 현금을 사용하고, 그래도 부족하면 두 번째로 돈을 빌려 쓰고, 그래도 모자라면 마지막으로 현재 주주(주주배정 유상증자)나 새로운 주주(제3자배정 유상증자)로부터 조달한다는 자금조달의 순서에 대한 이론이다.

유보자금을 사용하는 것은 외부에서 알기도 어렵고 큰 문제가 없다. 하지만 채무가 생기거나 주식을 발행하는 경우는 새로운 투자자가 들어오는 것이니까, 단순한 문제가 아니다.

회사가 돈을 빌려 어디엔가 투자하려고 한다고 하자(통상 시설자금, 투자자금 등으로 부른다). 그러면 빌린 돈×이자율×(1−법인세율)만큼의 추가비용이 생겨 미래 손익에 영향을 미친다. 새로 부채가 생기고 비용이 발생하니까, 그 돈으로 무엇인가 미래를 위한 투자를 한다면 적어도 이자비용을 초과하는 성과는 달성해야 한다.

그러나 만약 기존의 부채를 상환하기 위해서 새로이 돈을 빌린다고 하면 어떨까? 이런 목적의 자금은 통상 '차환자금'이라 부른다. 만기가 도래한 이자율 3%의 대출을 갚기 위해, 다시 3% 이자로 돈을 빌린다면 어떤 일이 생길까? 3% 이자율의 부채가 없어지고 동일한 금액의 이자를 지급하는 부채가 새로 생기니까 이론적으로는 손익에 큰 영향이 없을 것이다. 그러나 영업에서 적자를 보고 있어서 급여나 원−부자재 비용 등을 빌린 돈으로 지불해야 한다면, 이자가 붙지 않던 비용들에 갑자기 이자가 붙는다.

이는 주주로부터 자금을 조달하는 유상증자도 마찬가지다. 외부에서 돈을 빌려 쓰건, 주주로부터 자금을 추가조달하건, 어떤 용도에 그 돈을 쓸 것이냐가 매우 중요하다. 이 자금이 미래 이익을 증가시킬 수도 감소시킬 수도 있기 때문이다. 사업이 아주 잘 되어서 설비를 늘리기 위한 자금 조달이라면 누가 싫어하겠는가? 미래가 장밋빛인데. 하지만 만기가 도래한 기존 대출을 갚으려고(속칭 돌려막기) 새로 대출을 얻는다면 누가 좋아하겠는가?

인터플렉스, 조선사 케이스 스터디
(유상증자의 이유가 무엇인가?)

다음의 자금조달 관련 공시를 보자. 돈을 차입하기 위한 게 아니라 기존 주주에게 추가투자를 해달라고 요청하는 유상증자 공시다. 조달순서이론에 의하면 가장 마지막 방법인 셈이다.

유상증자 결정		
1. 신주의 종류와 수	보통주식 (주)	2,250,000
	기타주식 (주)	-
2. 1주당 액면가 (원)		500
3. 증자 전 발행주식 총수 (주)	보통주식 (주)	21,079,212
	기타주식 (주)	-
4. 자금조달의 목적	시설자금 (원)	100,125,000,000
	운영자금 (원)	-
	타법인 증권취득자금 (원)	-
	기타자금 (원)	-
5. 증자 방식	주주배정증자	

회사가 기존 주주에게 청약을 받고 주식을 발행해줌으로써 약 1,000억 원의 자금을 조달하겠다는 것이다. 주식시장에서 유상증자는 통상 악재로 받아들여진다. 조달순서이론에 의하면 유상증자는 내부 현금도 모자라고 외부에서 돈을 빌리기도 어려울 때 사용하는 최후의 방법이기 때문이다.

1,000억을 조달하려는 이유가 무엇인가? 운영자금 목적도 아니고, 투자 목적도 아니다. 시설투자에 1,000억을 쓰겠다고 한다. 이 목적을 투자자들에게 좀 더 자세히 알리기 위해, 회사는 증권신고서(2017년 10월 20일 제출)에 다음과 같이 세부 자금사용 계획을 공시한다.

■■ 세부 자금사용 계획 [시설자금 사용 계획]

시설자금 사용 계획

당사는 2014년부터 베트남의 현지법인을 설립하여 플래그십 스마트폰 수요에 대응해오고 있습니다. 이번 증자를 통하여 현지법인에 대한 제2공장 건설 및 후공정 보완 투자를 확대하여 원가 및 수익성 개선을 실현해나갈 것입니다.

(단위 : 백만 원)

번호	사용 내역	금액	사용 시기	비고
(1)	토지	7,700	2018. 1Q ~	-
	건축	35,000		
	Utility	27,900		
	계	70,600		
(2)	설비	29,525	2017. 4Q ~	-
합계		100,125	-	-

(주) 금액 산출은 베트남 현지 및 국내 설비 발주가액을 반영하였으며, 초과되는 부분의 경우 내부자금을 통해 충당할 예정입니다.

베트남 법인을 통해 스마트폰 수요에 맞춘 부품을 공급하고 있는데, 생산능력이 모자라 제2공장을 건설하고 원가 및 수익성 개선하겠다는 내용이다. 일단 그 내용이 진실이라는 전제하에, 이렇게 조달한 자금은 당장 2017년 4분기와 2018년 1분기부터 사용될 것이다.

당신이 투자자라면 어떤 생각이 드는가? 주주에게 추가로 돈을 달라고 하는 건 일단 별로 달갑지 않다. 그러나 이 자금이 설비투자에 들어가고 2017년 4분기부터 사용되면서 추가적인 매출-이익을 달성한다면? 그리고 생산능력이 부족해 지금도 공장을 풀가동하며 아이폰x에 들어갈 FPCB를 생산하고 있는 상황이라면? 썩 달갑진 않아도 한번 믿어보자는 생각이 들 것이다.

이것이 바로 2017년 10월 20일 인터플렉스의 유상증자 발표 공시다. 유상증자 공시는 통상 주가에 악영향을 미치는데, 이 발표는 오히려 주가를 상승시키

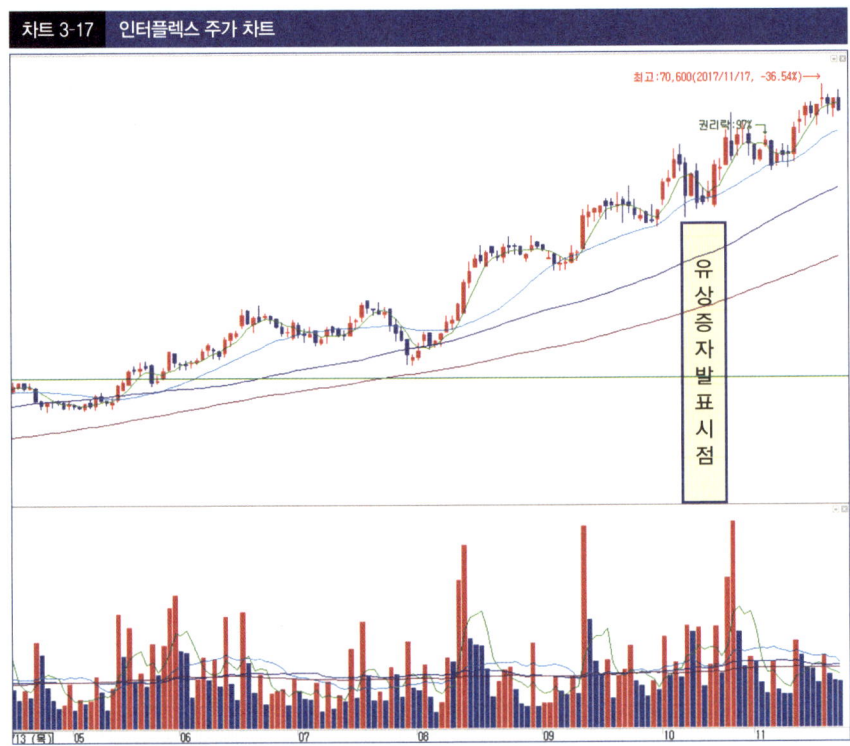

차트 3-17   인터플렉스 주가 차트

최고:70,600(2017/11/17, -36.54%)→

권리락:97%

유
상
증
자
발
표
시
점

'13(목)1   05   06   07   08   09   10   11

는 특이한 결과로 이어진다.

　이제 또 다른 유상증자 공시 사례를 보자. 1.5조 원의 유상증자를 통해 부채를 상환하고 부채비율을 낮춰 회사의 재무구조를 개선하겠다는 공시다. 이 경우는 미래의 매출-이익 증대에 관한 공시가 아니다. 낮은 금리의(보통 부채의 이자율은 주주의 투자금에 대한 대가보다 싸다) 부채를 갚고 오히려 더 비싼 주주의 돈을 쓰겠다는 계획이니, 주주들이 보기엔 악재일 수밖에! 엎친 데 덮친 격으로 실적악화 공시까지 나와 삼성중공업의 주가는 큰 폭으로 하락한다.

수시공시 의무 관련 사항(공정공시)		
1. 정보 내용	공시 제목	유상증자 계획
	관련 수시공시 내용	- 당사는 재무구조 개선을 위해 주주배정 후 실권주 일반공모 방식으로 1.5조 원 규모의 유상증자를 2018년 5월초 완료 일정으로 추진할 계획임
	예정 공시 일시	2017-12-06
2. 정보제공 내역	정보제공자	재무팀
	정보제공 대상자	투자자 및 언론기관
	정보제공(예정)일시	2017년 12월 6일 공정공시 이후
	행사명(장소)	-
3. 연락처(관련부서/전화번호)		재무팀(자금기획): 031-5171-7900
4. 기타 투자판단과 관련한 중요 사항		
- 상기 사항은 경영 상황에 따라 일부 변경이 있을 수 있음		
- 향후 이사회를 개최하여 유상증자에 대한 결의를 할 예정이며 확정 이후 공시를 실시할 예정임		
※ 관련 공시		-

아래 현대중공업의 유상증자 공시도 마찬가지다. 1.287조 규모의 유상증자를 통해 주주들에게서 자금을 조달하고, 이 중 약 8,700억은 운영자금, 약 4,200억은 기타 자금으로 사용할 계획이란다.

유상증자 결정		
1. 신주의 종류와 수	보통주식 (주)	12,500,000
	기타주식 (주)	-
2. 1주당 액면가 (원)		5,000
3. 증자 전 발행주식 총수 (주)	보통주식 (주)	56,665,426
	기타주식 (주)	-
4. 자금조달의 목적	시설자금 (원)	-
	운영자금 (원)	869,000,000,000
	타법인 증권취득자금 (원)	-
	기타자금 (원)	418,500,000,000
5. 증자 방식		주주배정 후 실권주 일반공모

세부 내용을 살펴보면 이렇다. 운영자금은 차입금 상환에 쓸 것이고, 기타

자금은 R&D 투자에 쓰겠다는 공시다. 대개의 경우, R&D 투자는 회사가 벌어들인 돈을 재투자하는 운영자금 성격으로 보기 때문에, 4,200억 정도는 운영자금, 8,700억 정도는 차환자금이라는 게 일반적인 해석일 것이다.

현대중공업의 주가도 이 공시 때문에 큰 폭으로 하락한다. 똑같은 공시라도 회사가 어떤 상황에 처해 있는지, 그 자금을 어디에 쓰려고 하는지에 따라 주가는 다르게 움직일 수 있다.

그러면, 유상증자 공시 후 오히려 긍정적인 반응을 얻고 주가도 올랐던 인터플렉스 사례로 돌아가자. 왜 흑자 기업 인터플렉스는 공장이 쉴 틈 없이 돌아가고 있는데 1,000억이나 되는 자금을 조달하려 할까? 그것도 회사 내 현금이나 빌린 돈이 아니라, 주주들의 투자자금으로? 대답은 역시 현금흐름표에 있다. 자, 2017년 3분기 인터플렉스의 영업실적과 현금흐름표를 보자.

(단위 : 천 원)

사업연도	2017.1.1~2017. 9.30	2016.1.1~2016.12.31
1. 매출액	509,935,698	575,646,205
2. 영업이익	42,597,464	-51,563,873
3. 영업활동 현금흐름	-41,299,125	6,428,473
4. 유무형자산상각비	12,389,137	30,010,312
5. EBITDA	54,986,601	-21,553,561
6. 더(덜) 들어온 현금	-96,285,726	27,982,034
7. 선수금증감	-10,741,191	23,874,939
8. 매출채권회수	-85,364,846	112,361,737
9. 외상매입 대금결제 및 재고생산 비용 등	-5,041,630	-109,019,930
10. 합계(7+8+9)	-101,147,667	27,216,746

2017년 9개월간 영업이익은 426억 원이다. 영업이익을 산출할 때는 차감했지만 실제로 현금이 나간 것은 아닌 유-무형자산의 상각비용이 약 124억이니, 계산해보면 550억의 현금(EBITDA)이 있어야 한다. 그런데 실제 영업활동 현

금흐름은 –413억으로 기록되어 있어서 EBITDA 대비 무려 963억의 현금 결손이다. 이 금액이 바로 6. 항목 '더(덜) 들어온 현금'이다. 그렇다면, 왜 963억이라는 큰 금액이 들어왔어야 할 현금보다 덜 들어왔을까?

먼저, 7. 항목 선수금증감을 보자. 거래처로부터 미리 받는 선수금이 107억 정도 줄었다. 우리는 앞서 종합사례에서 인터플렉스가 2016년 2분기에 애플사로부터 제품 대금의 일부를 선수금 형태로 받았다고 했다. 즉, 이미 받았던 선수금 107억은 매출로 인식되기는 하지만, 2017년엔 들어올 현금은 아니다. 제품을 만들어 거래처에 납품은 했지만 일부 현금을 미리 받았으므로, 발생한 이익 중 107억은 현금이 따라오지 않는다는 얘기다. 덜 들어온 현금 963억 중 107억의 원인은 이렇게 설명되었다.

나머지 856억은 어떻게 설명할 수 있을까? 바로 아래에 있는 매출채권 회수가 마이너스 금액이라는 사실로 설명된다. 납품은 했는데 대금은 9월 말까지 받지 못한 금액이다. (대금을 받건 못 받건, 일단 돈 받을 권리가 발생하면 재무제표는 이를 매출과 이익으로 인식한다.) 그래서 들어올 현금이 마이너스가 된 것이다.

거꾸로 회사가 원재료를 매입하거나 하도급업체에 지급할 돈이 있는데 아직 지불하지 않았다면, 비용으로는 인식되었지만 현금이 나가지 않은 경우다.

또 생산(제조)을 위해 현금을 투입했지만 아직 제작과정 중에 있거나 창고에 쌓여 있을 수도 있다. 재고자산이 축적되는 경우다. 이때 재고 생산을 위한 현금 투입은 이루어졌으나, 아직 판매가 되지 않아 자산으로 잡힐 뿐, 비용으로 처리되진 않는다.

2017년 9월 인터플렉스의 재무제표에는(9. 항목) 외상매입 대금을 결제해준 현금, 생산에 투입됐지만 아직 비용으로 처리되지 않은 현금이 50억 정도 잡혀 있다.

매출은 일어났지만 작년에 이미 선수금으로 받은 107억, 납품하고도 아직 대금을 받지 못한 금액이 854억, 그리고 외상매입 대금이나 원재료 등의 비용으로 현금은 나갔지만 아직 비용으로 잡히지 않은 금액이 50억. 이 세 항목을 합치면 10번 항목 '합계'인 약 1,011억으로 요약된다.

물론 이 상황을 아직 걱정할 필요는 없다. 거래처에 납품하고 아직 받지 못한 854억의 매출채권은 약정한 날짜에 현금으로 받게 되고 부족했던 현금은 다시 채워질 것이다. 하지만 그 사이 인터플렉스는 부족한 현금흐름을 어떻게 버텨냈을까? 이제 우리는 현금흐름표를 확장해본다. 다음의 표는 2017년 3분기의 약식 현금흐름표다.

	제 24 기 3분기
1. 영업활동 현금흐름	-41,299,125,170
2. 투자활동 현금흐름	-51,688,529,573
2-1.유형자산의 취득	-56,111,648,043
3. 재무활동 현금흐름	97,945,895,554
3-1.단기차입금의 증가	70,945,895,554
3-2.장기차입금의 증가	27,000,000,000
현금및현금성자산의 증가(감소)	4,958,240,811
기초 현금및현금성자산	17,774,470,742
기말 현금및현금성자산	22,732,711,553

먼저 영업활동으로 413억의 현금이 부족한 상황. 그런데 회사는 영업활동만 하는 것이 아니라, 보유한 자금도 운용하고 미래를 위한 설비투자도 한다. 그것이 2. 항목 투자활동 현금흐름이다.

이 표에 의하면 인터플렉스의 경우, 유형자산의 취득이 561억으로 가장 컸다. 자, 현금도 413억 부족하고 설비투자에 쓸(2. 항목) 517억도 모자라서, 무려 930억의 현금이 필요하다.

어떻게 이 자금을 조달했을까? 3. 항목 재무활동 현금흐름을 보면 답이 나온다. 회사는 약 979억의 현금을 재무활동으로 조달했는데, 그 내역은 바로 아래 장−단기 차입금으로 설명된다. 즉, 영업이익은 크게 발생했지만 현금이 많이 부족했고 시설투자에도 현금이 필요했기에, 이를 은행에서 차입하여 해결한 것이다.

이렇듯 현금흐름표는 기업이 이익을 창출했는데도 현금이 부족한 상태, 즉 이익과 현금의 차이를 설명한다. 현금이 이익보다 모자라거나 넘치면 그 이유까지도 파악할 수 있게 해준다. 그리고 영업활동으로 남은 돈은 어떻게 사용하는지, 부족한 돈을 어떻게 조달하는지, 투자활동과 재무활동으로써 보완해준다.

그 다음 투자자로서 해야 할 일은? 인터플렉스는 거래처에게 2017년 9개월간 제품을 납품하여 426억의 영업이익을 만들어냈다. 현금으로는 결손이 발생했지만, 그건 주로 제품 대금을 아직 받지 못했기 때문이다. 그런데 사업보고서에 의하면 주된 거래처는 삼성전자, 삼성디스플레이, LG디스플레이 등 국내 우량기업과 애플, 모토롤라 등 글로벌 기업이다. 대금 회수에는 문제가 없을 것이다. 그리고 미래의 매출−이익 성장을 위한 추가 설비투자 계획이 있는데 현금이 부족해 외부에서 자금을 조달했다.

인터플렉스의 대주주는 누구일까? 코리아써키트, 영풍, 고려아연, 테라닉스 등 영풍그룹 계열 회사들이다.

주권의 수	지분율	최종 변동일		
(주)코리아써키트	본인	6,711,400	28.77	2017/12/01
(주)영풍	계열사	2,296,154	9.84	2016/11/29
고려아연(주)	계열사	1,267,094	5.43	2016/11/29
테라닉스	계열사	869,303	3.73	2017/04/13
최창걸	계열사 임원	25,250	0.11	2017/03/20
이광식	임원	20,000	0.09	2017/11/01
안준호	임원	9,123	0.04	2017/11/01
씨케이	계열사	449	0.00	2016/11/29
합계		11,198,773	48.01	2017/12/01

계열사들의 지분율만 다 합쳐도 48%에 달한다. 게다가 영풍그룹의 이 계열사들은 현금이 풍부하고 부채가 별로 없는 것으로 유명하다. 주주배정 유상증자 1,000억 중 절반 가까이는 이 계열사들이 투자한다고 봐야 한다. 대주주들이 추가 투자하기로 결의했는데, 일반주주들에게도 동일한 기회를 주어야 하므로 전체 주주를 대상으로 유상증자를 한 것이다.

개미들도 재무제표(특히 현금흐름표)를 함께 보며 자금조달 공시를 해석하면, 침착하고 현명한 투자 의사결정에 도움을 얻을 수 있다. 시장에는 '유상증자=매도'라는 유명한 격언도 있지만, 진정한 개미투자자라면 자금조달의 목적, 상세한 용도, 미래 매출-이익에 미칠 영향, 주주에게 끼칠 손해 여부 등을 판단할 수 있어야 한다.

case study

한진칼, 대한항공 케이스 스터디
(안타까운 유상증자 2건(한진칼과 대한항공) 유상증자로 주가가 하락했을 때가 오히려 기회일 수도 있다.)

유상증자는 통상 주가하락을 유발한다. 그러나 바로 그 이유 때문에 투자기회

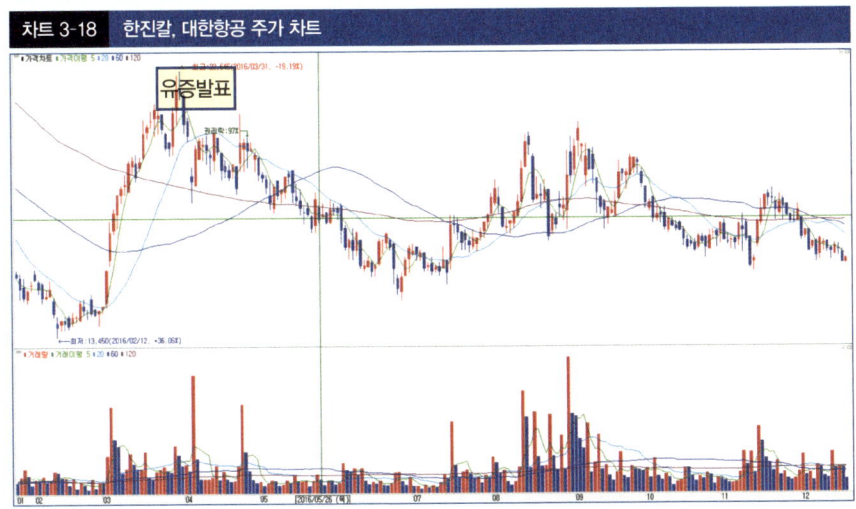

차트 3-18   한진칼, 대한항공 주가 차트

가 될 때도 있다.

위 차트에서 한진칼의 주가 추이를 보자. 2016년 2월 12일 13,450원이었던 주가는 빠르게 상승하여 3월 31일 22,645원에 도달한 후, 4월 4일 1,000억대의 주주배정 유상증자 발표 후 다시 하락하는 모습이다. 이 유상증자로 조달한 자금은 어떻게 사용할 계획이었을까? 다음의 표는 차입금 원금과 이자비용 상환 목적으로 주주에게 자금을 조달하겠다는 것이니 단기적으로 주가가 좋기 어려웠을 것이다.

(단위 : 원)

시설자금	운영자금	기타자금	타법인 증권취득자금	계
-	104,914,112,800	-	-	104,914,112,800

주1) 발행제비용은 당사의 자체자금으로 사용할 예정입니다.
주2) 상기 자금사용 목적의 구체적인 내용은 아래에 기재된 내용을 참조해주시기 바랍니다.

자금조달의 개요

당사는 금번 유상증자 납입대금을 아래와 같은 용도로 사용할 예정입니다. 단, 발행가액 확정에 따라 실제 조달자금이 동 신고서상 예정 조달자금에 미치지 못할 경우 아래 세부 사용내역 중 ❶ 단기차입금 상환 ❷ 이자비용 상환 순으로 자금을 사용할 예정이며, 그 부족분에 대해서는 회사 자체자금 등을 통하여 충당할 계획입니다. 또한 납입대금 유입 이후 실제 사용집행까지의 기간에는 신용등급이 우량한 국내 제1금융권 등의 은행예금, MMT^Money Market Trust 등 안정성이 높은 금융상품을 통해 운용할 예정입니다.

왜 한진칼은 차입금 상환을 위해 주주배정 유상증자를 택했을까? 차입금이 생긴 이유부터 재무제표와 당시 사건을 고려해봄이 어떨까? 당시 한진칼의 손자회사인 한진해운은 파산 위기에 처해 엄청난 적자와 유동성 위기를 겪고 있었고, 한진칼은 다음과 같이 2건의 상표권 매입 공시로 한진해운에 자금을 지원하기로 한다.

특수관계인으로부터 자산 양수							
기업집단명	한진	회사명	한진칼	공시일자	2016. 2. 24	관련법규	공정거래법 11조의2

(단위 : 백만 원)

1. 거래상대방			한진해운	회사와의 관계	계열회사
2. 자산양수 내역	가. 양수 일자		2016. 2. 29		
	나. 양수 목적물		한진해운 보유 미국 및 EU 상표권		
	다. 양수 가액		111,324		
3. 양수 목적			지주사의 브랜드 및 상표권 등 지적재산권의 통합관리		
4. 양수에 따른 영향			상표권 확보를 통한 자산증가와 브랜드 및 상표권 등 지적재산권의 관리 및 라이선스업 강화		

case study

특수관계인으로부터 자산 양수							
기업집단명	한진	회사명	한진칼	공시일자	2016. 5. 12	관련법규	공정거래법 11조의2

(단위 : 백만 원)

1. 거래상대방			한진해운	회사와의 관계	계열회사
2. 자산양수 내역	가. 양수 일자		2016. 6. 30		
	나. 양수 목적물		한진해운 보유 해외 상표권(미국 및 EU 외)		
	다. 양수 가액		74,200		
3. 양수 목적			지주사의 브랜드 및 상표권 등 지적재산권의 통합관리		
4. 양수에 따른 영향			브랜드 및 상표권 등 지적재산권의 관리 및 라이선스업 강화		
5. 이사회 의결일			2016. 5. 12		

이 2건의 공시를 종합해보자. 한진해운이 보유한 미국과 EU의 상표권을 1,113억에, 그리고 타국가의 상표권을 742억에 사겠다는 내용이다. 한진칼은 총 1,855억의 자금을 지원해야 한다. 그런데 한진칼은 순전히 지주사로서 자체 사업은 없으며, 여러 자회사들로부터 받는 배당금, 로열티, 부동산임대료 정도로 수익을 창출한다. 그래서 다음과 같이 연간 당기순이익은 약 96억 정도, 유동자산 286억에 유동부채는 1,010억으로 유동성이 썩 좋지 않다.

주식회사 한진칼		

(단위 : 원)

과목	제3기	
I. 영업수익		41,638,210,008
II. 영업비용		14,104,859,267
III. 영업이익		27,533,350,741
1. 금융수익	717,077,793	
2. 금융비용	10,175,817,565	
3. 기타영업외수익	408,564,000	
4. 기타영업외비용	3,121,296,000	

자산		2015년 말
IV. 법인세비용차감전순이익		15,361,878,969
V. 법인세비용		5,737,481,911
VI. 당기순이익		9,624,397,058
자산		**2015년 말**
I. 유동자산		28,596,100,789
1. 현금및현금성자산	20,063,532,829	
2. 단기금융상품	1,600,000,000	
I. 유동부채		100,914,135,567
1. 매입채무 및 기타채무	2,768,644,426	
2. 당기법인세부채	1,749,513,996	
3. 단기차입금	90,000,000,000	
4. 기타금융부채	5,364,534,000	
5. 기타유동부채	1,031,443,145	

이런 상황에서 1,855억의 자금을 상표권 매입 형태로 지원해야 하니, 그렇잖아도 자금이 넉넉지 않은 한진칼 입장에서는 난감했을 터. 따라서 대주주 일가를 포함한 주주들이 유상증자로 자금을 납입해주었으리라 판단된다.

그러나 한진해운은 끝내 파산하게 되고 관련 손실은 대주주인 대한항공과 한진칼에게 돌아가 두 회사의 주가도 바닥을 헤매게 된다. 유상증자, 2017년 1월 14,350원까지 추락한 주가는 한진해운 관련 손실이 없어진 다음에야 5개월에 걸쳐 다시 2배 가까이 상승한다.

즉, 리스크가 남아 있을 땐 투심이 약할 수밖에 없지만, 최악의 상황에서 벗어나기 시작하면 데이빗 드레먼의 역발상투자 개념이 생각날 수도 있겠다.

유상증자와 한진해운 지원으로 주가가 하락하던 시기, 시가총액 약 8,000억의 한진칼은 제주항공과 비슷한 영업이익을 내는 진에어 주식을 100% 갖고 있었으며 대한항공 지분도 30% 이상 갖고 있었다. 제주항공의 시가총액이 7,000억대였던 때니까 단순하게 계산하면 진에어도 7,000억 정도로 평가할 수 있었다. 대한항공의 시가총액은 약 2조 정도였는데 약 30%에 해당하는 6,000

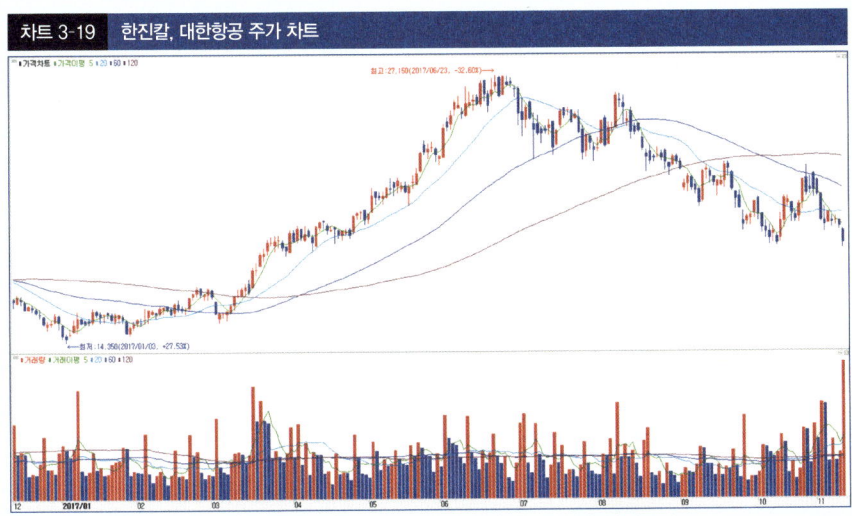

차트 3-19 한진칼, 대한항공 주가 차트

억이 한진칼의 몫이었다. 이 둘만 합쳐도 대충 1조3,000억인데, 한진칼의 당시 시가총액은 8,000억대로 두 지분의 가치에도 못 미치는 가격에 거래되고 있었던 것이다. 제주도 서귀포칼 호텔, 인천 그랜드하얏트 호텔, 토파스 여행정보의 지분 67.35%, 을지로와 인천 등의 각종 부동산, 정석기업의 지분 48.27%, 하와이 와이키키 리조트 호텔과 골프장을 운영하는 제동레저 지분 100% 등의 알짜 자산은 차치하고라도 이 정도면 누가 봐도 저평가된 상태가 아닐까?

데이비드 드레먼의 명언을 다시 한 번 생각해보자. 절대 망하지 않을 기업이 최악의 상황을 견디느라 주가가 바닥을 기고 있다면, 싼 가격에 주식을 살 수 있는 기회라고 했다. 물론 아무리 어려워도 절대 망하지 않을 거란 강한 확신은 있어야 한다. 그리고 바로 그런 확신을 갖는 데에도 재무제표는 커다란 도움이 된다.

한 가지 사례 더!

대한항공의 2016년 영업이익은 무려 1조 1,208억 원이었다. 역사상 최고의 영업이익은 2010년에 달성한 1조1,700억 원 정도다. 2010년 이래 최대 실적을 올린 셈이다. 그런데 그 두 시점의 대한항공 주가는 어떻게 비교될까?

충격적이지 않은가? 두 해의 영업실적에 큰 차이가 없는데, 2010년에 9만 원까지 올랐던 주가는 2만6,450원으로 추락했다. 도대체 왜 그럴까? 일단 대한항공이 2017년 1월 5일에 공시한 주주배정 유상증자를 보자.

case study

유상증자 결정		
1. 신주의 종류와 수	보통주식 (주)	22,004,890
	기타주식 (주)	-
2. 1주당 액면가 (원)		5,000
3. 증자 전 발행주식 총수 (주)	보통주식 (주)	72,839,744
	기타주식 (주)	1,110,794
4. 자금조달의 목적	시설자금 (원)	-
	운영자금 (원)	450,000,000,500
	타법인 증권취득자금 (원)	-
	기타자금 (원)	-
5. 증자 방식		주주배정 후 실권주 일반공모

회사가 주주들에게 4,500억 정도를 조달받는 유상증자다. 당연한 일이지만 유상증자 공시로 2017년 1월 대한항공의 주가는 24,302원까지 하락한다. 그러나 한번 돌이켜보자. 아래의 차트가 보여주듯 유상증자를 발표했던 당시 주가 24,000원은 단기 저점이었던 것이다. 이어 주가는 2017년 6월까지 5개월 동안 2배나 오른다. 그런데 왜 대한항공이 유상증자를 했을까? 대개의 경우처럼 회사에 돈이 없어서? 하지만 2016년 대한항공의 현금흐름표를 보면 현금 상황은 꽤 양호하다.

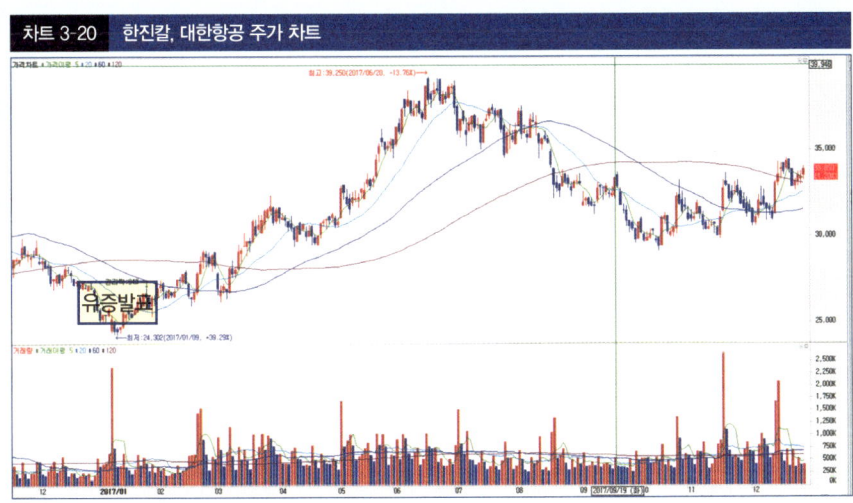

차트 3-20   한진칼, 대한항공 주가 차트

대한항공 현금흐름표	2016년
영업활동 현금흐름	2조8062억
유형자산(항공기 등 투자)투자	-8732억
부채원금상환(이자 제외)	-1조4067억

2016년에 주 사업인 항공업으로 2조8,000억의 현금을 벌어들였다. 그리고 항공기 등 유형자산에 8,700억을 투자하고, 남은 현금 약 2조 가운데 4,000억으로 이자를 냈고, 1조4,000억으로는 부채 원금을 갚았다. 벌어서 원금은커녕 이자도 못 갚는 기업이 허다한 판에 대한항공은 그래도 돈 벌어 투자도 하고 이자와 원금도 갚으면서 열심히 노력하는 기업이다. 자칫하면 망할 수도 있는 위험한 기업일까? 그럼 왜 유상증자를? 역시 재무제표에 답이 있다.

대한항공 손익계산서	
2016년	(단위 : 원)
I. 매출	11,731,852,588,629
II. 매출원가	9,435,221,360,181
III. 매출총이익	2,296,631,228,448
IV. 판매비와관리비	1,175,822,057,924
V. 영업이익	1,120,809,170,524
금융수익	51,443,446,042
금융비용	558,649,498,188
지분법 이익(손실)	-112,267,348,951
기타 영업외수익	510,958,243,203
기타 영업외비용	1,729,693,987,134
VI. 법인세비용 차감 전 순손실	-717,399,974,504
VII. 법인세 수익	-160,555,543,917
X. 당기순손실	-556,844,430,587

이렇게 대한항공은 영업이익은 1조1,208억을 달성하며, 2010년 이래 최대 실적을 이루었다. 그러나 한진해운이 파산하면서 보유한 한진해운 지분(약 30%대) 때문에 8천억 이상의 손실을 입고 2016년 '기타 영업외비용'으로 털어

낸다. 또한 연말 환율이 달러당 1,200원까지 급등하면서, 달러 표시 부채가 많은 대한항공은 원화로 환산한 부채금액이 커져 엄청난 외화환산손실(실제 결제된 게 아니라 아직 실현되지 않은 손실)을 경험한다.

결국 영업이익이야 1조1200억을 달성했지만, 당기순손실 5568억이 발생한 것이다. 그러나 앞의 현금흐름표는 어떤가? 손실에도 불구하고 영업활동으로 유입된 현금은 2조8천억! 한진해운에 투자했던 금액의 손실 처리나 환율 급등으로 외화환산손실 등은 당장 현금 유출이 아니기 때문이다. 여기서 문제는 당기순손실이 자본을 갉아먹었다는 것, 그리고 원화 표시 부채액이 급증하여 부채비율이 1,178%로 올랐다는 것이다.

대한항공 부채비율	
	2016년 말
부채 총계	22,082,184,811,883
자본 총계	1,874,350,081,968
부채비율	1178%

헌데 언론 보도에 따르면 대한항공은 부채비율이 1,000% 이상 되면 1년 내로 8,760억을 갚아야 한다는 채권자들과의 약정이 있다고

* 「비즈니스 포스트」 2017.1.6 '대한항공 유상증자로 1,000% 부채비율 개선에 안간힘' 참고

한다.* 상환 기한이 많이 남은 채무라 하더라도 부채비율이 이 선을 넘으면 8,760억을 단번에 갚아야 하는 큰 부담이 생긴다. 자, 부채비율을 1000% 미만으로 유지하는 가장 쉬운 방법이 뭘까? 자본을 적절히 늘리는 것이다. 부채가 아무리 많아도 자본만 늘려주면 부채비율을 억제할 수 있다. 2016년 말 자본이 약 1.874조이므로, 4,500억 정도의 유상증자만 해도, 단기간에 자본이 늘어나고 부채비율도 1,000% 미만으로 묶어둘 수 있다. (참고로 달러 환율은 최근 다시 1,060원대까지 떨어져 대한항공은 거꾸로 엄청난 외화환산이익을 누리고

부채비율도 크게 떨어질 것으로 보인다.)

해석하면 대한항공이 돈을 못 벌거나 부채를 갚지 못해 망할 위기라서 주주에게 손을 벌린 것은 아니다. 채권자들과의 약속을 지키기 위해 그저 빠른 임시방편을 선택했다고 볼 수 있다. 그런데 이런 전후 사정 때문에 임시방편으로 유상증자를 택한 기업의 주가가 바닥(약 24,000원)을 기고 있다면, 이 또한 투자자 입장에서 하나의 기회가 될 수 있지 않겠는가?

유상증자=매도, 아니다. 유상증자=쳐다볼 필요도 없는 기업, 역시 아니다. 정말 위기여서 나온 유상증자도 있지만, 더 나빠질 일이 없고 좋아질 일만 남은 상황의 유상증자도 있다. 게다가 주가가 과도하게 급락했다면 단기적으로 크게 반등하는 경우도 많다. 보통 투자자들이 싫어하는 공시조차도 소홀하게 넘어가선 안 되는 이유다.

case study

선진 케이스 스터디
(유상증자, 주주의 지분가치를 희석시키는 자본조달)

유상증자를 수행하여, 주가 하락이 발생할 수 있는 기업을 어떻게 예상할 수 있을까? 쉬운 일은 아니다. 통계적으로 검증된 분석데이터도 없고 경영자와 오너 등의 특성에 따라 다를 것이기 때문이다.

오해하는 사람들이 많다. 보통은 적자가 나서 돈이 없을 때 유상증자를 한다고 생각하기 때문이다. 아니다, 흑자 기업도 유상증자를 많이 한다. 흑자라고 해서 반드시 자금여력이 좋다는 뜻이 아니니까. 대표 사례를 살펴보자. 다음은 코스피에 상장되어 있는 선진의 2017년 9월 7일 유상증자 공시다. 주주들로부터 904억 정도의 자금을 유상증자로 받을 것이며, 그 돈을 설비투자 등에 사용하겠다는 것이다. 이 공시로, 선진의 주가는 하루 만에 20% 폭락했다.

유상증자 결정		
1. 신주의 종류와 수	보통주식 (주)	7,500,000
	기타주식 (주)	-
2. 1주당 액면가 (원)		500
3. 증자 전 발행주식 총수 (주)	보통주식 (주)	16,279,604
	기타주식 (주)	-
4. 자금조달의 목적	시설자금 (원)	74,478,000,000
	운영자금 (원)	13,275,000,000
	타법인 증권취득자금 (원)	-
	기타자금 (원)	25,122,000,000
5. 증자 방식		주주배정 후 실권주 일반공모

그런데 특이한 점이 있다. 선진은 지속적으로 흑자이고 매출–이익이 성장하고 있었으며 향후에도 성장할 것이라고 다들 기대했다. 다음의 표 2014년~2016년까지의 실적을 보라. 2017년도에도 매출, 영업이익, 당기순이익 모두 괄목할 성장을 예상했다.

기업실적분석				
주요재무정보	최근 연간 실적			
	2014.12	2015.12	2016.12	2017.12(E)
	IFRS 연결	IFRS 연결	IFRS 연결	IFRS 연결
매출액(억 원)	5,954	6,034	6,453	7,541
영업이익(억 원)	267	279	423	564
당기순이익(억 원)	234	191	327	520
영업이익률(%)	4.48	4.62	6.55	7.48
순이익률(%)	3.93	3.16	5.07	6.90
ROE(%)	15.06	10.78	16.79	22.46
부채비율(%)	128.80	130.48	179.06	
당좌비율(%)	99.71	86.19	43.04	
유보율(%)	3,859.18	4,301.91	4,292.98	
EPS(원)	1,444	1,180	1,937	2,905
EPS(원)	10,263	11,634	11,439	14,436

그랬던 선진이 유상증자로 자금조달을 한다고 하니, 많은 사람들이 의아해했다. 하지만 재무제표를 자세히 보면, 부채비율이 128%→179%로, 당좌비율은 99.71%→43%로 하락하고 있다.

우선 회사가 보유한 현금성자산 등으로 유동부채를 몇 %나 갚을 수 있는지를 말해주는 당좌비율부터 보자. 선진의 2016년 당좌비율은 43% 정도로 2015년 86%에 비해 절반이다. 보유한 현금성자산만으로 1년 내로 만기가 될 유동부채의 43%만을 상환할 수 있다는 얘기다.

지속적으로 흑자가 나는데 왜 당좌비율이 급하게 줄어들었을까?

구분	제6기	제5기
유동자산	186,203,336,058	246,650,290,115
- 현금 및 현금성자산	13.067.413.830	62,930,592,674
- 단기금융상품	8,415,000,000	17,315,000,000
- 매출채권 및 기타채권	118,485,690,518	118,692,604,833
- 기타금융자산	-	2,009,355,000
- 재고자산	43,976,473,850	44,096,097,227
- 기타유동자산	2,258,757,860	1,606,640,381
유동부채	255,196,236,148	236,416,072,053

자산	
유동자산	273,364,837,027
현금및현금성자산	55,760,905,592
단기금융상품	9,018,000,000
매출채권 및 기타채권	92,879,738,494
기타금융자산	295,000
재고자산	56,527,896,378
소비용생물자산	42,565,156,850
기타유동자산	16,612,844,713
유동부채	373,113,616,107
유동비율	73%
당좌비율	47%

　그 이유는 약식 재무제표에서 드러난다. 전년에 비해 2016년 선진의 현금성 자산이 400억 가까이 감소했고, 반대로 유동부채는 188억 정도 증가했다. 보유한 현금과 유동성자산을 다 합쳐도 1,862억으로 유동부채 2,552억에 못 미친다. 또 유상증자 발표 전인 2017년 6월 말 유동자산은 2,733억, 유동부채는 3731억이다. 유동비율로 판단하면 73%, 당좌비율로는 47% 수준이다. 유동자산 전체를 장부가치 기준으로 현금화하면 유동부채의 73%를 해결할 수 있고, 재고자산을 빼면 47%만 해결할 수 있다.

　영업흑자는 지속적으로 나고 있지만, 보유한 유동성자산이 1년 내 만기가 도래하는 유동채무를 해결하기에 충분하다고 판단하기 어렵다.

　그렇다면, 왜 지속적으로 흑자가 나고 있음에도 선진의 유동비율과 당좌비율이 낮아지는 걸까? 역시 만능 재무제표라 할 수 있는 현금흐름표가 쉽게 설명해준다.

	제 6 기
영업활동으로 인한 현금흐름	49,778,047,726
투자활동으로 인한 현금흐름	(106,969,273,365)
종속기업투자지분의 취득	(88,829,792,665)
장기대여금의 증가	(58,795,550,958)

　2016년 선진은 영업활동으로 약 498억의 현금을 벌어들였다. 그러나 벌어들인 돈보다 더 많은 1,070억을 투자활동에 지출한다. 그중에서 가장 큰 금액은 종속기업 투자지분 취득(약 888억)과 특정 기업에 장기로 빌려주는 데(약 588억) 사용했다. 아마도 새 자회사를 설립하거나, 기존 자회사에 자금을 더 투입한 것 같다.

　번 것보다 많은 돈을 써야 하니, 이익이 나도 현금은 줄어든다. 그리고 이 추세는 2017년 반기까지 지속된다. 제7기 반기의 경우도, 영업활동 현금흐름 493억 이상의 투자를 실행했는데, 주로 관계기업에 대한 자금 대여, 자회사 지분 취득, 유형자산 취득 등에 사용되었다. 또 회사는 여기 덧붙여 장-단기차입금 형태로 370억의 자금을 조달했다.

흑자는 나고 있지만 지속적으로 큰 투자를 하느라 돈이 많이 필요한 상황. 이렇게 지속적으로 투자에 돈을 쓰다 보니 유동부채보다 현금이 많이 부족해진 것 같다. 이제야 지속적으로 흑자가 나고 이익이 커가는 회사가 유상증자를 하게 된 이유가 설명된다.

	제7기 반기
영업활동으로 인한 현금흐름	49,253,661,715
투자활동으로 인한 현금흐름	-50,025,093,347
종속기업투자지분의 취득	-18,255,974,749
장기보증금의 증가	-491,846,000
장기대여금의 증가	-31,260,450,760
유형자산의 취득	-6,560,970,475
재무활동으로 인한 현금흐름	36,898,001,675
단기차입금의 차입	24,992,623,999
장기차입금의 차입	14,900,000,000
유동성장기부채의 상환	-2,180,661,924
배당금 지급	-813,960,400
현금및현금성자산의 순증가(감소)	36,051,693,452
기초 현금및현금성자산	19,709,212,140
기말 현금및현금성자산	55,760,905,592

여기까지 흑자 기업이 왜 유상증자를 하는가를 재무제표로써 유추해보았다. 이제 이 유상증자로 인해 주주가치가 얼마나 감소하게 되는지를 확인해야 한다. 바로 '희석효과'라 부르는 것이다.

2016년 선진의 당기순이익은 327억 원, 2017년 예상 당기순이익은 520억 원이다. 이들을 회사의 전체 주식 수로 나누면, 1주당 얼마의 이익이 귀속되는지를(주주에게 돌려주는지를) 알려주는 주당순이익(EPS)이 나온다. 2016년 EPS는 1,937원이며, 2017년 예상 EPS는 2,905원이다.

그런데 선진은 유상증자를 하면서, 750만 주의 주식을 새로 발행한다. 이미 발행되어 있는 주식 1,628만 주와 합치면 2,378만 주로 늘어나고, 반대로 EPS는 2,187원으로 줄어든다. 희석효과가 생긴 거다.

이제 투자자들은 유상증자를 발표한 기업에 대해 둘 중 하나를 선택해야 한다. ❶ 예상되었던 이익을 달성한다 하더라도 주식 수가 늘어나면서 EPS가 감소되는 희석효과가 싫으면 회사의 주식을 팔면 된다. 대개는 이런 선택을 하는 사람들이 많기 때문에 주가는 큰 폭으로 떨어진다고 생각하면 된다. ❷ 주식을 매도할 생각이 없다면, 그대로 희석효과를 받기보다 유상증자에 참여하여 투자금액을 좀 늘리더라도 돌려받는 이익을 지키면 된다.

흑자가 나고 있는 우량 기업이 유상증자를 하면, 신주배정을 받기 싫거나 희석효과가 싫은 사람은 주식을 팔고 떠나며, 남은 주주들은 신주배정을 받고 유상증자 대금을 납입하는 경우가 일반적이다. 그래서 주가는 단기간 크게 하락하고 유상증자 청약률은 100% 내외를 달성한다.

당신이 선진의 주주라고 가정하자. 희석효과가 싫어서 주식을 팔아치울 것인가? 아니면, 주당이익이 줄어드는 희석효과를 감내할 것인가? 혹은 신주배정에 참여해서 돈을 내서 희석효과를 상쇄할 것인가? 당신이 결정해야 한다.

결국 그 의사결정은 유상증자 대금의 용처와 미래 이익증가분이다. 선진은 '조달한 904억 원의 유상증자 대금을 어디에 사용할까?' 또 '유상증자는 향후 얼마나 많은 이익 증대를 가져다줄까?' 등을 고민하며 선진의 '증권신고서-자금의 사용 목적'을 확인하자. 유상증자 남액 904억 중 745억은 시설자금으로 쓰고, 159억은 만기 도래한 채무상환에 쓰겠다고 한다. 채무를 상환하면 이자비용은 일부 줄겠지만 그 효과는 그리 크지 않을 것이다.

자금의 사용목적				
				(단위 : 백만 원)
운영자금	시설자금	차환자금	기타자금	계
-	74,478	15,897	-	90,375

중요한 것은 시설자금으로 쓸 745억 원이 앞으로 창출할 매출−이익이다. 선진은 자금의 사용, 설비투자 계획, 그 설비투자가 발생시킬 매출과 이익 등을 아래와 같이 예상했다 육가공 공장 증설과 인도 사료공장에 투입될 금액은 각각 645억과 100억이다. 또 육가공 공장 증설은 2021년~2023년까지 18억→26억→29억의 넝업이익 증기를 가져올 것이며, 인도 사료공장은 2021년까지 적자, 2022년부터는 매출 증대와 6억 원의 영업이익을 실현할 것으로 기대했다.

				(단위 : 백만 원)
구분		투자항목	합계	합계
육가공 공장	대지	10,000평 (공장 4,000평+물류 4,000평)	13,500	2017년 하반기
	건물	공장(5,400평)	20,878	2018년 상반기 ~2021년 상반기
		물류창고(3,000평)	6,600	
	기계설비	육가공 5개 생산라인+기타 (제빵, 소스 등)	19,600	
		물류냉동설비	3,900	
소계			64,478	
남아시아(인도) 사료공장 신설	건물	공장 및 창고	4,000	2019년 상반기
	기계설비	사료 생산라인	6,000	2019년 하반기
소계			10,000	
시설자금 총계			74,478	

육가공 공장 증설 후 재무효과			
			(단위 : 백만 원, 톤)
구분	2021년	2022년	2023년
매출액	26,320	29,584	33,501
영업이익	1,806	2,567	2,880
육가공 생산 CAPA	8,000	8,000	8,000

구분	2020년	2021년	2022년
인도 사료공장 증설 후 재무효과			
			(단위 : 백만 원, 톤)
매출액	5,750	11,500	17,250
영업이익	(1,380)	(276)	600
사료 생산 CAPA	60,000	60,000	60,000

이제 판단은 투자자의 몫이다. 지금 유상증자로 조달한 904억 원이 곧바로 매출-이익 증가로 이어지지는 않을 것 같다. 장기적 관점에서 보아, 회사의 공시에 따르면, 주식을 매도하지 않거나 유상증자에 참여할 수도 있다. 혹은 3~4년 후의 매출-이익 증가는 너무 먼 미래의 이야기로 느껴지거나 그 증가폭이 미미하다고 판단한다면 주식을 매도하고 떠날 수도 있다.

유상증자가 아니라 본업으로 벌어들인 현금(내부유보자금)으로써 설비투자할 수 있다면 더할 나위 없이 좋았을 것이다. 그러나 벌어들이는 돈보다 더 많이 투자하면서 199%(2017년 9월 말 기준)까지 증가한 부채비율을 낮추는 재무구조 개선이 불가피했을 것이라는 생각도 든다. 투자에 대한 생각은 사람에 따라 다르다.

선진 사례에서 투자자로서 고민해야 할 2가지 측면이 있다.

첫째, 유상증자 등 주가를 하락시킬 수 있는 자금조달의 징후를 최대한 빨리 포착할 수 있도록 재무구조, 유동성, 현금흐름 등을 유심히 살펴야 할 것이다. 아무리 흑자가 나고 실적이 좋다 해도, 벌어들인 돈보다 더 많이 투자하고 있거나, 유동성이 좋지 않거나, 부채비율이 높아 더 이상 다른 방법으로 필요자금을 조달하기 어려울 때, 유상증자의 가능성이 높아진다. 기억해두자. 정말 좋은 기업의 유상증자라면, 주가 하락을 매수 기회로 삼을 수도 있다.

둘째, 유상증자 등으로 주주의 이익이 얼마나 희석되는지 살펴보아야 한다. 최근의 EPS를 산출하고, 유상증자로 늘어날 주식 수를 포함한 EPS를 다시 산출하면, 희석효과의 정도를 예측할 수 있다. 동시에 회사가 조달한 자금을 사용해 매출과 이익을 얼마나 증대시킬 수 있을까도 고민해야 한다.

1. 유상증자에 참여하지 않는다고 판단 – EPS가 희석되는 효과와, 유상증자로 미래의 매출 및 이익이 증가되는 효과 중 어느 쪽이 더 클까?

2. 유상증자에 참여한다고 판단 – 내가 추가로 투입한 돈에 비해서 미래의 매출과 이익 증가가 나한테 더 클 것인가?

어느 판단이든 위의 2가지 고민이 선행되어야 한다. 그리고 잠재적 투자자라면, 앞서 한진칼과 대한항공 사례처럼 유상증자 때문에 주가가 크게 하락할 때 신규 진입도 고려해볼 수 있다. 그 경우, 회사의 미래 실적이나 주가 저평가에 대한 강한 확신이 있어야 할 것이다.

case study

두산중공업 케이스 스터디
(신주인수권부사채, 전환사채도 주주의 지분가치를 희석시키는 자본조달 방법이다!)

회사가 돈을 빌리는 방법은 다양한데, 그중 은행에서 빌리는 돈을 '차입금'이라 부른다. 약정된 이자를 주고 만기에 상환하면 되는 간단한 자금조달 기법이다. 그런데 그냥 돈을 빌리면, 회사의 신용도 등을 반영해 기준금리보다 높은 금리로 차입해야 한다. 당연히 금리가 높아지면 이자 부담도 커진다. 게다가 신용도 높은 대기업이라면 관심 갖는 사람도 많고 돈 빌려주겠다는 사람도 많지만,

중견 및 중소기업은 자금이 필요해도 조달하기 어려운 경우가 있다. 이럴 때 효과적으로 자금을 조달하는 방법이 신주인수권부사채BW 또는 전환사채CB다. 금리를 높게 주지 않아도 된다. 거기에 신주인수권 또는 '전환권'이라는 권리가 붙어 있기 때문이다. 먼저 두산중공업의 사례를 보면서 이해해보자.

선주인수권부사채권 발행결정				
1. 사채의 종류	회차	48	종류	국내 무기명식 이권부 무보증 공모 분리형 신주인수권부사채
2. 사채의 권면총액(원)				500,000,000,000
2-1 (해외발행)	권면총액(통화단위)		-	-
	기준환율 등			-
	발행지역			-
	해외상장시 시장의 명칭			-
3. 자금조달의 목적	시설자금(원)			-
	운영자금(원)			-
	타법인증권 취득자금(원)			-
	기타자금(원)			500,000,000,000
4. 사채의 이율	표면이자율(%)			1.00
	만기이자율(%)			2.00
5. 사채만기일			2022년 05월 04일	
8. 사채발행방법			공모	
	행사비율(%)			100.00
	행사가액(원/주)			23,450

2017년 2월 27일, 두산중공업은 5,000억 원의 자금을 조달하기 위한 신주인수권부사채 발행을 공시한다. 공시에 나왔던 용어를 하나씩 설명하겠다.

PLUS <용어>

1. 사채의 종류는 '공모'다. 청약만 하면 누구나 회사에 돈을 빌려 줄 수 있다는 뜻. 단, 신주를 일정 금액에 살 수 있는 신주인수권이 붙어 있으므로, 기존 주주에게 '우선청약권'을 준다.

2. 회사가 돈을 못 갚게 되었을 경우 계열회사나 다른 사람이 대신 갚는 보증은 없어서, '무보증' 형식이다.

3. 위에서 설명한 신주인수권을 따로 떼어 매매할 수 있기 때문에, '분리형' 채권이다.

4. 회사에 빌려준 돈에 대해 연 1%의 이자를 준다고 정했다. 이를 '표면이자율'이라 부른다.

5. '만기이자율'을 2%로 정했다. 표면이자율과 달리, 만기까지 계속 돈을 빌려주고 원금을 받는 사람에겐 1%를 더 얹어 2%의 이자를 제공한다는 뜻이다.

6. '행사가액'은 뭘까? 두산중공업에 2만3,450원을 빌려준 사람은, 바로 그 금액에 주식 1주를 살 수 있는 권리를 부여한다는 뜻이다. 그런데 당시 주가는 아래와 같이 2만3,800원이므로, 쉽게 생각해서 2만3,450원에 주식을 사고 2만3,800원에 팔면 그 돈을 빌려주고 1%의 이자를 받을 뿐 아니라, 1주당 350원의 추가수익도 기대할 수 있다.(옵션의 가치와 가격결정에 대한 복잡한 이야기는 일단 접어두자.)

신주인수권 행사에 따라 발행할 주식	종류	두산중공업 주식회사 기명식 보통주식
	주식수	21,321,961
	주식총수 대비 비율(%)	15.16
권리행사기간	시작일	2017년 06월 04일
	종료일	2022년 04월 04일

그런데 이 5,000억 원의 자금조달 이후 새롭게 발행된 신주인수권이 모두 행사되면, 회사 주식이 2,132만1,961주만큼 추가로 발행된다. 단, 행사할 수 있는 기간은 2017년 6월 4일부터 시작된다.

다음을 가정해보자.

만약 이 날 두산중공업의 주가가 2만5,000원이라면 어떻게 될까? 2만5,000원짜리 주식을 2만3,450원에 살 수 있는 권리(신주인수권) 1개의 가격은 얼마까지 올라갈 수 있을까? 적어도 그 둘의 차이인 1,550원이 될 것이다.

이것이 바로 신주인수권부사채의 핵심이다. 저금리 세상이지만 은행에 정기예금을 넣으면 1%를 주고, 저축은행에 정기예금을 넣으면 2% 준다. 두산중공업에 돈을 빌려주면 1% 이자를 받거나, 만기까지 갖고 있으면 2%를 받는다. 이럴 거면, 위험하게 회사에 돈을 빌려줄 게 아니라 원금이 보장되는 은행에 넣지 않겠는가? 하지만 당신이 두산중공업이라는 기업은 1주당 가치가 무조건 2만3,450원 이상이라는 확신을 가지고 있다면? 은행 정도의 이자 수준을 받아가며, 주식을 싸게 살 수 있는 권리를 이용해 추가 수익을 내고 싶을 것이다. 그러나 반대로 이 주식이 앞으로도 현재가 이하의 가격에 계속 거래될 거라고 믿는다면? 은행이자 정도만 받아도 만족해야 할 것이다. 주가가 2만3,450원 아래로 떨어지면 신주인수권도 가치가 없어질 테니까. 게다가 은행예금은 국가가 망하지 않는 한 예금자보호법으로 보호받는다. 반면 예측하지 못한 시대로 두산중공업이 어려워지면, 원금과 이자를 못 받을 가능성까지 있다. 두산중공업에 대한 애널리스트들의 2017년 추정 실적을 보자. 당시 그들이 추정한 당기순이익은 1,779억 원. 현재 발행된 주식은 106,457,586주이며 신주인수권부사채가 발행되면 21,321,961주가 추가 발행될 수 있다. 즉, 신주가 전부 발행되는 경우, 전체 주식 수는 127,779,547주까지 증가하게 된다. 이럴 때 추정 순이익을 주주들에게 나누어주면, 주주는 1주당 얼마의 이익을 누리게 될까? 1,779억 ÷ 1.27억 주 = 1,392원 정도다. 이 금액을 '희석주당순이익^{Diluted EPS}'이라한다. 희석효과까지 고려한 주당순이익이라는 뜻이다.

이제 마지막 이슈를 보자. 두산중공업의 주가가 2만3,450원 이상이어야 사채에 투자한 사람이 은행이자 이상의 추가 수익을 얻을 수 있다고 했다. 2017년 애널리스트들이 예측한 실적이 나온다는 전제하에, 이 주가는 1주당 돌려받는 이익의 몇 배에 해당할까? 2만3450 ÷ 1,392 = 17배 정도이다. 이 17배를 '2017년 추정실적을 이용한 희석주당순이익 기준 PER'로 볼 수 있다. 자, 이제 당신이 직접 판단해보시라. 회사가 2017년 예상 실적을 달성한다 해도, 돈을 빌려주어 은행이자 이상의 추가 수익을 달성하려면 그런 실적을 17년간 계속 창출해야 투자원금을 회수할 수 있는 이익 수준(PER를 단순 해석한 개념)이 된다.

마켓 밸류에이션		
지표	코스피	코스닥
PER	13.98	40.43
PBR	1.03	1.82
ROE	7.4%	4.5%

04/21 마감 기준

참고로, 당시(2016년 4월 21일 기준) 2016년 코스피 전체 기업의 실적 대비 PER는 위와 같이 약 14배 수준이다. 우리나라에는 두산중공업과 동일한 사업구조를 가지고 있는 마땅한 기업이 없어서, 업종평균 등을 이용하여 비교하기 어렵지만, 코스피시장에서 제약, 바이오, 음식료, 소비재, 게임 등을 제외하면 PER 20 이상인 업종은 과거에도 없었고 지금도 없다. 따라서 신주인수권이 행사된다는 전제하에 신주인수 가격, 2017년 예상이익, 희석주당(예상)순이익은 등을 고려하면, 주가가 싸다(저평가)고 생각하긴 어렵다.

　기업이 신주인수권부사채나 전환사채를 발행하여 자금을 조달하면, 이자는 낮거나 거의 없을 수 있다. 하지만 특정 가격에 신주를 살 수 있는 권리(신주인수권부사채) 또는 특정 가격에 신주로 바꿀 수 있는 권리(전환사채)를 주기 때문에, 그렇게 발행될 주식 수까지 고려해 기업 실적을 평가해야 한다. 희석효과가 있기 때문이다.

　희석효과를 고려해도, 충분히 투자매력이 있는 기업도 있을 것이다. 그러나, 희석효과를 고려했을 때 과거의 주당순이익(희석) 또는 예상되는 주당순이익이 업종평균이나 시장전체적인 수준에서 지나치게 높다면 그리 안전성이 높은 투자라고 보기 어렵다.

　게다가 PER은 현재 이익이 유지된다는 전제하에 투자금액 회수기간 개념으로 만들어진 단순한 지표다. 만약 이익이 줄어들 전망이라면, 더욱 투자매력도가 떨어지는 것이 아닐까? 20만 원이던 주식이 지금 2만 원으로 떨어졌다고 해서, 언젠가 다시 20만 원이 되리라는 단순한 생각으로 투자하는 사람이 어디 있겠는가? 현재의 이익 수준과 앞으로 벌어들일 이익을 기준으로 주가 적정성을 평가하고, 희석효과가 있는 신주인수권이나 전환권까지도 고려하여 투자대상을 걸러내기 바란다.

해마로푸드서비스, NI스틸 케이스 스터디
(Re-fixing에 의한 주주의 지분가치 희석 극대화를 주의하라.)

우리는 신주인수권부사채와 전환사채가 추가로 늘어갈 주식수에 의해 이익이 희석되는 효과가 있다는 것을 배웠다. 추가로 발행할 주식 수가 많을수록 더 많은 주식이 이익을 나누어야 하므로 희석효과는 더 커질 것이다.

그런데 이런 사채를 발표할 때 확정된 발행 가능 주식 수는 끝까지 유지될까? 아니면 바뀔 수 있을까? 안타깝게도 애초에 확정된 발행 가능 주식 수는 더 늘어날 수 있고, 희석효과도 예상보다 더 커질 수 있다. 바로 '행사가액조정(Re-fixing)'이다.

■ 해마로푸드서비스

요즘 꾸준히 점포가 늘고 있는 '맘스터치' 프랜차이즈 사업의 주체는 해마로푸드서비스라는 회사다. 해마로푸드서비스는 2017년 7월 24일 전환사채 발행을 공시한다. 150억을 사모(특정 투자자에게 조달 받는 방법)로 조달하는데, 표면이자율은 0%지만 만기까지 갖고 있는 경우 1%의 이자를 지급한다. 만기는 3년이다.

전환사채권 발행결정				
1. 사채의 종류	회차	2	종류	무기명식 이권부 무보증 사모 전환사채
2. 사채의 권면총액(원)				15,000,000,000

2-1 (해외발행)	권명총액(통화단위)	-	-
	기준활율 등		-
	발행지역		-
	해외상장시 시장의 명칭		-
3. 자금조달의 목적	시설자금(원)		-
	운영자금(원)	15,000,000,000	
	타법인증권 취득자금(원)		-
	기타자금(원)		-
4. 사채의 이율	표면이자율(%)		0.0
	만기이자율(%)		1.0
5. 사채만기일		2020년 07월 28일	

    1%라면 은행이자보다도 못한데, 그런 대가로 어떻게 150억이라는 돈을 조달할 수 있을까? 150억을 빌려준 사람들이 원금과 이자를 받지 않는 대신, 그 금액을 '일정한 가격에 회사 주식으로 전환'할 수 있는 권리를 부여받기 때문이다. 그 내용은 다음과 같다.

전환비율 (%)		100
전환가액 (원/주)		2,543
전환가액 결정방법		본 사채 발행을 위한 이사회 결의일 전일을 기산일로 하여 그 기산일로부터 소급하여 산정한 1개월 가중산술평균주가, 1주일 가중산술평균주가 및 최근일 가중산술평균주가를 산술평균한 가액과 최근일 가중산술평균주가 및 청약일(청약일이 없는 경우는 납입일) 전 제3거래일 가중산술평균주가 중 높은 가액으로서 원단위 미만을 절상한 금액으로 한다.
전환에 따라 발행할 주식	종류	해마로푸드서비스 주식회사 기명식 보통주
	주식수	5,898,545
	주식 총수대비 비율(%)	5.91
전환청구기간	시작일	2018년 07월 28일
	종료일	2020년 06월 28일

    회사에 돈을 빌려주면 만기에 원금과 이자 1%를 줄 수도 있지만, 원한다면 1수당 2,543원의 가격에 자금을 주식으로 바꿔 가져갈 수도 있다. 가령 2,543,000

원어치 사채를 사면, 원금과 이자를 포기하는 경우 주식 1,000주를 받을 수 있다. 무슨 마음으로 이렇게 무이자 혹은 거의 무이자로 돈을 빌려주는 걸까? 이자수익이 목적이 아니라, 주식으로 교환하여 투자수익을 내려는 목적일 때만 가능한 얘기다. 그렇다면, 투자자 입장에서는 원금을 주식으로 전환하는 시점인 2018년 7월 28일 시장 주가가 2,543원 이상이어야 주식으로 바꾼 보람이 있다. 또 다른 측면도 있다. 조달한 150억이 모두 주식으로 전환되는 경우, 회사는 추가로 5,898,545주를 발행할 것이라는 내용도 공시에 적혀 있다.

여기서 끝이 아니다. 전환사채에 투자한 사람들 입장에서는 원금과 이자를 포기하면서 주식으로 전환했는데, 주가가 2,543원 밑으로 떨어지면 주식으로 바꾼 보람이 없어질 수 있다. 그래서 전환사채 투자자들을 위해 마련한 장치가 하나 더 있다. 바로 전환가액조정(Re-fixing)이다.

2017년 7월 24일, 해마로푸드서비스는 아주 중요한 공시를 내놓는다. 전환사채의 주식전환 가격이 2,543원 이하로 바뀔 수 있다는 내용이다.

라. 위 "가." 내지 "다." 와는 별도로 본 사채 발행 후 3개월이 경과한 날(2017년 10월 28일) 및 이후 매 3개월(2018년 01월 28일, 2018년 04월 28일, 2018년 07월 28일, 2018년 10월 28일, 2019년 01월 28일, 2019년 04월 28일, 2019년 07월 28일, 2019년 10월 28일, 2020년 01월 28일, 2020년 04월 28일)을 전환가격 조정일로 하고, 각 전환가격 조정일 전일을 기산일로 하여 그 기산일로부터 소급한 1개월 가중산술평균주가, 1주일 가중산술평균주가 및 기산일 가중산술평균주가를 산술평균한 가액과 기산일 가중산술평균주가 중 높은 가격이 해당 조정일 직전일 현재의 전환가격보다 낮은 경우 동 낮은 가격을 새로운 전환가격으로 한다. 단, 새로운 전환가격은 발행 당시 전환가격(조정일 전에 신주의 할인발행 등의 사유로 전환가격을 이미 조정한 경우에는 이를 감안하여 산정한 가격)의 70% 이상이어야 된다.

구체적으로는 2017년 10월 28일부터 3개월마다 전환가격 조정일을 정하여, 그날로부터 최근 1달-1주-당일의 주가를 평균한 가격으로 전환가격을 다시 산정하는데, 그 가격은 최초 전환가격이었던 2,543원의 70% 이상이라는 것이다. 사채를 주식으로 전환할 때 아무리 주가가 하락해도 $2,543 \times 70\% = 1,781$원까지는 가격을 낮출 수 있다는 뜻이다. 실제로 회사가 발표한 첫 번째 전환가액 조정 공시를 보자.

전환가액의 조정				
1. 조정에 관한 사항	회차	조정 전 전환가액(원)		조정 후 전환가액(원)
	2	2,543		1,894
2. 전환가능주식수 변동	회차	미전환사채의 권면총액 (통화 단위)		조정 전 전환가능 주식수 (주)	조정 후 전환가능 주식수 (주)
	2	15,000,000,000	KRW: South-Korean Won	5,898,545	7,919,746

2,543원이었던 전환가액이 주가하락 때문에 1,894원으로 조정되었다. 1,894원의 사채를 1주로 바꿀 수 있다. 고로 원래 전환가액으로 받을 주식 수보다 이제 $2,543 \times 1,894 = 1.343$배 많은 주식을 받을 수 있다. 즉, 전환했을 때 받는 주식 수가 더 많아진다는 얘기고, 더 많은 돈을 벌 수 있다는 뜻이다. 결국 전환가액 하향조정은 사채권자의 이득이다.

IFRS (연결) | 연간		2014/12	2015/12	2016/12	2017/12(E)
매출액		795	1,486	2,019	2,401
전년동기대비	(%)	-	86.92	35.87	18.92
컨센서스대비	(%)	-	-	-1.51	-
영업이익		67	88	169	166
전년동기대비	(%)	-	31.34	92.05	-1.78
컨센서스대비	(%)	-	-	-6.11	
당기순이익		54	60	89	139
전년동기대비	(%)	-	11.11	48.33	56.18
컨센서스대비	(%)	-	-	-	
지배주주순이익		54	60	89	139

희석효과는 어떨까? 애널리스트들이 예측한 이 회사의 2017년 순이익은 139

억 원. 이것을 이미 발행된 9,400만 주로 나누면 1주당순이익 EPS는 대충 148 원이다. 하지만 전환이 이루어지면 EPS는 희석될 것이다. 얼마나 희석될까?

1. 전환가격이 2,543원인 경우: 새로 발행될 주식 수는 약 590만 주, 기존 주식과 합하면 9,990만 주다. 139억 원의 당기순이익을 9,990만 주가 나누어 먹게 된다. 그렇다면, 1주 당 희석된 주당순이익은 139억/9,990만 주=139원으로 하락한다.

2. 전환가격이 1,894원으로 조정되면 : 새로 발행될 주식 수는 이제 792만 주까지 늘어난다. 순이익 139억 원을 1억192만 주가 나눠야 하는 상황!

   이때 희석된 주당순이익은 136원으로 더욱 쪼그라든다. 전환 시점의 주가가 하락하면, 리픽싱 때문에 전환가격이 낮아지고 이익을 나누어 갖는 주식 수가 늘어나면서 희석효과가 커진다는 얘기다. 회사의 본업에 대한 전망만을 보고 투자하는 사람들에게 이것은 주당순이익 감소라는 방해(노이즈)가 될 수 있다.

따라서 개미들도 흥미를 끄는 기업이 보이면, 전환사채, 신주인수권부사채 등 이익을 희석시킬 수 있는 주식이 있는지 아울러 희석효과의 정도, 전환가격조정 여부, 전환가격의 하락 등도 파악해보아야 한다. 우연의 일치일까, 2017년 2분기 해마로푸드서비스의 매출, 영업이익, 당기순이익은 아래와 같이 1분기에 비해 모두 줄었고, 전년 동기에 비해선 매출만 늘고 영업이익과 당기순이익은 줄었다.

IFRS(연결)	16. 2분기	16. 3분기	16. 4분기	17. 1분기	17. 2분기	17. 3분기
매출액	524	520	551	517	620	618
영업이익	48	17	46	37	29	49
당기순이익	33	-35	43	28	25	42

이렇게 저조한 2분기 실적을 발표하면서 다음 가격차트처럼 주가는 내리막을 걷는다.

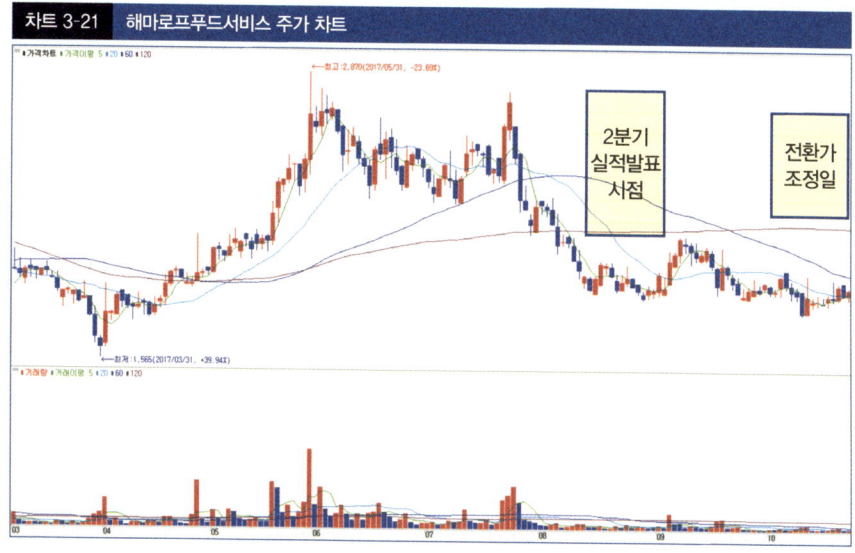

차트 3-21　해마로프드서비스 주가 차트

　　5월 31일 최대 2,870원까지 올랐던 주가는 전환가격 조정일인 2017년 10월 28일경 최저 1,775원까지 하락한다. 그리고 당시 주가를 기준으로 전환가격은 1,894원으로 조정된다.

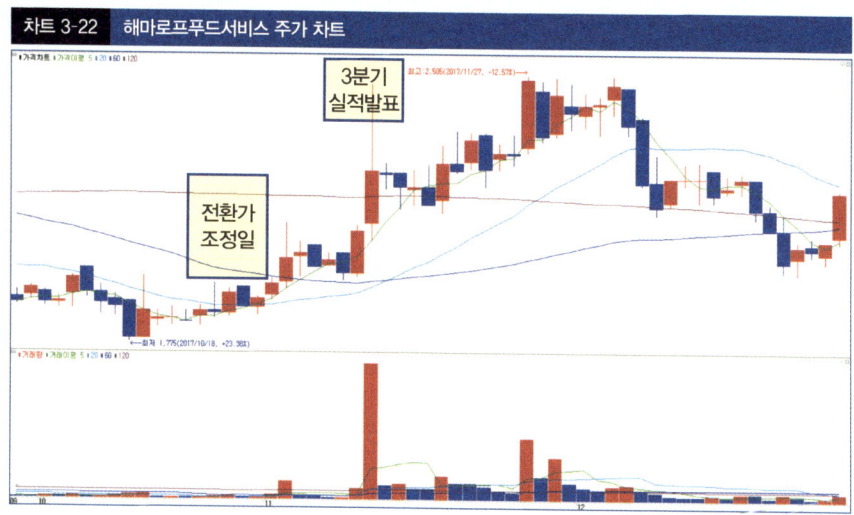

차트 3-22　해마로프드서비스 주가 차트

　　그로부터 10일 후 회사는 3분기 실적을 발표한다. 328페이지 표와 같이 영업이익 49억, 당기순이익 42억으로, 직전 2분기에 비해 실적이 크게 개선되고, 전년 동기에 비하면 영업이익이 3배 가까이 늘어났다.

　　전환가격이 조정된 지 10일 후 발표된 깜짝 어닝서프라이즈로 주가는 단기간에 2,505원까지 급등한다. 이후 몇 달 동안 주가가 2,500→1,800→2,500원으로 내려갔다가 다시 올라왔는데, 그러면서 바뀐 것은 무엇일까? 사채권자들의 전환가격이 2,543원에서 1,894원으로 내려간 것밖에 없다. 그 덕분에 전환사채 투자자들은 더 많은 주식을 받고 이익이 커질 가능성이 높아졌다. 그렇지만 주당순이익은 크게 희석될 수밖에 없었다.

　　전환사채에 투자한 사람들은 원금과 이자가 목적이 아니다. 주식 전환하기 전에 주가가 떨어져 전환할 주식 수가 많아지는 것이 목적이다. 전환사채와 신주인수권부사채 등을 가지고 있는 기업에 투자할 때는 이런 리스크가 있다.

　　그렇다면 시장 참여자들은 걱정할 것이다. 전환가격조정 시점에 주가하락을 유도하는 투매나 악성루머가 돌지는 않을까? 실적이 갑자기 안 좋아지거나 하면 어떡할까? 사실이 그렇지 않다 하더라도, 그럴까봐 두려워 할 수 있다. 투심이 흔들릴 수 있다는 얘기다. 매수하려는 투심이 약해지면 주가는 저절로 떨어진다. 게다가 해마로푸드서비스처럼 일시적으로 실적이 악화되면 더욱 그럴 확률이 높아진다.

　　전환사채나 신주인수권부사채는 자금력이 약하고 신용등급이 낮은 기업들이 저금리로 큰 금액을 조달할 수 있는 유용한 자금조달 수단이지만, 회사 수익성과 성장성만을 보고 투자하는 개미들에게는 많은 고민을 하게 만든다.

　　희석효과 자체도 투자매력을 낮추는 요소지만, 리픽싱에 대한 두려움과 불안으로 편안한 투자를 할 수 없고 개미들의 심리가 약해진다. 주가가 떨어지면 회사의 본질적 가치, 수익성, 성장성이 아닌 다른 심리적 요소 때문에 주가가 주저앉을 수 있는데, 바로 그것이 개미들을 더 불안하게 만드는 요소가 될 수 있다.

■■ NI스틸

다음은 2017년 5월 24일 전환사채를 발행한 NI스틸의 비슷한 사례이다.

전환사채권 발행결정					
1. 사채의 종류		회차	17	종류	무기명식 이권부 무보증 사모 전환사채
2. 사채의 권면총액(원)					20,000,000,000
2-1 (해외발행)	권면총액(통화단위)		-		-
	기준환율 등				-
	발행지역				
	해외상장시 시장의 명칭				-
3. 자금조달의 목적	시설자금(원)				20,000,000,000
	운영자금(원)				-
	타법인증권 취득자금(원)				-
	기타자금(원)				-
4. 사채의 이율	표면이자율(%)				0.0
	만기이자율(%)				0.0
5. 사채만기일			2020년 05월 26일		

위의 표와 같이 전환사채 200억, 표면이자율 0%, 만기이자율조차 0%였다. 즉, 투자자는 아예 이자−원금엔 관심 없고 100% 주식으로 전환하여 투자수익을 내겠다는 의도다. 처음에 결정된 전환가액은 4,040원이며, 200억 전액이 주식으로 전환되면 약 495만 주가 새로이 발행될 것이라고 했다.

그러나 해마로푸드서비스의 사례에서 봤듯이, NI스틸 역시 리픽싱 요건을
정해놓고 있다. 2017년 11월 26일에 당시 주가를 기준으로 전환가격을 조정하
는데, 원래 전환가격 4,040원의 70%인 2,828원 이하로는 낮출 수 없다는 내용
이다.

> 라. 위 가. 내지 다. 와는 별도로 본 사채 발행 후 6개월이 경과한 날(2017년 11월 26일)
> 및 이후 매 3개월(2018년 02월 26일, 2018년 05월 26일, 2018년 08월 26일, 2018년 11
> 월 26일, 2019년 02월 26일, 2019년 05월 26일, 2019년 08월 26일, 2019년 11월 26일,
> 2020년 02월 26일)을 전환가격 조정일로 하고, 각 전환가격 조정일 전일을 기산일로 하
> 여 그 기산일로부터 소급한 1개월 가중산술평균주가, 1주일 가중산술평균주가 및 기산
> 일 가중산술평균주가를 산술평균한 가액과 기산일 가중산술평균주가 중 높은 가격이
> 해당 조정일 직전일 현재의 전환가격보다 낮은 경우 동 낮은 가격을 새로운 전환가격으
> 로 한다. 단, 새로운 전환가격은 발행 당시 전환가격(조정일 전에 신주의 할인발행 등의
> 사유로 전환가격을 이미 조정한 경우에는 이를 감안하여 산정한 가격)의 70% 이상이어
> 야 된다.

이 회사 주가는 2017년 2월 말 4,850원까지 올랐다가, 전환가격 조정 시기 즈
음에 3,345원까지 하락했다. 하락한 주가를 반영하여, 4,040원이던 전환가격

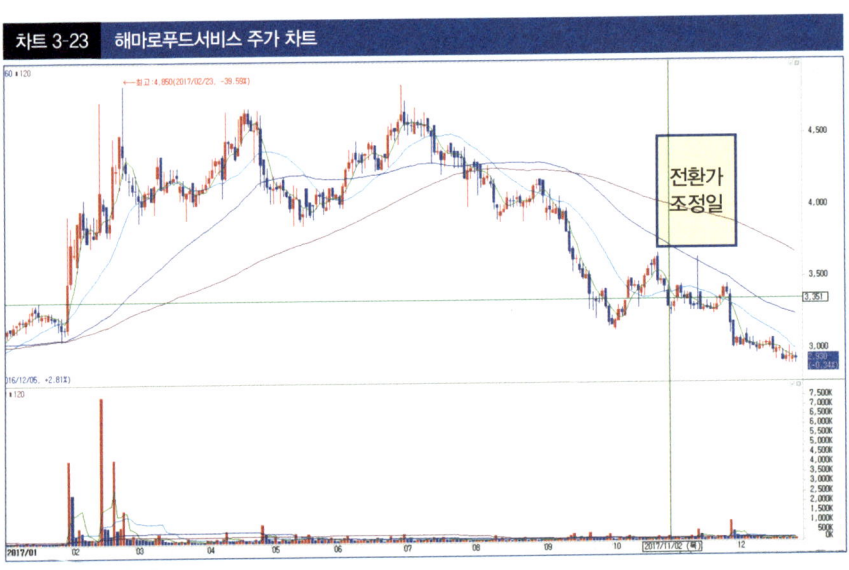

차트 3-23 해마로푸드서비스 주가 차트

은 다음과 같이 3,342원으로 조정되었다. 전환사채 전액이 주식으로 전환되면 495만 주가 아니라 598만 주를 추가로 발행하게 된다.

만약 두 번째 전환가격 조정일 전후로 주가가 더 하락하면, 한 번 조정된 전환가격은 최대 2,828원까지 하락할 수도 있다.

전환가액 · 신주인수권행사가액 · 교환가액의 조정(안내공시)			
1. 구분		전환가액의 조정	
2. 사채의 종류		무기명식 이권부 무보증 사모 전환사채	
- 신주인수권증권의 상장 여부		해당사항 없음	
3. 조정에 관한 사항	회차	조정 전 가액(원)	조정 후 가액(원)
	17	4,040	3,342
4. 전환 · 행사 · 교환 가능 주식수 변동	회차	미행사증권의 권면총액(원)	조정 전 전환 · 행사 · 교환 가능 주식수(주) / 조정 후 전환 · 행사 · 교환 가능 주식수(주)
	17	20,000,000,000	4,950,495 / 5,984,440
5. 조정사유		시가하락에 의한 전환가액 조정	

그러나 신기하게도 회사의 매출, 영업이익, 당기순이익은 매년 지속적으로 증가하고 있으며, 전년 동기에 비해 2017년도 3분기까지 누적 기준으로 매출 36.7%, 영업이익 31.7%, 당기순이익 30%의 성장을 기록했다.

IFRS(연결)	2014년	2015년	2016년	2017년 3분기 누적	2016년 3분기 누적	전년 동기(%)
매출액	1,266	1,186	1,143	1,032	755	36.7
영업이익	104	95	141	114	86	31.7
당기순이익	53	71	102	78	60	30

매출, 영업이익, 당기순이익이 분기마다 해마다 성장하는 기업인데 전환가격 조정일 전 주가가 크게 하락하고 있다. 무슨 이유인지 정확히 알 수는 없지만, 투자자들의 투자심리가 매우 나쁘다는 것은 확실하다. 예컨대 실적악화, 부정적인 루머, 악재 공시, 주가하락을 유도하는 투매 등이 발생할까 염려하

여 이 회사의 본업이 좋아 보여도 투자를 꺼리는 경우가 있을 것이다.

실적이 좋고 지속적으로 성장해도 개미들이 고민해야 할 것들은 여전히 많다. 특히 신주인수권이나 전환권을 붙여 자금을 조달한 기업의 경우 전환가격 조정과 희석효과를 충분히 고려하고 투자를 결정해야 한다.

그것이 최대한 손실을 피하고, 투자의 안정성을 높이며, 기업의 본질가치만 고려하는 마음 편한 개미투자자가 되는 방법일 것이다.

| 마치며 |

개미들이 돈을 버는 세상을 위하여

재무제표가 만능일 순 없지만, 관심을 둔 회사를 찾아가 어떤 사업을 하는지 직접 보지 않고, 주식담당자에게 전화해서 회사에 대한 내용을 물어보지 않고도 회사가 무엇으로 돈을 얼마나 벌고 있고, 돈을 벌기 위해 어떤 투자를 하며, 자금은 어떻게 조달해 쓰고 있는지를 짧은 시간 동안 가장 빠르게 파악할 수 있는 무기입니다.

개미들은 전문투자자에 비해 투자활동에 쓸 수 있는 시간이 너무 적습니다. 그들에 비해 중요한 정보도 얻기 어려우며, 힘들게 얻은 정보도 사실 이미 다른 사람들이 다 가진 정보라 생각하는 것이 편합니다.

그러한 악조건 속에서도 이 시장에서 살아남아야 한다면 '무기' 하나쯤은 가져야 하지 않을까요? 저는 그 무기가 ❶ '공시 분석', ❷ 실적 해석을 중심으로 하는 '재무제표 분석', 그리고 ❸ 사업에 대한 상세한 보고서인 '사업보고서 분석'이라고 생각합니다. 거기에 정보가 산더미처럼 쌓여 있는 '구글링' 정도만 추가한다면, 개미들도 방에 앉아서 수십 개 기업을 담은 포트폴리오를 구성할 수 있고, 매수와 매도시점을 결정하여 높은 투자성과를 낼 수 있다고 확신합니다.

단기간의 '대박'보다 몇 년, 몇 십 년 꾸준히 안정적인 수익을 목표로 투자를 한다면 '복리의 마법'에 기초하여 언젠가는 투자금의 몇 배, 몇 십 배의 자산이 만들어져 있을지도 모릅니다. 500만 개미투자자들의 그런 발걸음에 초석이 되길 바라는 마음으로 이 책을 마칩니다.

최병철 회계사 ||||||||||||||||||||||||||||||||||||||||||||||||||||||||||||||||||||||||||||||||||||

- 삼일회계법인 근무(2008~2015)
- 한국공인회계사
- 현)파인트리컨설팅 대표(2015~)
- 현)소아암NGO한빛 감사(2018~)
- 연세대학교 경영학과 학사
- 연세대학교대학원 경영학 석사
- 연세대학교대학원 경영학 박사수료(회계학 전공)

전문분야
기업진단, 지배구조개편, 재무제표분석, 사업타당성분석, 기업가치평가, 원가분석, 원가관리회계, 회계감사

주요 저서 · 논문 및 기고
『지금 바로 재무제표에 눈을 떠라』(한스미디어) | 『재무회계의 이해』(신론사, 공저)
「한국상장외국기업의 이익조정에 관한 연구」(논문: 회계와 세무, 감사연구)
「현행 합병비율 산출 방법의 문제점과 개선방안에 관한 연구: 사례연구를 중심으로」(논문: 회계저널)
「직장인들이여 회계하라」(매일경제), 「알쏭달쏭 회계상식」(파이낸셜 뉴스)
한국경제 TV, 동아 비즈니스 리뷰 등

주요업무경력
상장 및 외감기업 회계감사
H그룹 M&A자문
S사 – Operation 컨설팅
W그룹 – 지배구조개선 및 지주회사 설립 컨설팅
다수건설기업 실사 및 가치평가
투자유치 및 사업타당성 분석
사회복지공동모금회 – 원가배분 및 적정성 검증용역
국가공인 재경관리사 시험 출제위원

주요강의경력
금융권
- 재무제표분석을 통한 기업 발굴: 미래대우 · 한국투자 · NH투자증권 · 삼성증권 · SK, 하나금융, 유안타 등 국내 다수 증권사
- 업종별 재무제표분석과 기업가치평가: 미래대우 · 한국투자 · NH투자증권 · 삼성증권 · SK · 하나금융 · 유안타 등 국내 전 증권사
- 금융감독원: 회계 실무 및 재무제표 분석 우수 강사
- 재무제표분석 및 기업신용분석 실무: 하나은행 · 신한은행 · 우리은행 · 신용보증기금 · 서울보증보험 등 기업 실무강의

일반기업
- 회계기초, 재무제표분석, 원가분석 및 관리회계, 기업경영멘토링 및 임원재무특강, 사업타당성분석 등 교육
- 삼성 · 현대자동차 · 현대중공업 · 한화 · 두산 · LG · SK · 롯데 · GS · KT · 금호아시아나 · 신세계 · 현대중공업 그룹 등 다수

사내 MBA 전임
- LG그룹 사내 MBA 과정 재무회계, 관리회계(2014~현재)
- 중앙일보, JTBC 그룹 MBA 재무회계, 관리회계(2014~현재)

법조계
- 서울중앙지법 파산부 판사대상 재무제표분석 과정
- 서울지방변호사회 회계연수원, 서울지방변호사회 재무제표 및 회계 정기연수 전임강사

언론계
- 경제지 신문 기자 대상 다수

||||||||||||||||||||||||||||||||||||||||||||||||||||||||||||||||||||||||||||||||||||||||||||||||||||||||||